KB200672

존 비비어의

순   종

Under Cover

Under Cover

© 2001, 2018 by John Bevere

Published in Nashville, Tennessee, by Emanate Books, an imprint of Thomas Nelson.

Emanate Books and Thomas Nelson are registered trademarks of HarperCollins Christian Publishing, Inc.

A previous version of this title was published in 2001 by Thomas Nelson titled *Under Cover: The Promise of Protection Under His Authority*, by John Bevere. This updated version offers new and revised content from the author.

This Korean translation edition © 2002, 2020 by Duranno Ministry, Seoul, Republic of Korea

Published by arrangement with Thomas Nelson, a division of HarperCollins Christian Publishing, Inc. through rMaeng2, Seoul, Republic of Korea.

존 비비어의

순종

지은이 | 존 비비어
옮긴이 | 윤종석
초판 1쇄 발행 | 2002. 4. 9.
개정1판 1쇄 발행 | 2020. 2. 19.
개정1판 23쇄 발행 | 2025. 4. 14
등록번호 | 제1988-000080호
등록된 곳 | 서울특별시 용산구 서빙고로65길 38
발행처 | 사단법인 두란노서원
영업부 | 02)2078-3333 FAX | 080-749-3705
출판부 | 02)2078-3330

책값은 뒤표지에 있습니다.
ISBN 978-89-531-3663-2 03230

독자의 의견을 기다립니다.
tpress@duranno.com   www.duranno.com

두란노서원은 바울 사도가 3차 전도 여행 때 에베소에서 성령 받은 제자들을 따로 세워 하나님의 말씀으로 양육
하던 장소입니다. 사도행전 19장 8-20절의 정신에 따라 첫째 목회자를 돕는 사역과 평신도를 훈련시키는 사역,
둘째 세계선교™와 문서선교단행본·잡지 사역, 셋째 예수문화 및 경배와 찬양 사역, 그리고 가정·상담 사역 등을 감
당하고 있습니다. 1980년 12월 22일에 창립된 두란노서원은 주님 오실 때까지 이 사역들을 계속할 것입니다.

존 비비어의

순종

하나님의
권위 아래서 누리는
보호와 자유

존 비비어 지음

윤종석 옮김

두란노

이 책을 우리 첫째 아이
애디슨 데이비드 비비어에게 바친다.

"지혜로운 아들은 아비를 기쁘게 하거니와"(잠 10:1).

네 이름은 '믿음직스럽고 사랑받는 자'라는 뜻이다.
너는 지금껏 그 이름에 조금도 흠이 없게 이 책의 교훈대로 살았다.
네가 하나님의 가장 부요한 복과 약속을 유업으로 받아 누리기를
그분의 얼굴이 항상 널 향해 비추시기를 기도한다.
네가 건강하게 오래 살면서 형통한 삶을 살기 바란다.
네 어머니와 나는 너를 정말 사랑한단다.
너를 아들로 둔 것은 우리의 복이다.

CONTENTS

Part 2

순종함으로
자유하기

Part 3

하나님의 질서에
뿌리내리기

Part 4

순종으로 깊어지는
믿음의 우물

※ 일러두기

이 책에 실린 성경말씀은 《성경전서 개역개정판》(대한성서공회)을 기본으로 사용했다. 《메시지》(복있는사람), 《성경전서 개역한글판》, 《성경전서 새번역》(이상 대한성서공회), 《현대인의성경》(생명의말씀사)을 사용할 경우에는 성구마다 "메시지", "개역한글", "새번역", "현대인의성경"이라고 별도 표기했다. AMP(The Amplified Bible), CEV(Contemporary English Version), NASB(New American Standard Bible), NCV(New Century Version), NIV(New International Version), NLT(New Living Translation), KJV(King James Version), NKJV(New King James Version) 성경을 사용할 경우 이 책의 옮긴이가 직접 번역하고 별도 표기했다.

지존자의 은밀한 곳에 거주하며

전능자의 그늘 아래에 사는 자여,

나는 여호와를 향하여 말하기를

그는 나의 피난처요 나의 요새요

내가 의뢰하는 하나님이라 하리니

시편 91편 1-2절

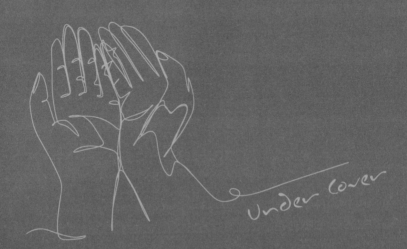

PART 1

하나님의
날개 아래
거하는가

1장

나의 피난처, 나의 요새, 내가 의뢰하는 하나님

고단한 인생길, '피할 곳'이 있는가

우리를 참으로 자유하게 하고 보호해 주는 진리는
달콤한 말이 아니라 뼈아픈 말일 때가 많다.

'보호 아래'(under cover; 이 책의 원제)라는 말은 참 다양한 상황에 적용할 수
있다. 단순하게는 어린아이가 따뜻한 이불을 덮고 누워 있거나 위험한 상
황에서 부모 뒤로 몸을 숨긴 모습일 수 있다. 좀 더 넓은 의미에서는 경찰
이나 군대가 한 도시의 치안을 안전하게 지켜 주는 상황일 수도 있다. 덤
불이나 동굴이나 지하에 마련해 둔 은신처에 감쪽같이 숨은 동물을 묘사
할 때도 사용할 수 있다. 세차게 휘몰아치는 폭풍우를 피해 집 안에서 따

뜻하고 편안하게 생활하는 가족을 가리킬 때도 쓸 수 있다.

어릴 적 내가 살던 지역에는 폭풍이 잦았다. 우리는 큰 유리 창가에 몰려서서 멀리서 천둥을 이끌고 다가오는 먹구름을 바라보곤 했다. 몇 분도 지나지 않아 폭풍우는 어느새 우리 집 지붕 위에서 맹렬하게 몰아쳤다. 번개가 번쩍이면 곧이어 천둥이 사방을 뒤흔들었다. 작은 망치 수천 개가 지붕을 두드리는 것처럼 비가 쏟아졌다. 거센 폭풍우에도 아무런 염려가 없으니 우리 집이 훨씬 더 안전한 곳처럼 느껴졌다. 창밖의 세상은 모두 젖었고, 추웠고, 자칫 목숨을 앗아 갈 수도 있는 벼락의 위험에 노출되어 있었다. 그러나 집 안에 있는 우리는 물 한 방울 묻지 않은 채 안전했다. 지붕과 벽이 사나운 폭풍우 속에서 우리를 지켜 주었기 때문이다. 우리는 보호 아래 있었다.

이 개념을 확대한, 두 단어를 합성해서 만든 단어가 바로 'undercover'(비밀 작전의, 잠복근무의, 첩보 활동의)라는 말이다. 안전을 위해 정체를 가린 상태를 말한다. 첩보원은 적에게 발각되지 않고서 자유로이 활약할 수 있다. 자국 정부의 조처로 가명을 사용하여 보호를 받으면서 적진에서 마음껏 활약한다. 이렇듯 이 말은 다양하게 쓰이지만 어떤 상황에서든 모두 보호받고 자유를 누린다는 의미를 담고 있다.

그렇다면 보호 아래라는 말을 그리스도인들에게는 어떻게 적용할 수 있는가? 다윗은 이렇게 말한다. "지존자의 은밀한 곳에 거주하며 전능자의 그늘 아래에 사는 자여, 나는 여호와를 향하여 말하기를 그는 나의 피난처요 나의 요새요 내가 의뢰하는 하나님이라 하리니"(시 91:1-2). 하나님의 보호 아래 있는 인생들을 위한 그분의 지키심을 볼 수 있다. 그러나 "~하는 자여"라고 제한하는 표현에서 매우 중요한 질문이 떠오른다. "누가 그분의 보호하심 아래 있는가?" 당신 손에 있는 이 책은 이 중요한 질문에 합당한 답을 탐구한 책이다. 간단히 말해, 보호 아래 있는 사람은 하나님의 권위(authority) 아래 있는 사람이다.

아담과 하와는 에덴 동산에서 하나님의 덮으심 아래 자유와 보호를 누렸다. 그러나 불순종하는 순간 그들은 자기들이 원하여 벗어 버린 바로 그것, 즉 "자신을 덮을"(창 3:7, NLT) 것이 절실히 필요했다. 그들이 하나님의 권위에 불순종함으로 인류는 한때 누리던 귀한 자유와 보호를 잃어버렸다.

현실을 바로 보자. 권위는 인기 있는 단어가 아니다. 하지만 권위를 거부하거나 두려워하면 권위를 통해 누릴 수 있는 놀라운 보호와 유익을 놓친다. 우리가 권위를 두려워하는 까닭은 권위를 하나님의 시각으로 보지 않기 때문이다. 권위를 두려워하는 마음을 생각할 때면 우리 셋째 아이 알렉이 겪은 일이 떠오른다.

알렉이 초등학교 1학년 때 담임은 신경이 늘 날카로웠다. 성미가 까다롭고 기분 내키는 대로 하는 데다 걸핏하면 학생들한테 고함을 질렀다. 알렉은 말하기를 좋아하는 창의적이고 에너지가 넘치는 남자아이다. 그런 아이에게 학교는 다른 아이들과 어울리기에 더없이 좋은 장소였다. 아이의 그런 태도는 당연히 선생님의 성격과 부딪쳤고, 아이는 자주 선생님의 화풀이 대상이 되었다. 우리 부부는 방과 후에 선생님을 찾아가 주의를 듣는 일이 잦았다. 규칙을 따르고 협조해야 한다고 타일렀지만, 알렉은 그 모든 과정에 스트레스를 많이 받았고 학교 수업을 좋아할 수 없었다.

그러던 차에 우리 가족은 다른 주로 이사했다. 2학년이 된 알렉의 새 담임은 1학년 때 담임과는 아주 반대였다. 너무하다 싶을 정도로 규제가 없었고 학생들 기분에 극도로 민감했다. 선생님이 알렉을 예뻐했고 알렉도 성격상 그런 선생님을 좋아했지만, 모든 것을 제 마음대로 하면서 배우는 것은 거의 없었다. 알렉이 점점 공부에 흥미를 잃는 것 같아 우리는 결국 공부를 강조하는 차터 스쿨(charter school; 대안학교의 성격을 가진 자율형 공립학교-편집자)로 아이를 전학시켰다.

알렉은 그곳에서 길을 잃은 듯 좌절에 빠졌다. 2년 동안 잘 배운 아이들과 섞여 있었으니 당연한 일이었다. 이번 담임은 마음씨 좋고 친절하면서도 엄했다. 알렉이 다른 아이들보다 뒤처져 있다는 것이 곧 드러났고, 우리 부부는 다시 선생님과의 상담이 잦아졌지만, 이번에는 유익한 만남이었다. 선생님의 조언에 힘입어 아이의 공부에 좀 더 관여할 수 있었다.

이후 알렉은 하루 종일 학교에서 공부하다 와서는 밤에도 우리 부부가 지켜보는 가운데 책을 붙들고 있었다. 아마도 고역이었을 테고 알렉은 몇 번이고 주저앉았다. 사실 실력이 나아지고 있는데도 자기 딴에는 성에 차지 않는지 자주 눈물을 보였다. 그러던 어느 날, 알렉이 더 이상 감정을 가누지 못하는 순간이 왔다. 형들은 학교 롤러스케이트 파티에 가는데 자기는 집에 남아 숙제를 끝내야 했기 때문이다. 선생님이 내준 숙제가 좀 많기는 했다. 철저히 절망한 채 아이는 하염없이 울었고, 내가 무슨 말을 해도 들리지 않는 듯했다. 그렇게 얼마나 시간이 지났을까?

다음 순간 내가 영영 잊지 못할 일이 일어났다. 알렉은 고개를 들고 애써 감정을 가라앉히고 눈물을 닦더니 커다란 눈으로 나를 뚫어져라 쳐다봤다. 어디서 생겼는지 갑자기 두 눈 가득 자신감이 넘쳤다. 문제를 해결하고 더 울지 않아도 될 좋은 생각이 떠오른 것 같았다. 아이는 허리를 펴고 자세를 고쳐 앉더니 똑바로 앉아서 팔짱까지 끼고는 의젓하게 말했다.

"아빠, 할 말이 있어요. 우리 반에 제시카라는 애가 있는데요. 그 애는 의사 선생님을 믿지 않아요." 알렉은 잠시 머뭇거리다 말을 이었다. "아빠, 저는요. 학교 선생님을 믿지 않아요." 하마터면 소리 내 웃을 뻔했다. 계속해서 아이가 하는 말에 나는 무척 놀랐다. "제시카가 의사 선생님을 믿을 수 없다면 나도 앞으로 학교 선생님을 믿지 않을 거예요."

더는 웃음을 참을 수 없었다. 알렉이 풀 죽어서 말했다면 그 정도로 우습지 않았을 것이다. 하지만 아이 말투가 가관이었다. 아이는 정말 문제를 모두 해결해 줄 새로운 계시를 내게 일러 준다는 투로, 법정에서 증언하는 사람처럼 진지하게 말했다.

물론 나는 이때다 싶어 선생님들이 없다면 알렉이 어떻게 될지 설명했다. 아이에게 1년 전 내가 아프리카 앙골라에서 배고픔에 허덕이는 아이들을 위한 급식소에서 일한 이야기를 해 주었다. 그 아이들은 알렉과 자기들의 처지를 바꿀 수만 있다면 무슨 일이든 할 것이다. 가족을 먹여 살려야 할 때를 대비해서 배움이 중요하다는 것을 잘 알기에 그 아이들은 배울 기회만 있으면 무조건 뛰어들 것이다. 내가 장황한 설명을 끝내자 알렉은 새로 깨달은 자기 철학을 마지못해 버리고 가서 다시 숙제를 시작했다.

이 일이 있고 나서 몇 주간 아들아이와 나눈 대화를 곰곰이 생각하다가 아들이 한 말과 일부 사람들이 권위를 보는 방식에 공통점이 있음을 깨달았다. 권위를 불쾌하게 경험한 예는 많다. 지도자들이 필요 이상으로 엄해서 권위를 불쾌하게 여긴 사람도 있고, 알렉처럼 단순한 좌절감 때문에 권위를 자기 즐거움을 방해하는 장애물로 본 사람도 있다. 실제로는 권위와 지도자들이 훌륭한데도 권위가 내 행복을 막는 방해 세력으로 보이는 것이다. 그러다 결국은 생각이 굳어진 이 불쾌한 경험 때문에 다음과 같은 생각이 굳어진다. "나는 권위를 믿지 않는다." 좀 더 어른스러운 말로 표현하자면 이렇다. "내가 수긍할 수 있어야 권위에 복종하겠다."

하지만 하나님의 생각은 어떠신가? 우리는 부당한 권위에도 복종해야 하는가? 타락한 권위라면? 우리에게 잘못된 일을 시키는 권위라면? 죄를 짓게 하는 권위라면? 어디에 선을 그어야 하는가? 그보다도 우리는 왜 복종해야 하는가? 도대체 복종이 유익하기는 한가? 우리 모두 그저 성령의 인도를 따라 살 수는 없단 말인가?

하나님 말씀에 이 모든 질문에 맞는 구체적인 답이 들어 있다. 나는 이 책이야말로 주님이 내게 쓰라고 하신 중요한 책 중 하나라고 믿는다. 사람들이 교회에서 겪는 많은 어려움의 근본 원인을 다루기 때문이다. 루시퍼가 왜 타락했는가? 반항 때문이다. 아담이 왜 타락했는가? 반항 때문이다. 하나님과 동행하던 많은 사람들은 왜 곁길로 빠졌는가? 반항 때문이다. 정말 무서운 사실은 대부분의 반항이 노골적이지 않고 미묘하다는 것이다.

이 책에 내가 겪은 실패들을 여럿 털어 놓았다. 나는 양 떼나 직원이나 가족을 억지로 복종시키려 하는 권력에 굶주린 지도자가 아니다. 내게는 훌륭한 직원과 가족이 있다. 나는 현재 목회자도 아니다. 나는 실수를, 아니 정확히 말해 죄를 많이 범한 사람으로서 이 책을 쓴다. 나는 1980년대에 국제 사역 단체 두 곳에서 일했는데 이 책에서 말할 실수 대부분은 그때 경험한 것이다. 가장 정신이 번쩍 들게 하는 것은, 실은 당시 내가 틀렸는데도 매번 내가 옳다고 믿었다는 사실이다. 말씀을 통해 내 안에 있는 진정한 동기를 밝히신 주님께 정말 감사한다.

이 책을 읽는 이들이 내가 겪은 일들을 잘 보고 같은 실수를 하지 않기를 간절히 바란다. 내가 얼마나 어리석었는지 깨닫고 교훈과 경건한 통찰을 얻기를 기도한다. 무척 힘들었지만 경험에서 얻은 많은 교훈은 내게 아주 유익했고, 고난을 겪는 과정에서 드러난 진실은 매우 놀라웠기 때문이다. 회개한 이후 나는 하나님의 보호하심과 그분의 예비하심을 누릴 수 있었다.

이 책을 읽어 나가는 이에게도 같은 일이 일어날 수 있다. 성경에 나오는 수많은 사건과 오늘을 사는 여러 개인들이 겪은 일들을 접하다 보면 읽는 사람의 마음에도 빛이 비추일 것이다. 이미 아는 사실을 다시 확인하는 내용도 있을 것이고, 새로이 자유를 누리게 할 내용도 있을 것이다. 어느 경우든 하나님의 말씀을 온유하게 받아들이기를 기도한다. 나 역시 그런 마음으로 이 글을 쓰고 있다.

진실을 만나면 우리는 두 가지 반응을 보인다. 가인처럼 화내고 방어하며 정작 자기에게 필요한 계시를 버릴 수 있다(창 4장). 나단에게 지적받은 다윗처럼 겸손히, 깨진 마음으로, 아프지만 철저한 회개를 통해 경건한 성품이 한 차원 높이 자랄 수도 있다(삼하 12장). 이 일에서 우리도 다윗과 같은 마음을 품자. 하나님의 예비하심과 보호하심이라는 계획에서 우리를 떼어 놓으려 하는 자존심을 버리자.

길을 떠나면서 기억할 것이 있다. 우리를 참으로 자유하게 하고 보호해 주는 진리는 달콤한 말이 아니라 뼈아픈 말일 때가 많다. 어릴 때 일이다. 결핵 예방주사를 맞기 직전에 친구한테 주사가 너무 아프다는 이야기를 들었다. 그 말을 듣고 나는 어떻게든 주사를 맞지 않기로 결심했다. 간호사 두 명이 나랑 씨름하다 결국 포기했다. 그러자 부모님이 나를 앉혀 놓고 예방주사를 맞지 않으면 어떤 일이 일어날 수 있는지 말해 주셨다. 누나가 암으로 죽는 것을 이미 지켜본 나는 부모님이 나를 보호하려고 그러신다는 걸 알았다. 주사가 아프다는 것을 알지만 더 큰 아픔을 겪지 않으려면 주사를 맞아야 했다. 어쩌면 죽을 수도 있는 무서운 병에 걸리지 않으려면 말이다. 그 사실을 깨닫고는 자진해서 주사를 맞으러 갔다.

하나님 말씀에서 예방주사처럼 불편하거나 심지어 고통스럽기까지 한 진리를 만날 때마다 이 예를 잊지 말라. 하늘 아버지의 길은 완전하다. 당장은 쓰리고 아파 보이는 일도 실은 보호와 축복이나 다른 누군가의 구원을 위해 하나님이 허락하신 일이라는 것을 생각하라. 우리를 향한 하나님의 사랑은 순수하고 완전하며 영원하다는 사실을 절대 잊지 말라!

길을 떠나기에 앞서 함께 기도하자.

하늘에 계신 아버지. 저는 편안함이나 즐거움보다는 진리가 제 안에 있기를 간절히 원합니다. 아버지의 길이 완전하다는 것을 알기에 제 마음과 영혼을 아버지 손에 올려 드립니다. 아버지는 제게 영생을 주시고자 아버지께 가장 소중한 존재인 아들 예수님을 보내시어 저를 위해 죽게 하실 만큼 저를 사랑하십니다. 저를 그렇게 사랑하시는 아버지이시기에 제 삶에서 시작하신 일을 이루실 뜻도 있으심을 압니다. 이 책을 읽는 동안 아버지께서 성령님을 통해 말씀해 주시기를 원합니다. 제 삶에 원하시는 길을 보여 주시기를 원합니다. 제가 눈을 뜨고 귀를 열어 아버지의 말씀을 보고 듣게 도우시기를 소원합니다. 지금까지보다 더 깊이 예수님을 보기를 원합니다. 이 책에 담긴 아버지의 말씀을 통해 제 안에서 하실 일에 미리 감사합니다. 예수님의 이름으로 기도합니다. 아멘.

2장

권위의 근원이신 하나님

하나님의
질서 아래서만
안전하다

민주주의 사고방식으로는
하나님 나라의 원리를 이해하기 어렵다.

이제 내 앞에는 도전이 그 거대한 모습을 드러냈다. 하나님의 은혜가 없다면 날마다 불법이 성행하는 세상 한복판에서 권위를 가르칠 수 없을 것이다. 따라서 이 책에서 다루는 내용은 이 세상 논리와 어긋나거나 거스를 것이다. 이 땅에 발 딛고 사는 우리는 여러모로 이 책에서 만날 근본 진리와 다르게 생각하도록 세뇌되었다. 바로 이것이 우리 영혼의 적 사탄이 즐겨 쓰는 전술이다. 사탄은 우리를 자유케 하는 것을 속박하는 것인 듯 보이게 하고, 우리를 속박하는 것을 매력 있고 선한 듯 보이게 하는 데 선수다.

시작부터 그랬다. 에덴 동산을 생각해 보라. 사탄의 방법은 잘 먹혀들었고 사탄은 지금까지 그 방법을 바꾸지 않는다. 그래서 성경은 간곡하게 경고한다. "내 사랑하는 형제들아 속지 말라"(약 1:16). "너희는 이 세대를 본받지 말고 오직 마음을 새롭게 함으로 변화를 받아 하나님의 선하시고 기뻐하시고 온전하신 뜻이 무엇인지 분별하도록 하라"(롬 12:2).

경험을 돌아보면 가장 강하게 저항하며 하나님의 말씀을 안 듣는 사람은 서구인(미국과 유럽의 민주국가에 사는 이들)이다. 이유는 당연하다. 민주주의 사고방식으로는 하나님 나라의 원리를 이해하기 어렵기 때문이다. 민주주의는 세상 나라들에나 적합하다. 하나님 나라는 글자 그대로 왕국이다. 왕이 다스리며 서열과 질서와 권위가 있다. 하나님 나라의 법은 중론이나 선거나 여론 조사로 바꿀 수 없다. 그 법은 우리가 최선이라고 생각하는 길에 휩쓸리지 않는다(하와는 간교한 속임수에 넘어가 그렇게 생각했지만 말이다). 오늘날 우리는 "사무엘이 나라의 제도를 백성에게 말하고 책에 기록한" 것처럼 하나님 나라의 원리를 배워야 한다(삼상 10:25). 사회가 우리에게 하나님 나라의 길을 심어 주지 않기 때문이다.

신자로 살면서 동시에 자기가 사는 세상의 문화가 권위에 대해 규정하는 의식에 따라 살아가려 한다면 잘해야 무기력해지고, 최악의 경우 위험에 처하고 만다. 세상 나라의 문화적 사고방식대로 권위를 따른다는 것은 참생명의 근원이신 하나님과 자기 사이를 막아 버리는 것이요, 그렇게 살면 결국은 우리를 향한 하나님의 보호하심과 공급하심이 막히거나 아예 끊어질 수 있다. 그것은 마치 하나님은 풋볼 대회를 감독하시는데 우리는 야구를 하는 형국과 같다. 플러그를 꽂지 않고 전기 제품을 사용하려는 셈이다.

우리 사회에서는 권위에 동의하지 못하는 경우에는 민원이나 이의를 제기해 권위에 도전할 수 있다. 어디까지나 정부는 '국민의, 국민에 의한, 국민을 위한' 것이기 때문이다. 이런 민주주의 사고방식이 기독교에도 스며들어와 많은 사람들을 일명 자치(自治)라는 속임수의 길에 들어서게 했다. 이 길을 계속 가다 보면 권위에 도전하는 것을 넘어 노골적으로 저항한다. 더 심하게는 권위를 아예 경멸하기까지 한다. 그 결과 권위가 존재한다는 것을 완전히 무시하기에 이른다. 하나님을 두려워하는 마음이 전혀 없음을 자기도 모르게 그렇게 나타낸다. 그러나 이렇게 접근해서는 자유를 얻을 수 없다. 성경은 이렇게 말한다.

> 만일 그들이 순종하여 섬기면 형통한 날을 보내며 즐거운 해를 지낼 것이요 만일 그들이 순종하지 아니하면 칼에 망하며 지식 없이 죽을 것이니라(욥 36:11-12).

여기서 우리가 믿고 따라야 할 대상은 바로 하나님이다. 약속을 잘 보라. 그분의 권위에 복종하면 그 결과 공급하시고 보호하신다. 그분의 통치를 무시할 때 뒤따르는 위험도 눈여겨봐야 한다. 우리는 권위에 반항하여 자유를 얻으려 하지만 실상 권위에 반항하면 자유를 잃는다. 내 아내는 그것을 "복종에는 자유가 있고 반항에는 속박이 있다"고 표현했다. 욥기 말씀을 잘 압축한 말이다.

"나는 하나님께는 복종하지만 사람에게는 먼저 내가 수긍할 수 있어야 복종하겠다"고 말하는 사람들도 있을 것이다. 바로 이 부분이 우리의 성장 과정과 잘못된 교회관 때문에 우리 앞이 막힐 수 있는 곳이다. 하나님 께만 있는 권위에 하는 복종과 하나님이 위임하신 권위에 하는 복종은 나 눌 수 없다. 모든 권위의 근원은 하나님이시다!

성경은 이렇게 권고한다.

각 사람은 위에 있는 권세들에게 복종하라 권세는 하나님으로부터 나지 않음이 없나니 모든 권세는 다 하나님께서 정하신 바라 그러므로 권세를 거스르는 자는 하나님의 명을 거스름이니 거스르는 자들은 심판을 자취하리라 (롬 13:1-2).

이 말씀에는 생각할 것이 많다. 나중에 좀 더 깊이 살펴보겠지만 여기서 몇 가지만 먼저 짚고 넘어가자.

첫째, 다스리는 사람들은 모두 하나님이 세우셨다. 하나님 모르게 권위 있는 자리에 합법적으로 오를 사람은 없으며, 이는 분명한 진리다. 사람들이 이 개념을 받아들이지 못하는 일반적인 이유는 그동안 만난 지도자들이 비열하고 잔인하고 가혹하고 부정직했기 때문이다. 하지만 저 말씀을 다시 새겨야 한다. 성경은 모든 권세가 하나님께 속했다고 말할 뿐 모든 권세가 경건하다고 말하지는 않는다. 이 둘은 큰 차이가 있다. 나중에 이 점을 자세히 살펴보자.

둘째, '하나님이 권위를 위임하신 사람'에게 반항하는 것은 곧 주님의 명령이나 하나님께 반항하는 것이며, 그것은 심판을 자초하는 것이다. 우리는 이 성경 말씀의 저자가 권력에 굶주린 지도자가 아니라 하나님 아버지라는 사실을 잊지 말아야 한다. "모든 성경은 하나님의 감동으로 된 것"(딤후 3:16)이기 때문이다. 사람이 성경을 곡해했다고 해서 하나님이 성경을 쓰셨다는 사실이 바뀌지는 않는다.

본인들은 선뜻 인정하지 않을지 모르지만, 하나님께만 순종할 뿐 인간 권위에는 순종하지 않아도 된다고 생각하는 사람이 무척 많다. 그런 사람들은 자기가 주님이라 부르는 분과 정면으로 맞서는 셈이다. 예수님이 후에 바울이 된 사울에게 하신 말씀을 생각해 보자. "가시채를 뒷발질하기가 네게 고생이니라"(행 26:14). 성경 시대 농부들은 가시채를 사용했다. 길이가 2.5미터 정도 되는 곧은 참나무나 튼튼한 나뭇가지 껍질을 벗기고 앞쪽 끝에 뾰족한 대못을 박아 가시채를 만들었다. 그리고 소가 쟁기질을 하다 뒷발질을 하면 가시채 끝 대못에 찔리게끔 했다. 소는 아픔과 상처를 주는 이 날카로운 도구에 감히 저항할 생각을 못했다. 이 말은 바울 시대에 위에 있는 권위나 세력에 저항하는 것이 부질없음을 나타낼 때 사용하던 속담이다.

요즘으로 치면 가시채는 못이라고 할 수 있다. 날카로운 못에 발길질을 하는 것은 지독히 멍청한 짓이다. 자기만 고통스러울 뿐이다. 바울이 그랬듯이 직접적이든 간접적이든 하나님이 위임하신 권세를 거부하는 것은 날카로운 못에 발길질을 하는 짓과 다름없다. 나처럼 고통스러운 경험을 통해 뼈저린 교훈만 얻을 뿐이다.

하나님이 '위임하신' 권위에 눈뜨다

위임된 권위에 저항하는 것이 곧 하나님의 권위에 저항하는 것이라는 사실에 아프게 눈을 뜬 일이 있다. 그 일은 날카로운 못에 대고 뒷발질하는 일이 얼마나 어리석은지 생생하게 깨달은 뼈아픈 기념물로 내 기억 속에 새겨졌다.

1980년대 중반에 어느 대형교회에서 청소년부 담당목사직을 맡아 달라고 제의해 왔다. 간절히 기도하고 분명한 확인을 거쳐 그 직책을 하나님의 뜻으로 알고 받아들였다.

그때껏 청소년 사역 경험이 전혀 없었던 터라 빠르게 성장하는 영향력 있는 교회의 사역 팀에 속하고 보니 눈앞이 캄캄했다. 그래서 청소년 사역에 관한 책과 지침서를 닥치는 대로 읽었다. 그중 루이지애나주에 있는 교회 청소년부 담당목사가 쓴 책을 읽다가 그 교회 사역 프로그램이 무척 괜찮다 싶어 그길로 그 교회에 전화를 걸었다. 혹시 청소년부 모임에 직접 참여할 수 있는지 물었더니 감사하게도 흔쾌히 반겨 주었다.

도착하던 날 저녁에 바로 청소년부 수요 예배에 참여했다. 정말 대단했다. 1,500석 규모의 청소년부 강당이 따로 있었는데 자리가 거의 다 찼다! 레크리에이션을 하지도, 애써 쉽고 부담 없는 메시지를 전하지도 않았다. 메시지는 순수하고 힘이 있었다. 학생들은 정말로 그 모임에 심취해 있었고, 나는 전율을 느꼈다. 배울 만한 대상을 제대로 선택했다고 확신했다.

이튿날 교회에서 사역자들을 만났다. 그 자리에서도 믿기지 않는 사실을 알게 되었다. 청소년부 교육관이 따로 있었고, 전임간사 두 명에다 청소년부를 담당하는 전임목사만도 네 명이나 되었다. 그 목사 네 명과 이틀 동안 여러 모임에 참여했다. 출석 인원 수치는 가히 경탄을 자아냈다. 당시 1,250명이 모임에 참여했는데 그 수는 놀라운 속도로 계속 불어나고 있었다.

네 사역자들의 말은 한결같았다. 사역 성공의 비결은 매주 금요일 저녁 100개가 넘는 곳에서 여는 '파티'였다. 학생들의 구원을 목표로 한 '가정 셀 그룹'을 파티라고 불렀다.

개념은 아주 단순하지만 의미심장했다. 구원받지 못한 십 대 청소년들을 교회에 데려오기는 어렵지만 파티에 데려오기는 쉽다. 모든 이들이 주중에 학교에서 한 사람을 정해 금요일 저녁 파티에 초대한다. 파티에서는 함께 먹고, 교제하고, CCM을 듣는다. 이어 미리 리더(고등학생이나 대학생)를 정해서 준비한 성경 그룹 토의를 시작해서 결국 구원을 주제로 한 대화로 이어지게 한다. 그런 다음 참석한 학생들에게 자기 삶을 예수님께 드릴 기회를 준다. 그 결과 그곳에 처음으로 온 수많은 학생들이 구원을 얻었다. 결단한 학생들은 따로 한쪽에 모여 교제와 교회의 중요성을 배우며 서로 이름과 전화번호를 교환한다. 리더는 그 학생들을 수요 예배에 초대한다.

나도 파티에 참석했는데, 수많은 학생이 예수님께 자기 삶을 드리는 광경에 감동했다. 교회로 돌아온 후 거기서 배운 것을 우리 교회 청소년부 전도사에게 들려줬다. 기도 후 우리도 그렇게 사역을 하라고 인도하신다고 느꼈다. 그래서 주일 예배 후에 그 비전을 담임목사에게 들뜬 마음으로 이야기했다. 감사하게도 담임목사는 나를 격려했다. "좋습니다, 목사님. 해 보십시오!"

최선을 다해 준비하다

기도 중에 하나님은 내게 계획을 주셨다. 나는 리더들을 준비시키기 위해 즉시 리더 훈련을 시작하기로 했다. 화요일 저녁 전체 청소년부 모임

때 이 사실을 발표했더니 기쁘게도 다음 주일 아침에 70명이 리더 훈련을 받으러 왔다. 그때부터 6개월 동안 충성, 순결, 헌신, 섬김, 비전 등 리더십의 모든 원리를 매주 가르치기로 했다.

5개월 후 주님은 내 마음에 이런 말씀을 하셨다. "리더 훈련에 등록한 학생들 가운데 스물네 명을 뽑아 제자 훈련을 시작해라. 파티의 첫 리더들을 그중에서 뽑아야 할 것이다." 나는 즉시 가정 셀 그룹의 첫 리더를 맡을 학생들을 훈련시키기 시작했다.

그 후 2개월 간 가정 셀 그룹 파티 리더를 준비시켰다. 화요일 저녁 청소년부 모임에서 파티의 비전을 설교했다. 전도사와 함께 리더 커리큘럼을 비롯해 파티 장소, 지역 나누기, 그룹 확장과 향후 관리 방법 등 많은 세부 사항을 정했다. 길 잃은 영혼에 대한 거룩한 부담을 품고 그들을 구원한다는 목표 아래 우리는 혼신의 힘을 다했다.

모두 흥분했다. 비전은 리더들에게서 청소년부 예배에 오는 아이들 사이로 퍼져 나갔다. 학생들은 이미 파티에 누구를 가장 먼저 초대할지 이야기하며 기대에 찼다. 우리는 파티에 온 믿지 않는 학생들의 심령을 움직여 반응하게 하시며 그들이 예수님이 필요함을 깨닫고 구원받게 해 달라고 하나님께 기도했다. 전도사와 나는 예배당에 화요일 저녁마다 십 대 청소년 2,500명이 꽉 들어찬 모습을 상상했다. 이렇게 준비하는 모든 이에게 비전과 열정이 충만했다.

충격적인 결정

첫 파티를 열기 3주 전 교역자 회의에 참석했다. 그런데 담임목사가 부목사들에게 청천벽력 같은 말을 했다.

"여러분, 성령께서 내게 우리 교회 방향이 가정 셀 그룹을 하지 않는 것임을 보여 주셨습니다. 그러니 현재 교인들 집에서 하는 모든 소그룹 모임을 중단하십시오."

내 귀를 의심했다. 뭔가 착오나 오해가 있는 게 분명했다. 청소년부 전도사는 충격에 휩싸인 눈빛으로 나를 바라보았다. 나는 이런 생각으로 나 자신을 달래려 했다. '청소년부는 아니겠지. 목사님은 다른 부서 목사들한테 말하시는 거야.'

독신자 사역, 노인 사역, 부부 사역, 그 외 부서들에도 가정 소그룹이 있었지만 성과가 없었고 중점 사역도 아니었다. 게다가 몇 달 전 담임목사에게 이미 내 구상을 말했고 "해 보십시오" 하는 말을 들었다. 그래서 청소년부 소그룹만은 예외적으로 중단하지 않아도 된다고 결론지었다.

그래도 확실히 해야겠다 싶어 손을 들었다.

"잠시만요, 목사님. 청소년부는 제외하고 말씀하시는 것 맞지요?"

"비비어 목사님, 성령께서 우리 교회 방향이 셀 그룹을 하지 않는 것이라고 제게 말씀하셨습니다."

"목사님, 몇 달 전에 제가 루이지애나에 있는 청소년부에 다녀온 일을 잊으신 건 아니지요? 거기에 학생이 무려 1,250명이나 됩니다. 그건 다 네 명의 목사가 가정 셀 그룹을 하기 때문이고요."

"비비어 목사님, 성령께서 우리 교회 방향이 셀 그룹을 하지 않는 것이라고 제게 말씀하셨습니다."

나는 그가 아직 제대로 이해하지 못했다는 생각이 들어 더 강하게 말했다. "목사님, 구원받지 못한 아이들을 교회로 데려오기는 어렵지만 파티라면 어느 청소년이든 데려올 수 있습니다. 몇 달 전 말씀드린 대로 사실상 그 파티는 길 잃은 영혼들을 구원하는 데 중점을 둔 가정 셀 그룹입니다."

"비비어 목사님, 성령께서 우리 교회 방향이 가정 셀 그룹을 하지 않는 것이라고 제게 말씀하셨습니다."

나는 흥분을 가라앉히지 못하고 반박했다. "목사님, 우리 예배당도 2,500여 명의 청소년으로 가득 찰 수 있습니다! 플로리다 올랜도에 있는 모든 청소년들이 구원받는 것을 볼 수 있어요!"

그래도 담임목사는 같은 말만 되풀이했다.

나는 15분 정도를 항변했다. 방 안에서 긴장이 고조되는 것을 모든 이가 느낄 수 있었다. 담임목사가 성령님께 받았다는 말씀 외에는 다른 말을 하지 않은 것이 그나마 나에게는 다행이었다.

결국 나는 입을 다물었지만 내 속은 점점 더 끓어올랐다. 회의 내내 아무 말도 귀에 들어오지 않았다. 머릿속에는 온통 이 생각뿐이었다. '우리는 8개월 동안이나 이 일을 준비해 왔어. 우리가 이렇게 준비해 왔다는 것을 목사님도 아셨어. 내가 몇 달 전에 말했으니까. 그런데 수백 명, 아니 수천 명의 학생들이 하나님 나라에 들어올 이 통로를 어떻게 막을 수 있지? 목사님은 지금 하나님의 역사를 가로막고 있어! 이제 아이들에게 뭐라고 말해야 하지? 리더 훈련 중인 사람들은 어떻게 생각할까? 나는 루이지애나까지 다녀왔어. 이 무슨 시간 낭비에다 돈 낭비지! 어떻게 이런 일이 있을 수가! 믿을 수가 없어!'

생각은 끝이 없었다. 아무리 생각해 봐도 나는 옳고 하나님 편에 있었고, 담임목사는 그것을 보지 못한 게 분명했다. 회의가 끝나자마자 쏜살같이 회의실에서 나와 버렸다. 현명한 선배 부목사 한 명이 나를 붙들고 진정시키며 지혜와 위안의 말을 들려주려 했다. 하지만 나는 단호하게 뿌리쳤다. "목사님, 지금은 정말 말할 기분이 아닙니다!" 그는 내 태도를 보고 부질없는 일이라 생각했는지 이내 뒤로 물러섰다.

집으로 차를 몰고 오는 내내 담임목사가 그런 어처구니없는 실수를 저지른 온갖 이유를 상상했다. 생각할수록 분노는 커져만 갔다. '파티가 얼마나 효과적인지 잘 알지도 못하면서 무조건 퇴짜를 놓다니! 제대로 알아보지도 않고서 지난 몇 달간 애쓴 결과물을 이렇게 갑자기 내동댕이쳐도 되는 것인가? 담임목사는 교회와 청소년부를 급성장시킬 수 있는 절호의 기회를 차 버린 거야. 사람들이 구원받지 못하도록 방해꾼이 된 거라고!' 집으로 오는 긴 시간 내내 온갖 생각이 머릿속을 맴돌았다. 분명 내가 옳았다. 그 회의에서 일어난 일은 절대 정당화될 수 없었다.

집에 가서는 나를 반기며 맞는 아내에게 인사도 건네지 않은 채 속이 상할 대로 상한 목소리로 말했다.

"그 사람이 무슨 일을 했는지 아마 당신은 상상도 못할 거예요!"

내 어조가 예사롭지 않은 걸 보고 아내는 걱정스레 물었다.

"그 사람이라니요? 누가 무슨 일을 했는데요?"

"담임목사님! 목사님이 가정 셀 그룹 파티를 중단시켰어요! 우리가 8개월 동안이나 준비해 온 일을 목사님이 일순간 중단시켰다고요. 이게 말이 돼요?"

아내는 나를 보며 아주 솔직하고 진지한 목소리로 말했다.

"하나님이 당신한테 가르치실 게 있나 봐요."

그 말만 남기고는 조용히 침실로 들어갔다. 이제는 아내에게도 화가 났다. 아내도 담임목사 못지않게 영적 분별력이 없고 어리석어 보였다. 나는 쿵쾅거리며 (침실 반대쪽에 있는) 부엌으로 들어가 한 발을 의자에 올려놓고는 창밖을 보며 담임목사가 틀렸다는 생각을 계속해서 곱씹었다. 거기다가 내 아내마저 한없이 둔하고 분별력이 없다는 생각까지 더해지니 속이 부글부글 끓었다.

"내 사역이냐, 네 사역이냐?"

창밖을 한참 내다보는데 문득 성령께서 내 마음에 말씀하셨다.

"존, 너는 지금 누구의 사역을 하고 있지? 내 사역이냐, 네 사역이냐?"

나는 엉겁결에 소리 내 대답했다.

"지금 무슨 말씀이세요? 주님의 사역이지요!"

"아니다. 그렇지 않다! 너는 네 사역을 하고 있다."

"주님, 구원받지 못한 아이들 대부분을 교회에는 못 데려와도 파티에는 데려올 수 있습니다."

나는 전체 추론 과정과 계획을 그분께 늘어놓았다. 주님이 아무것도 모르시는 듯이 말이다(우리는 얼마나 자주 착각하는가!) 주님은 내가 모든 걸 터뜨릴 때까지 기다리셨다가 말씀하셨다.

"존, 나는 너를 이 교회에 데려와 그 목사를 섬기게 했다. 내가 그 목사에게 맡긴 사역에 도구로 사용하기 위해서 말이다. 나는 그 사람의 손발이 되라고 너를 불렀다. 내가 이 교회 사역 책임자로 세운 사람은 단 한 명이다."

그분은 모세를 생각하게 하셨다. "모세는 …… 하나님의 온 집에서 종으로서 신실하였고"(히 3:5). 모세는 하나님이 회중 위에 세우신 지도자였다.

그다음으로는 야고보를 생각하게 하셨다. 야고보는 예루살렘 교회 지도자였다. 주님은 믿는 이들 사이에 할례 문제가 제기되었던 사건을 상기시키셨다(행 15장). 바울과 바나바와 베드로와 요한과 예루살렘 교회 사도들과 장로들이 모여 그 문제를 의논했다. 역시 지도자이던 바리새인 신자 몇 명이 먼저 말했다. 이어 베드로가 말했다. 바울과 바나바가 하나님이 이방인 중에서 하신 일을 보고했다. 모두 말을 마치자 야고보가 일어나 모든 발언을 요약한 뒤 "그러므로 내 의견에는"(행 15:19) 하고 결론지었다. 야고보는 최고 지도자로서 결정을 내렸고 베드로와 바울과 요한을 포함해 나머지 사람들은 모두 그 결정에 순복했다.

이런 역학은 천사가 감옥에서 베드로를 풀어 주는 장면에도 나타난다. 베드로는 마리아의 집에 모인 신자들에게 "야고보와 형제들에게 이 말을 전하라"(행 12:17)라고 말했다. 누가와 바울 일행이 예루살렘에 왔을 때 상황을 누가는 이렇게 기록했다. "형제들이 우리를 기꺼이 영접하거늘 그 이튿날 바울이 우리와 함께 야고보에게로 들어가니 장로들도 다 있더라"(행 21:17-18).

이 두 사건에서 베드로와 바울은 왜 야고보를 찾았는가? 이름을 따로 언급한 것으로 보아 야고보는 분명 최고 지도자였다. 이 점을 밝히신 후 성령은 내게 계속 말씀하셨다.

"존, 내가 너로 이 목사를 섬기게 한 그 기간에 대해 심판 날 네가 내 앞에서 맨 먼저 할 말은 플로리다 올랜도에서 청소년 아이들을 얼마나 많이 구원으로 인도했느냐 하는 것이 아니다. 내가 네 위에 세운 목사에게 얼마나 충성했느냐 하는 것부터 심판받을 것이다."

그분이 이어서 하신 말씀에 나는 충격을 받았다. "네가 올랜도에 있는 청소년들을 모두 구원하더라도, 내가 네 위에 세운 목사에게 복종하고 충성하지 않은 것 때문에 심판받을 것이다." 그 말씀을 듣는 순간 새삼 하나님을 두려워하는 마음이 살아났다. 나는 자신을 방어하려던 것을 모두 중단하고 주님 손에 나를 맡겼다.

"존, 네가 계속 네가 고집하는 방향으로 간다면 청소년부와 교회는 서로 가는 길이 달라질 것이다. 네가 교회에 분열(division)을 일으킬 거라는 말이다."

'디비전'(division; 분열)에서 '디'(di-)라는 접두사는 '둘'을 뜻한다. 그렇다면 분열이란 '비전이 두 개'(di-vision)라는 뜻이다. 오늘날 교회와 가정이 분열되는 이유는 무엇인가? 비전이 나뉘었기 때문이다. 하나님이 정하신 권위에 복종하지 않는다는 뜻이다. 머리가 둘인 기관은 분열될 수밖에 없기에 하나님은 지도자를 세우신다.

회개와 영적 성장

나는 즉시 반항적 태도를 회개했다. 기도가 끝나고 무엇을 해야 하는지 알았다. 담임목사에게 전화를 걸었다. "목사님, 존 비비어입니다. 목사님께 용서를 구해야 할 것 같아서요. 하나님께서 제가 목사님의 권위에 반항하고 있다는 것을 가르쳐 주셨습니다. 제가 큰 죄를 지었습니다. 용서해 주십시오. 가정 셀 그룹을 즉시 중단하겠습니다."

그는 아주 너그러이 나를 용서했다.

전화를 끊자마자 성령께서 물으셨다.

"이제 이번 주말에 리더 훈련 중인 스물네 명에게 어떻게 말할 생각이냐?"

리더들에게 슬픈 어조로 말하는 내 모습이 눈앞에 그려졌다.

"얘들아, 기가 막힌 일이 생겼어."

아이들이 다 걱정스레 나를 쳐다보며 묻는다.

"뭔데요?"

나는 착 가라앉은 어조로 말을 잇는다.

"너희도 알다시피 우리가 8개월 동안 공들여 준비한 가정 셀 그룹을 글쎄 담임목사님이 그만두라고 하셨어. 금요일 저녁 파티는 물 건너갔다."

아이들 모두 그 결정을 못마땅해하며 탄식하고 투덜대는 모습이 보인다. 다들 담임목사에게 화가 났다. 우리는 다 피해자다. 물론 담임목사는 나쁜 사람이 되고 나는 계속 좋은 사람이다.

이 장면을 마음에 떠올리고 나자 성령이 물으셨다.

"그렇게 할 작정이냐?"

"아닙니다!"

다음 모임 때 나는 자신감 있게 웃는 얼굴로 리더 훈련을 받으러 온 아이들에게 갔다. 그리고 열정이 담긴 목소리로 발표했다.

"얘들아, 기쁜 소식이 있어!"

그들은 기대하는 표정으로 물었다.

"뭔데요?"

"하나님이 우리를 구해 주셨다. 우리는 하나님의 뜻이 아닌 일을 시작하고 추진할 뻔했어. 담임목사님이 교역자 회의에서 말씀하셨는데, 성령님이 우리 교회에 원하시는 방향은 가정 셀 그룹을 하지 않는 것이라고 하셨대. 그래서 다행히 파티를 즉각 취소하기로 했다."

아이들은 모두 내 흥분이 전염된 듯 이구동성으로 소리쳤다.

"예, 좋아요!"

아이들 때문에 어려운 일은 조금도 없었다. 이 경험을 통해 나만 성장한 것은 아니다. 우리 모두 성장했다. 나중에 아이들에게 그 일의 자초지종을 들려주었다. 그리고 지금 그 스물네 명 중 다수가 전임사역자로서 훌륭히 사역하고 있다.

하나님 뜻에 주리고 목마른 마음

돌이켜 보면 그때가 내 인생과 사역에서 결정적인 고비였다. 내 논리를 포기하지 않고 계속 주장하고 고집을 부렸다면 지금은 완전히 다른 곳에 있을 것이다. 어쩔 수 없이 파티는 취소했겠지만, 나는 저항과 교만과 완고한 마음을 버리지 못했을 것이다. 절대 잊지 말라. 하나님이 원하시는 것은 겉으로만 하는 순종이 아니라 상하고 통회하는 마음이다. 하나님 뜻에 주리고 목마른 마음이다. 그래서 다윗은 이렇게 말했다.

주께서는 제사를 기뻐하지 아니하시나니 그렇지 아니하면 내가 드렸을 것이라 …… 하나님께서 구하시는 제사는 상한 심령이라 하나님이여 상하고 통회하는 마음을 주께서 멸시하지 아니하시리이다(시 51:16-17).

평생 막대한 희생을 하고, 오랜 시간 봉사하고, 무보수로 섬기고, 잠자는 시간을 줄여 가면서 더 많은 사람을 구원할 길을 궁리하며 온갖 일을 할 수 있다. 사역은 하자면 한이 없다. 그 모든 희생에 사로잡힌 채 자신과 자신의 수고를 하나님이 기뻐하신다고 착각할 수 있다. 그러나 그 모든 활동의 핵심 동기를 가만히 살펴보면 우리 자신의 아집에 속은 경우도 많다.

하나님은 복종 즉 참된 순종을 기뻐하신다. 하나님의 권위에 복종하는 것이 중요하다는 것을 밝힐 뿐만 아니라 나아가 순종에 대한 기쁨과 열정을 갖게 하는 것이 이 책의 목표다.

방금 나눈 간증에 의문이 많이 생길 것이다. "셀 그룹을 시작하라고 하나님이 당신에게 말씀하지 않으셨나요? 교회가 나아갈 방향에 대한 담임목사의 생각이 틀렸다면 어떻게 합니까? 당신이 마땅히 셀 그룹을 해야 한다면, 즉 담임목사가 틀렸고 당신이 맞으면 어떻게 됩니까? 그가 말씀을 잘못 받았다면 어떻게 됩니까?"

앞으로 이 책에서는 이런 의문과 그 밖에 많은 질문을 다룰 것이다. 그러나 하나님이 위임하신 권위를 더 이야기하기 전에 하나님의 직접적 권위에 복종하는 일이 얼마나 중요한지부터 다져야 한다.

워치만 니(Watchman Nee)가 한 말을 보자.

사람이 하나님이 위임하신 권위에 복종할 수 있으려면 먼저 하나님의 권위부터 만나야 한다. 우리와 하나님의 관계는 그 권위를 만났는지 여부로 규정된다. 그런 권위를 만났다면 우리는 하나님한테 붙들려 있기에 앞으로 어디서든 다른 권위를 만나도 그분이 우리를 쓰실 수 있다.[1]

하나님께 복종하는 일이 얼마나 중요한지 성경적 기초부터 쌓아야 한다. 그런 뒤에야 하나님이 위임하신 권위에 복종하기가 왜 중요하며 얼마나 중요한지 다룰 수 있다. 하나님께 복종하는 것은 그 위에 쌓아올릴 모든 것의 주춧돌이 될 것이다.

그러므로

우리가 흔들리지 않는 나라를 받았은즉

은혜를 받자

이로 말미암아 경건함과 두려움으로

하나님을 기쁘시게 섬길지니

히브리서 12장 28절

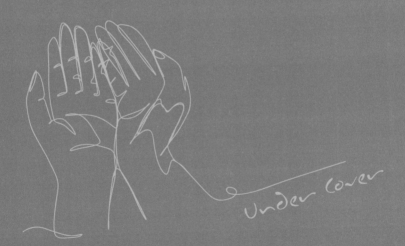

PART 2

순종함으로
자유하기

3장

'기쁘게 순종하는' 자녀를 찾으시는 하나님

순종 명령을
무시한 이 시대,
불법이 성하다

교회가 죄의 핵심 정의를 비껴 갈 때가 많다.
우리는 죄의 진정한 의미를 못 보고 있다.

잠시 게임을 해 보자. 게임 제목은 '심리학자와 환자 게임'이다. 당신은 침상에 누운 환자고 나는 옆에 앉아 있는 심리학자다. 내가 단어를 하나 제시하면 마음에 처음으로 떠오르는 것을 말해야 한다. 준비됐는가?

죄.

무엇이 떠오르는가?

전 세계 수많은 신자들과 지도자들과 나눈 대화를 토대로 당신이 무엇을 떠올렸는지 짐작할 수 있다. 간음, 간통, 변태, 기타 다른 형태의 성적 비행이 생각났을 것이다. "그 사람은 죄에 빠졌어요." 그런 안타까운 말을 자주 듣는다. 대개 지도자의 성적인 타락을 일컫는 말이다. 그런 말을 들으면 나는 무슨 말인지 즉각 알 수 있다. 죄라는 단어를 생각할 때 성적으로 짓는 죄를 가장 많이 떠올리는 것 같다.

술 취함이나 약물 중독을 떠올렸을 수도 있다. 신자들이 정말로 중대한 죄라 여기는 항목이기 때문이다. 더러는 도박, 살인, 절도, 주술을 떠올렸을 수도 있다. 가능성은 적지만 미움, 다툼, 질투, 용서하지 않는 것을 죄의 범주에 넣었을 수도 있다. 이외에도 저마다 아주 다양할 것이고 목록은 상당히 길어지리라.

잃어버린 핵심 정의

여기까지 생각한 뒤 이 말을 하고 싶다. 아담은 에덴 동산에서 낯선 여자와 잠자리를 하지도 않았고 마약을 하지도 않았다. 그러나 아담의 죄는 모든 피조 세계를 포로와 속박 상태에 들어가게 할 만큼 심각했다. 죄를 정의할 때 아담의 상황을 생각해야 한다. 인류의 혈관에 아담이 범한 죄의 본질이 흐르기 때문이다. 아담이 도대체 무슨 일을 했기에 인류를 파멸로 몰아넣었는가? 아담이 지은 죄는 하나님 말씀에 순종하지 않은 것이다.

그렇다고 앞에서 말한 것이 죄가 아니라는 말은 아니다. 다만 교회가 죄의 핵심 정의를 비껴 갈 때가 많다는 사실을 강조하는 것이다. 우리는 죄의 진정한 의미를 못 본다. 죄의 진정한 의미라는 핵심 고리가 없다면 이 장에서 살펴보려는 바와 같이 금방 미혹될 수 있다.

당신은 체온이 38도가 넘고, 몸살기가 있고, 기침이나 재채기나 구토 증세가 있는 것만 질병이라고 알고 있다고 해 보자. 내가 일곱 살 때 누나가 암 진단을 받았는데, 당시 내 생각에 병은 그런 거였다. 누나는 병원에 자주 다녔고 두어 주 입원하기도 했다. 엄마는 "누나가 많이 아파"라고 하셨지만 누나는 열도 없었고 기침이나 재채기도 하지 않았다. 나는 부모님이 왜 그렇게 걱정하는지 이해를 못했다. 나는 누나가 그저 피곤한 줄 알았다. 누나의 병이 얼마나 심각한지 몰랐다. 내가 알고 경험한 것을 기준으로 생각했기 때문이다.

초등학교 1학년 어느 날, 집에서 연락이 와서 조퇴하고 집에 갔다. 거실에 부모님 곁에 목사님이 있는 것을 보고 나서야 사태가 심각하다는 걸 알았다. 곧 누나가 죽었다는 말을 들었다. 누나가 그 정도로 많이 아팠다는 것을 그제야 알았다. 그전까지는 사태를 전혀 파악하지 못했다. 병에 대한 내 정의가 제한되어 있었기 때문이다. 나는 이것저것 자세히 물어봤다. 그리고 나서 건강이 나쁘거나 병에 걸린 사람이 환자라는 것을 알았다. 그렇게 병의 진정한 의미를 알았기 때문에 이제는 예전과 같은 시각으로 병을 판단하지 않는다.

성경이 말하는 죄

교회에도 그런 사람이 많다. 죄가 무엇인지 모를 때가 많다. 죄가 무엇인지 바로 알려면 성경에 나온 죄의 정의를 봐야 한다. 성경은 "죄는 불법

이라"(요일 3:4)고 선포한다. 여기에서 "불법"은 헬라어로 '아노미아'(anomia)
다. 테이어 헬라어 사전(Thayer's Greek dictionary)은 아노미아를 "법에 무지하거
나 법을 어겨 법 없이 존재하는 상태"라고 풀이한다. 불법은 하나님의 법
이나 권위에 복종하지 않는다는 뜻이다. 바인 사전(Vine's dictionary)은 이 구절
이 "죄라는 단어의 참뜻"을 밝힌다고 말한다. "죄를 이렇게 정의하는 것은
죄의 본질적 특성을 하나님의 법이나 뜻을 거부하고 그 자리에 자기 뜻을
놓는 것으로 규정한다"고 한다.

예수님의 비유에서 이 정의를 확인할 수 있다. 예수님이 사람들과 식
사하실 때 어떤 사람이 이렇게 말했다. "무릇 하나님의 나라에서 떡을 먹
는 자는 복되도다"(눅 14:15).

그 말을 기회 삼아 주님은 누가 장차 어린양 혼인 잔치에서 음식을 먹
을지 말씀하신다. "어떤 사람이 큰 잔치를 베풀고 많은 사람을 청하였더
니 잔치할 시각에 그 청하였던 자들에게 종을 보내어 이르되 오소서 모든
것이 준비되었나이다 하매"(눅 14:16-17).

잔치를 연 사람은 하나님이고 종은 예수님이다. 종이라는 말을 단수로
쓴 것에서 그런 해석을 확증할 수 있다. 성경은 구체적으로 이렇게 말한
다. "옛적에 선지자들을 통하여 여러 부분과 여러 모양으로 우리 조상들
에게 말씀하신 하나님이 이 모든 날 마지막에는 아들을 통하여 우리에게
말씀하셨으니"(히 1:1-2). 예수님은 우리를 위한 든든한 대변자시다. 신약 시
대인 오늘날 설교하고 가르치고 글쓰는 사람들은 주님의 대언자로 말하
라는 명령을 받은 사람들이다. 주님이 하시는 말씀을 잘 듣고 그대로 정확
히 전달해야 하는 사람들이다.

이 비유는 하나님 아버지의 생각을 나타낸다. "오세요. 모든 준비가 끝

났습니다." 이것은 이미 초청받은 이들에게 한 말이다. 복음을 전혀 듣지 못한 사람들이 아니라 이미 교회 안에 있는 사람들에게 하신 말씀이다.

그러나 사람들은 초청을 거절할 핑계를 늘어놓는다. "나한테는 좋은 술이 생긴 데다 주말에는 신나는 파티에 가야 해요. 정말 가고 싶은 잔치였는데, 초청에 응하지 못해 미안합니다." "라스베이거스행 여행권이 생겼어요. 글쎄 5천 달러나 되는 돈을 카지노에서 내 맘대로 쓸 수도 있대요. 초청에 응하지 못해서 미안합니다." "그만 비서와 사랑에 빠졌어요. 이번 주에 같이 하와이로 여행을 가서 리조트에 머물며 한 주를 사랑으로 채울 작정입니다. 아내한테는 아무 말도 하지 마세요. 아내는 내가 출장 가는 걸로 압니다. 하여간 그래서 잔치에 갈 수 없습니다."

그들이 이런 핑계를 대는가? 성경을 읽어 보면 그렇지 않다.

"한 사람은 [종에게] 이르되 나는 밭을 샀으매." 여기서 더 읽기 전에 의문이 생긴다. 밭을 사는 것이 죄인가? 만일 죄라면 우리 중에도 문제 있는 사람이 많다. 토지 구입은 죄가 아니라는 건 누구나 안다. 그가 하는 말을 계속 들어 보자. "나는 밭을 샀으매 아무래도 나가 보아야 하겠으니 청컨대 나를 양해하도록 하라"(눅 14:18). 방금 말한 것처럼 땅을 사는 것은 죄가 아니다. 하지만 소유에 대한 관심이 하나님 말씀에 대한 즉각적 복종보다 앞선다면 그것은 죄의 핵심에 해당하므로 곧 불법이다. 하나님의 권위에 복종하지 않아서다.

그다음 사람 역시 원정 도박을 가서 돈을 펑펑 쓰려는 게 아니다. "나는 소 다섯 겨리를 샀으매 시험하러 가니 청컨대 나를 양해하도록 하라"(19절). 소나 그 외 필요한 것을 사는 것이 죄인가? 물론 아니다. 그러나 하나님 말씀이나 뜻에 즉시 순종하는 것보다 생업이나 사업을 중요하게 여기면 죄다! 잊지 말라. 아담은 에덴 동산에서 성적으로 문란한 죄를 범한 게 아니다. 그저 하나님의 말씀에 복종하지 않았을 뿐이다.

마지막 사람은 이렇게 말했다. "나는 장가들었으니 그러므로 가지 못하겠노라"(눅 14:20). 장가가는 것이 죄인가? 물론 아니다. 결혼이 죄라면 우리 대부분도 큰 잘못을 저지른 셈이다. 그러나 배우자를 즐겁게 해 주려는 욕망을 하나님 뜻에 복종하는 것보다 중요하게 여기면 죄다. 다시 말하지만 에덴 동산을 잊어서는 안 된다. 하와는 미혹당했지만(고후 11:3) 아담은 이야기가 다르다. 아담은 꾀임을 받지 않았다(딤전 2:14). 아담이 범한 죄의 본질을 성경은 이렇게 말한다. "한 사람이 순종하지 아니함으로 많은 사람이 죄인 된 것같이"(롬 5:19). 아담은 불순종했다. 이미 열매를 먹은 아내가 남편도 똑같이 먹기를 원했기 때문이다. 아담은 하나님의 권위에 복종하는 쪽보다 아내를 택했다.

그것은 죄다. 아담이 불순종한 결과 많은 사람이 죄인이 되었다. 이것을 "많은 사람이 불법에 빠졌거나 하나님의 권위에 불순종하게 됐다"고 표현할 수도 있다. 이것이 진정한 죄다. 이 비유에서 예수님은 그 남자가 하나님 말씀에 순종하지 않고 아내를 택한 것을 지적하셨다.

아주 정중한 태도로 사양했지만 초청하시는 하나님의 음성과 권위에 복종하지 않은 사람들을 가리켜 예수님이 하신 말씀을 들어 보라. "내가 너희에게 말하노니 전에 청하였던 그 사람들은 하나도 내 잔치를 맛보지 못하리라 하였다 하시니라"(눅 14:24).

얼마나 무서운 말씀인가! 그 사람들은 이전에 영광스럽게 초대받은 그 혼인 잔치에서 앞으로는 음식을 먹을 수 없다. 어린양의 혼인 잔치에 들어갈 수 없다. 성적 부도덕이나 마약이나 폭음 때문이 아니다. 하나님 말씀에 순종하지 않았기 때문이다. 왜 이 사실에 놀랄 수밖에 없는가? 인류가 심판이라는 최대 결말을 맞은 것도 잘 생각해 보면 아담이 순종하지 않았기 때문 아닌가?

이 비유에서 마약 중독자나 창녀나 포주나 알코올에 중독된 사람이나 살인자나 강도는 전혀 언급하지 않는다는 점이 흥미롭지 않은가? 그런데 정말로 전혀 언급하지 않는가? 아니다! 좀 더 읽어 보면 종이 주인에게 사람들의 핑계를 그대로 전한다. 그러자 주인은 종에게 명한다. "길과 산울타리 가로 나가서 사람을 강권하여 데려다가 내 집을 채우라"(눅 14:23). 길과 산울타리 가의 사람들은 창녀, 포주, 강도, 폭력배, 살인자, 알코올 의존자 등을 상징하는 말이다. 그런 사람들도 비유에 등장한다. 그것도 잔치에 초대되는 사람들로 말이다!

이 마지막 때에 그런 사람들 다수가 자기 삶에 남은 건 공허함과 슬픔뿐이라는 것을 깨닫고 가시채를 뒷발질하기에 질릴 거라는 사실을 주님은 아신다. 그래서 주님이 청하시면 그들은 즉각 순종으로 반응할 것이다. 하지만 이미 청함받았던 사람들 즉 교회에 다니며 자기가 경건한 줄 알지만 실은 편할 때만, 혹은 자기 스케줄이나 목표나 즐거움을 방해하지 않을 때만 하나님께 순종하는 사람들은 결국 아담이 그랬듯이 하나님의 영광의 임재에서 쫓겨날 것이다.

"예" 하고 가지 않는 사람들

혼인 잔치 비유는 하나님 권위에 불복하는 것이 진정한 죄라고 정의한다. 예수님은 다른 비유에서도 그 점을 분명히 밝히신다. 예수님은 "너희 생각에는 어떠하냐"라는 질문으로 그 비유를 시작하신다(마 21:28). 이 도입 질문으로 그분은 그 말씀을 듣고 있는, 겉으로 보기에는 의인들이 그 대답에 담긴 진리를 깊이 보게 하려 하셨다.

예수님은 두 아들을 둔 사람을 예로 드셨다(마 21:28-31). 아버지가 맏아들에게 "얘, 오늘 포도원에 가서 일해라"라고 말했다. 그 말에 아들은 "예, 가겠습니다" 하고 대답했다. 대답만 들으면 착한 아들 같다. 물론 이 아들은 아버지를 존중하는 마음으로 그렇게 말했지만 예수님은 그가 "가지 아니했다"고 말씀하신다. 아버지는 둘째 아들에게도 똑같이 말했다. 아들은 "싫습니다" 하고 대답했지만 그렇게 말한 것을 나중에 뉘우친다. 그리고는 하던 일을 그만두고 포도원에 가서 일했다.

예수님은 중요하면서도 대답이 뻔한 질문을 던지신다.

"그 둘 중 누가 아버지 뜻대로 하였느냐?"

듣고 있던 사람들은 정답을 말했다.

"둘째 아들입니다."

그러자 예수님은 바로 문제의 핵심을 말씀하셨다. "내가 진실로 너희에게 이르노니 세리들과 창녀들이 너희보다 먼저 하나님의 나라에 들어가리라."

모든 부모는 자기 자녀가 "예, 가겠습니다" 하고 대답하고, 실제로도 기쁘게 가기를 바란다. 단순히 명령에 따를 뿐만 아니라 기꺼이 순종하길 바란다. 결국 이 비유를 들어 예수님은 궁극적으로 하나님의 권위에 불순종하는 것이 진정한 죄라는 것을 당시 지도자들에게 알리셨다. 간음, 살인, 절도만 죄가 아니다. 지도자들은 '큰 죄'에 빠져 있지 않았기에 자부심과 자신감이 있었다. 그러나 그렇게 죄를 제한적으로 정의하다 보니 쉽게 착각에 빠져, 그토록 열심히 피했다고 고백한 바로 그 죄(또는 하나님의 권위에 불순종)를 범했다.

그렇다면 '큰 죄'는?

성경 전체를 읽어 보면 똑같은 메시지를 계속 만날 수 있다. 이렇게 생각할 수도 있다. '그렇다면 거짓말, 술 취함, 간음, 도둑질, 살인은 어떻게 되는가? 그런 것은 죄가 아닌가?' 두말할 필요도 없다. 그것 역시 하나님의 권위를 거스르는 것이다.

성경은 우리에게 거짓말을 버리고 "각각 그 이웃과 더불어 참된 것을 말하라"(엡 4:25)고 한다. 술에 대해서는 "술 취하지 말라"(엡 5:18)고 명하고, 간음에 대해서는 "음행을 피하라"(고전 6:18)고 경고한다. 도둑질에 대해서는 "도둑질하는 자는 다시 도둑질하지 말라"(엡 4:28)고 가르친다. 살인에 대해서는 "그 형제를 미워하는 자마다 살인하는 자니 살인하는 자마다 영생이 그 속에 거하지 아니하는 것을 너희가 아는 바라"(요일 3:15)라고 한다.

신약 성경은 이런 일들을 행하는 사람은 하나님 나라를 유업으로 받을 수 없다고 강하게 말한다(고전 6:9-11; 갈 5:19-21; 계 21:8). 그러나 잊지 말아야 할 사실이 있다. 비단 '큰 죄'라고 명명한 것들만 아니라 어떤 모양이든 죄는 영혼을 멸망시킨다는 사실이다.

다시 심리학자와 환자 게임으로 돌아가자. 이제 환자는 죄가 무엇인지 이해하고 '하나님의 권위에 복종하지 않는 것'이 죄라고 답할 수 있게 됐다. 죄와 불법의 관계를 깨달은 것이다.

불법이 성하는 오늘날의 기독교

제자들은 예수님께 마지막 때에 관해 물었다. 예수님은 마지막 때에 일어날 일들을 들려주셨고, 당신이 재림하시기 전에 널리 퍼질 시대 상황을 설명하셨다. 그중 이런 말씀이 있다. "불법이 성하므로 많은 사람의 사랑이 식어지리라 그러나 끝까지 견디는 자는 구원을 얻으리라"(마 24:12-13).

교인들에게 이 말씀이 우리가 사는 사회를 가리키는 것이냐고 물으면 그렇다고 긍정하는 듯 고개들을 끄덕인다. 대부분이 이 사회를 죄악된 곳으로 본다. 정확하게 해석한 것이 맞느냐고 의문을 품는 사람은 거의 없다. 그러나 예수님은 사회가 아니라 교회를 가리켜 이 말씀을 하셨다. 여기에는 어떻게 그런 결론을 내렸느냐며 의아해할 사람이 있을 수도 있다. 두 구절에 있는 독특한 단어 두 개에서 예수님이 일반 사회가 아니라 교회에 말씀하신다는 것을 알 수 있다.

우선 "많은 사람의 사랑이 식어지리라"는 핵심 문구를 보자. 여기에서 "사랑"에 해당하는 헬라어 단어는 '아가페'(agape)다. 헬라어 전문가 W. E. 바인은 아가페는 "계시의 영이신 성령께서 …… 이전에 알려지지 않은 개념을 표현하기 위해" 사용하신 말이라 했다. 예수님의 말씀을 잊지 말라. "새 계명을 너희에게 주노니 서로 사랑하라[agapao; 명사 아가페의 동사형인 '아가파오'] 내가 너희를 사랑한 것같이 너희도 서로 사랑하라"(요 13:34). 이 사랑은 인류가 이전에는 모르던 것이요, 이 사랑을 세상에 들여오신 분은 바로 예수님이다. 예수님은 그 사랑을 "내가 너희를 사랑한 것같이"라는 말로 정의하셨다.

바인은 이렇게 말한다. "이 사랑은 전혀 자격 없는 대상들을 향한 완전하신 하나님의 깊고 변함없는 애정과 관심을 가리킨다." 그 사랑은 하나님의 조건 없는 사랑이요, 예수님이 "세상은 능히 그를 받지 못한다"고 하신 성령으로 우리 마음에 부으신 사랑이다(요 14:17; 롬 5:5). 본질상 이 사랑은 예수 그리스도를 구주로 영접한 사람에게만 있다.

신약 성경에서 '사랑'으로 번역한 다른 헬라어 단어도 있다. 그러나 그 단어들은 비신자들에게도 적용할 수 있다. 그중 하나가 '필레오'(phileo)다. W. E. 바인에 따르면 "필레오는 '따뜻한 정'에 더 가깝다는 면에서 아가페와 다르다. 사람들에게 하나님을 '사랑하라'고 명할 때 필레오는 한 번도 쓰이지 않았다." 아가페와 달리 이 단어는 신자들에게만 쓰이지는 않았다. "불법이 성하므로 많은 사람의 사랑이 식어지리라"(마 24:12)라는 말씀에서 예수님이 사용하신 단어는 필레오가 아니라 아가페다. 그러므로 일반 사회가 아니라 교회에 주신 말씀이다. 그분은 마지막 때에 교회에 불법이 성할 것이라고 말씀하셨다.

이 말씀에 대응하는 구절도 간과해서는 안 된다. 그중 하나가 마태복음에 있다. "나더러 주여 주여 하는 자마다 다 천국에 들어갈 것이 아니요 다만 하늘에 계신 내 아버지의 뜻대로 행하는 자라야 들어가리라"(마 7:21).

구원받은 사람에 대한 일반 개념과 정의는 이 말씀 앞에 무너진다. 우리는 '영접기도문'을 따라 읽기만 하면 천국이라는 안전지대가 보장된다고 가르치고 믿었다. 그분의 명령을 지키는 부분은 소홀히 하거나 아니면 전혀 강조하지 않았다. 이 사이비 은혜 때문에 많은 사람이 곁길로 빠져 순종을 경시했다. 예수님은 하나님의 뜻을 고백할 뿐 아니라 행하는 사람,

즉 하나님의 명령을 지키는 사람만 천국에 있을 것이라고 말씀하셨다.

하나님은 참은혜와 함께 그분이 원하시는 것을 우리가 행할 능력도 주신다. 히브리서 기자가 그것을 잘 표현했다. "은혜를 받자 이로 말미암아 …… 하나님을 기쁘시게 섬길지니"(히 12:28). 은혜는 우리에게 하나님을 기쁘시게(그분이 받으실 만하게) 섬길 능력을 준다. 그분이 기쁘시도록 섬긴다는 것은 그분 뜻에 따른다는 것이다.

예수님은 이어서 말씀하신다. "그 날에 많은 사람이 나더러 이르되 주여 주여 우리가 주의 이름으로 선지자 노릇 하며 주의 이름으로 귀신을 쫓아내며 주의 이름으로 많은 권능을 행하지 아니하였나이까 하리니"(마 7:22).

이 말씀에서는 몇 사람이 아니라 "많은 사람"을 언급한다. 앞에서도 많은 사람이라고 말씀하셨다. "많은 사람의 사랑이 식어지리라." 큰 무리가 예수님께 와서 "주여 우리가 주의 이름으로 선지자 노릇하며 귀신을 쫓아내고 기적을 행하지 않았습니까" 하고 말할 것이다. 비신자는 예수의 이름으로 귀신을 쫓아낼 수 없다(행 19:13-17). 따라서 이 말씀도 교회 안에 있는 사람들을 가리켜 하시는 말씀이다.

그때 예수님은 자칭 믿는다는 그리스도인들에게 이렇게 말씀하실 것이다. "불법을 행하는 자들아 내게서 떠나가라"(마 7:23). 그들이 행한 것이 무엇인지 잘 보라. 불법이다. 그들은 혼인 잔치 비유에 나오는 사람들과 비슷한 방식으로 살았다. 자기 일정과 즐거움과 계획을 주님 명령보다 앞세우는 습관에 젖었다. 오늘날에는 정상적이거나 당연하게 여기는 행동이다. 예수님을 '주인'으로 모시고 복종하겠다던 고백대로 살지 않는 것이다. 그들은 자기 계획과 맞는 부분에만 순종한다. 그러면서도 자기들이 불법을 행한다는 걸 모른다. 안타깝게도 바로 이것이 오늘날 수많은 신자들의 현주소다.

이 말씀이 예수님이 교회를 두고 하신 말씀임을 알게 하는 또 다른 구절은 이것이다. "그러나 끝까지 견디는 자는 구원을 얻으리라." 경주를 끝까지 견디려면 일단 시작을 했어야 한다. 비신자는 그리스도인으로서 아직 경주를 시작하지도 않은 사람이다.

끝 날을 생각하라

말세의 분위기를 가장 잘 나타내는 말은 미혹(deception)이다. 마지막 때를 사는 사람들을 향한 예수님과 사도들의 말에는 미혹에 대한 경고가 거듭 나온다. 죄의 핵심 정의를 잘못 알고 있기 때문에 그러한 미혹이 팽배하다. 이것은 아픈 누나를 바라보던 내 사고의 틀과 그리 다를 바 없다. 누나가 죽은 걸 알고서 그제야 나는 충격을 받았다. 누나가 정말 아프다는 사실을 한 번도 인정하지 않았기 때문이다. 1980년대 말에 내가 체험한 것도 그러한 미혹과 상관이 있다.

기도하는 중에 무서운 환상을 보았다. 그 환상은 내 삶과 사역을 송두리째 뒤바꿔 놓았다. 나는 큰 무리를 보았다. 한 번도 본 적 없는 거대한 무리가 천국 문 앞에서 입성을 기다리고 있었다. 주님이 이런 말씀을 하실 것을 기대하면서 말이다. "내 아버지께 복 받을 자들이여 나아와 창세로부터 너희를 위하여 예비된 나라를 상속받으라"(마 25:34).

그러나 정작 그들은 "불법을 행하는 자들아 내게서 떠나가라"는 말씀을 들었다. 그들의 얼굴에는 넋이 나간 듯한 충격과 고통과 공포가 어렸다. 예수님을 주님으로 고백하고 기독교를 믿었기에 당연히 천국에 갈 줄로만 믿었다. 그러나 진정 무엇이 죄인지 몰랐다. 천국을 원하기는 했지만 순종하는 마음으로 하나님 아버지의 뜻을 행할 열정은 없었다.

하나님은 순종하는 삶을 열망하는 자녀들을 찾으신다. 신자들은 살면서 언제나 기쁨으로 그분의 뜻을 행해야 한다. 순종에 따른 성공과 불순종에 따른 고생이 가득한 생을 마감하면서 솔로몬은 모든 시대에 적용할 지혜의 말을 남겼다. "일의 결국을 다 들었으니 하나님을 경외하고 그의 명령들을 지킬지어다 이것이 모든 사람의 본분이니라"(전 12:13).

마태복음 7장 23절은 이렇다. "그때에 내가 그들에게 밝히 말하되 내가 너희를 도무지 알지 못하니 불법을 행하는 자들아 내게서 떠나가라 하리라." 예수님이 "내가 너희를 도무지 알지 못하니"라고 말씀하셨으니 이 구절을 신자들에게 적용할 수 없다며 이의를 제기할 수도 있다. 그러나 잊지 말라. 비신자들은 애초에 예수님의 이름으로 귀신을 쫓아낼 수 없다. "내가 너희를 도무지 알지 못하니"라고 하신 말씀에서 '안다'는 말로 번역한 헬라어 단어는 '기노스코'(ginosko)다. 이 단어는 신약 성경에서 남녀의 성관계를 표현할 때 사용한 말로(마 1:25) 친밀함을 나타내는 말이다. 예수님은 사실상 "내가 너희를 도무지 친밀하게 알지 못한다"고 말씀하신 것이다.

고린도전서 8장 3절에는 이런 말씀이 있다. "또 누구든지 하나님을 사랑하면 그 사람은 하나님도 알아 주시느니라." 여기에서 '안다'로 번역한 말도 기노스코다. 하나님은 그분을 사랑하는 사람을 친밀하게 아신다. 하나님을 사랑하는 사람은 그분 말씀에 따름으로 그분 권위에 복종하는 사람이다. 예수님은 말씀하셨다. "나를 사랑하지 아니하는 자는 내 말을 지키지 아니하나니"(요 14:24).

4장

미혹의 대가大家, 사탄

순종은
자유의지를 옭아매는
족쇄다?

미혹에 가장 확실하게 대비하는 방법은
계시된 지식을 받는 것이다.

성경에는 "말세"(the last days)라는 말이 자주 나온다. 말세는 인류 역사상 가장 감격스러우면서도 가장 무서운 때일 것이다. 이전 어느 세대도 경험하지 못한 하나님 영광의 최고 계시를 목격하기에 감격스러울 것이다. 상상할 수 없는 영혼의 추수가 이어질 것이므로 말세는 영광과 기쁨과 심판과 두려움의 때가 될 것이다.

동시에 사도 바울이 "말세에 고통하는 때가 이르러"(딤후 3:1)라고 명백하게 말했기 때문에 무섭다는 것이다. 이 말 앞에 그는 "너는 이것을 알라"고 말했다. 지금부터 하는 말에 각별히 주의를 기울이라는 뜻이다. 그러고 나서 디모데후서 3장에서 그 환난을 자세히 설명했다. "고통하는 때"는 정부나 무신론자들이 신자들을 핍박하는 때가 아니다. 교회 안에 미혹이 만연한 때다. 신약 성경 곳곳에 같은 경고가 등장한다.

미혹은 무서운 것이다. 사람을 속이기 때문이다. 미혹된 사람은 사실 자기가 틀렸는데도 옳다고 굳게 믿는다. 그래서 예수님은 미혹을 거듭 경고하셨다. 마태복음 24장만 보아도 미혹에 대해 네 번이나 경고하셨다. 제자들이 재림을 묻자 그분 입에서 맨 처음 나온, 우리 시대를 묘사하는 말은 "너희가 사람의 미혹을 받지 않도록 주의하라"^(마 24:4)였다. 그분의 경고에서 한눈에 긴박감을 느낄 수 있다. 진지하고 엄숙한 어조다. 그분은 제자들이 이 말씀을 영혼에 새기고 살아가기를 원하셨다. 그분의 말씀은 수천 년이 지난 지금도 변치 않았다. 우리도 그분의 지혜를 무시하지 않는 것이 현명하다.

두 가지 중요한 질문

우리는 두 가지 중요한 질문을 던져야 한다. 첫째, 이 미혹의 근원은 무엇인가? 둘째, 이 미혹이 저지당하지 않고 위력을 발할 수 있는 이유는 무엇인가?

첫 질문의 답은 이렇다. 미혹의 근원은 우리가 앞 장에서 이야기한 대로 하나님의 권위에 대한 불순종(불법)이다. 성경은 이렇게 경계한다. "너희는 말씀을 행하는 자가 되고 듣기만 하여 자신을 속이는[미혹하는] 자가 되지 말라"(약 1:22).

뜨끔한 말씀이다. 성경은 사람이 하나님의 말씀을 듣기는 하지만 순종하지 않으면 그 심령과 생각에 미혹이 들어온다고 한다. 그런 사람은 실제로는 자기가 틀렸는데도 옳다고 확신하며 산다. 진실을 거짓과 바꾼 것이다. 하나님 말씀의 권위를 포함해서 그분의 권위에 진정으로 복종하지 않으면 미묘하지만 큰 미혹에 이르게 하는 문이 열린다.

왜 말세에 미혹이 판을 치는가? 바울은 많은 사람이 미혹당하는 이유를 "그들이 진리의 사랑을 받지 아니했기" 때문이라고 했다(살후 2:10). 보다시피 미혹은 단순히 진리를 받지 않은 것이라기보다는 '진리를 사랑하지' 않은 결과다. 그리고 진리를 사랑한다는 것은 단순히 그것을 즐겨 듣는 것이 아니라 즐겨 순종하는 것이다. 하나님은 에스겔에게 이렇게 말씀하셨다.

> 인자야 네 민족이 담 곁에서와 집 문에서 너에 대하여 말하며 각각 그 형제와 더불어 말하여 이르기를 자, 가서 여호와께로부터 무슨 말씀이 나오는가 들어 보자 하고 백성이 모이는 것같이 네게 나아오며 내 백성처럼 네 앞에 앉아서 네 말을 들으나 그대로 행하지 아니하니 이는 그 입으로는 사랑을 나타내어도 마음으로는 이익을 따름이라(겔 33:30-31).

오늘날 훌륭한 설교를 듣고 교육받는 것은 좋아하면서도 현실에서는 여전히 하나님의 뜻보다는 자기 삶을 더 사랑하는 교인이 많다(딤후 3:1-4). 우리는 그 누구, 그 무엇보다 진리를 더 사랑해야 한다. 안락이나 생명보다 하나님의 뜻을 더 간절히 원해야 한다. 그러면 하나님의 소원을 위해 자기 소원은 흔쾌히 내려놓을 수 있다. 하나님의 뜻을 이루기 위해 자기 십자가를 지고 자기 권리와 특권을 부인하는 것이다. 그분은 하나님이요, 우리의 창조주와 구속자이시며 우리를 향한 사랑이 완전한 분이시기 때문이다. 오직 이 사실이 우리를 미혹에서 지켜 준다.

하지만 요즘 신자들에게 이런 헌신이 있는가? 현실은 말씀과 크게 다르다. 성경 기자들이 우리 시대를 우리보다 더 정확하게 예측한 것이 놀라울 뿐이다.

은밀한 속임수

우리 시대에 불법이 성행하는 이유를 알려면 한 가지를 더 생각해야 한다. 성경은 "불법의 비밀이 이미 활동"(살후 2:7)하고 있다고 경고한다. 여기 "불법"이라고 번역한 말도 헬라어 원어로는 '아노미아'다. 불법 뒤에는 은밀한 세력이 있다는 점에 주목하라. NKJV 성경에서는 이것을 "불법의 신비"라고 번역했다. 이 은밀한 세력에는 신비가 숨어 있다. 불법이 노골적으로 드러나면 신자들에게 효과를 낼 수 없으므로 불법은 미묘한 속임수여야 한다. 바로 이것이 불법의 신비다. 우리가 이 신비나 비밀을 모르기를 원치 않으시는 하나님은 우리에게 경고하신다(고후 2:11).

사탄은 미혹의 대가(大家)다. 생각해 보라. 그는 천사들 삼분의 일을 선동해 하나님을 반역하게 했다(계 12:3-4). 영광의 주님이 계신 곳, 완벽한 환경에서 그런 일을 꾸몄다. 예수님은 사탄이 거짓말쟁이며 거짓의 아비라고 경고하셨다(요 8:44). 말세에 사탄의 속임수와 미혹이 너무 강할 것이며 할 수만 있으면 택하신 자들도 넘어가게 할 것이라고 하셨다(마 24:24).

경각심을 가져야 할 이유가 여기 있다. 사탄이 하늘에서 수많은 천사들을 잘못된 길로 이끌어 갈 수 있었다면 자신이 "공중의 권세 잡은 자"(엡 2:2)로 통하는 이 지상에서 허다한 사람들을 자기 마음대로 이끌어 가는 것이 어렵겠는가? 우리는 지금 예수님이 말씀하신 바로 그 시대에 산다. 그러므로 바울이 고린도 교회에 간절히 당부한 말을 귀담아들어야 한다.

> 뱀이 그 간계로 하와를 미혹한 것같이 너희 마음이 …… 부패할까 두려워하노라(고후 11:3).

바울은 신자들의 연약한 상태를 하와가 미혹당한 일에 견준다. 마귀의 가장 화려한 업적은 두말할 나위 없이 하와를 속인 일이다. 하와는 귀신의 통치와 영향력이 전혀 닿지 못하는 완벽한 환경에 살았다. 하나님의 임재 안에 거했다. 육신 때문에 행동에 지장을 받은 적이 없었다. 하와는 어떤 악도 당한 적이 없었다. 하와는 강간, 강도질, 험담, 가혹한 말 등 이 타락한 세상에서 매일같이 벌어지는 온갖 악을 구경조차 못했다. 그런 하와가 하나님을 반역하게 하는 것은 당연히 사탄의 간교한 계략이었다.

사탄은 하와의 순결한 마음을 더럽히려고 미묘하고 교활한 전략을 썼다. 사탄이 하와에게 사용한 전략을 이해하면 그의 최고 무기를 폭로할 수 있다. 우리를 미혹하려는 사탄의 방법은 물론이고, 오늘날 그토록 많은 사람이 불순종에 빠지는 이유도 알 수 있다.

먼저 알아 둘 것이 있다. 하와는 속아서 불순종했으나 아담은 자기가 하려는 일을 잘 알았다. 교회 다니는 사람들이 자기가 하는 일을 뻔히 알면서도 보란 듯이 하나님의 명령을 어기는 모습을 많이 보았다. 그들은 미혹당한 것이 아니다. 스스로 위험 지대에 들어가 영적 죽음을 향해 내달렸다(롬 8:13). 마음이 강퍅하여 좀처럼 깨우치기 힘든 사람들이다.

한편 미혹당하는 사람들도 있다. 불순종하는 교인들 대다수가 그렇다. 하와처럼 그들도 무지 때문에 미혹에 빠진다. 불법이라는 은밀한 세력에 걸려드는 것이다. 무지는 미혹의 온상이다. 하나님은 "그러므로 내 백성이 무지함으로 말미암아 사로잡힐 것"(사 5:13)이라고 하셨다. 하나님의 길과 영적 법칙을 계시한 지식이 대적의 미혹에서 우리를 지켜 준다. 그분의 진리의 빛이 거짓을 밝히고 우리를 보호한다.

전달받은 지식, 미혹에 취약하다

하나님은 인간을 에덴 동산에 두시고 "동산 각종 나무의 열매는 네가 임의로 먹되 선악을 알게 하는 나무의 열매는 먹지 말라 네가 먹는 날에는 반드시 죽으리라"(창 2:16-17) 하셨다. 그 후 하나님은 남자의 몸에서 여자를 만드셨다. 아담과 달리 여자는 그 명령을 하나님께 직접 듣지 못했다. 대신 아담이 하와와 함께 하나님의 동산을 거닐며 하와에게 그 명령을 전했을 것이다. 그 상황은 하와가 뱀에게 대답한 말을 보아 미루어 짐작할 수 있다.

여호와 하나님이 지으신 들짐승 중에 가장 간교하니라 뱀이 여자에게 물어 이르되 하나님이 참으로 너희에게 동산 모든 나무의 열매를 먹지 말라 하시더냐 여자가 뱀에게 말하되 동산 나무의 열매를 우리가 먹을 수 있으나 동산 중앙에 있는 나무의 열매는 하나님의 말씀에 너희는 먹지도 말고 만지지도 말라 너희가 죽을까 하노라 하셨느니라(창 3:1-3).

첫째, 뱀이 하나님의 명령에 의문을 제기하자 여자는 바로 "하나님의 말씀"으로 답하지 않고 자기 생각부터 밝힌다. 명령이나 규칙을 간접적으로 들은 사람이 보이는 전형적 반응이다. 명령을 하신 하나님의 마음과 동기를 아는 사람의 반응이 아니다.

둘째, 여자의 대답이 하나님의 본래 명령과 다르다. 여자는 하나님이 "너희는 먹지도 말고 만지지도 말라 너희가 죽을까 하노라"라고 말하셨다고 했다. 하지만 하나님은 만지는 것에 관해서는 이야기하지 않으셨다. 온갖 나무가 울창한 이 거대한 동산을 거닐다가 이 나무 앞에 이르러 아담이 하와에게 이렇게 말하는 장면을 상상해 볼 수 있다. "여보, 이건 아예 만져서도 안 돼." 여기서 아담은 하나님의 심중을 헤아리고서 비유적으로 말한 것이었지만 하와는 그 말을 문자적으로 받아들였다. 여기서 우리는 하나님 말씀을 직접 하나님한테 받지 않고 다른 사람을 통해 들을 때 나타나는 현상을 한 가지 볼 수 있다.

하나님이 성령을 통해 계시해 주셔야 말씀이 우리의 한 부분이 된다. 그런 일은 책을 읽을 때나, 타인의 말을 들을 때나, 혼자 성경을 읽을 때나, 성령과 교제할 때 일어날 수 있다. 아담에게 하나님의 명령은 다른 어느 것보다 생생한 현실이었다. 그것은 아담의 한 부분이었다. 반면 하나님의 명령을 듣기는 듣되 그것을 성령의 계시로 받지 않으면 그 말씀은 우리의 한 부분이 아니다. 일종의 율법일 뿐이다. "죄[불순종]의 권능은 율법이라"(고전 15:56).

하와는 십중팔구 이 나무에 관해 개인적으로 하나님께 여쭈어보지 않았을 것이다. 아담이 전한 정보를 그냥 그런가 보다 하고 받아들였을 것이다. 다시 말해, 하와에게 그 지식은 계시된 지식이 아니라 전달된 지식이었다. 그렇게 다른 이를 통해 간접적으로 들었기 때문에 하와는 미혹되기 쉬웠다. 그래서 뱀은 아담 대신 하와를 표적으로 삼았다.

미혹에 가장 확실하게 대비하는 방법은 누군가를 통해 전달된 지식이 아니라 계시된 지식을 받는 것이다. 성경 지식과 정보, 그리고 하지 말라는 명령만 듣기 때문에 많은 이들이 율법주의에 빠진다. 그런 지식과 정보와 명령을 부모에게 듣든, 목사나 설교 동영상이나 경건서적에서 듣든 그 문제를 하나님이 어떻게 바라보시는지 알려고 해야 한다. 그때 하나님이 깨닫게 하시는 것이 있으면 미혹받지 않을 것이다. 율법주의에 빠진 이들에게는 생명이 없는 글씨만 있다. 말씀의 장과 절을 정확히 외울 수 있을지 몰라도 성경 이면에 있는 생명의 호흡은 놓친 것이다.

세미나나 수련회에서 새롭게 들은 가르침을 누군가에게 열심히 전할 수도 있다. 그러나 그렇게 감격한 내용을 자기 삶에서 실천할 능력은 없어 보인다. 말씀이 삶의 한 부분이 되지 못했기 때문이다. 말씀은 있지만 하나님이 주시는 생명을 보일 능력은 없어 황무지 신세를 면치 못 한다. 상황이 이렇다 보니 하나님의 말씀에 자기 생각을 보태거나 빼고 싶은 유혹에 쉽게 넘어갈 수 있다. 하나님의 방법을 모르므로 쉽게 미혹당할 수 있다.

"돈이 모든 악의 뿌리"라는 말을 수없이 들었다. 하지만 하나님은 그렇게 말씀하시지 않았다. 그분은 "돈을 사랑함이 일만 악의 뿌리"(딤전 6:10)라고 하셨다. 돈이 모든 악의 뿌리라면 회계를 맡은 제자와 돈궤를 갖고 계시던 예수님도 문제가 있다는 이야기가 된다. 한번은 어떤 여자가 평생 벌어야 살 수 있을 정도로 비싼 향유가 담긴 항아리를 깨뜨려 예수님 발등에 향유를 부었다. 돈을 사랑한 유다는 그 여자의 행동에 화를 냈지만 주님은 오히려 유다를 꾸짖으시고 여자를 칭찬하셨다(요 12:3-7).

그렇다. 돈 자체가 아니라 돈을 사랑하는 마음이 모든 악의 뿌리다. 돈에 대한 건강하지 않은 욕심과 돈을 의지하는 마음이 모든 악의 뿌리다. 시각이 율법적이면 돈을 하나님이 의도하지 않으신 불건전한 태도로 대하게 된다. 하나님은 돈을 지나치게 밝히거나 돈에 의지하지 말라고 경고하신다. 따라서 율법적인 이들은 절대 재정 부분에서 진정으로 경건하게 살 수 없다. 그런 무지는 그들 마음에 하나님 말씀이 계시되지 않았다는 것을 확증한다. 그들은 미혹의 대상이 되게 하는, 전달된 지식만 알 뿐이다.

그렇다면 계시된 지식은 어떻게 받는가? 하나님을 간절히 경외하고 사랑하는 마음으로 그분 앞에 겸손히 행할 때 받을 수 있다. 하나님은 말씀하신다.

무릇 마음이 가난하고 심령에 통회하며 내 말을 듣고 떠는 자 그 사람은 내가 돌보려니와(사 66:2).

그분의 말씀 앞에 떠는 사람은 자기에게 유익이 있든 없든 즉각 순종한다. 그런 사람이 진정 하나님을 경외하는 사람이다. "여호와의 친밀하심이 그를 경외하는 자들에게 있음이여 그의 언약을 그들에게 보이시리로다"(시 25:14).

말년에 솔로몬이 한 고백을 이제 좀 더 잘 이해할 수 있다. "하나님을 경외하고 그 명령을 지킬지어다 이것이 사람의 본분이니라"(전 12:13). 하나님은 그분을 경외하는 사람에게 그분의 비밀(길)을 계시하신다. 요한은 이렇게 말했다.

너희를 미혹하는 자들에 관하여 내가 이것을 너희에게 썼노라 너희는 주께 받은 바 기름 부음이 너희 안에 거하나니 아무도 너희를 가르칠 필요가 없고 오직 그의 기름 부음이 모든 것을 너희에게 가르치며 또 참되고 거짓이 없으니 너희를 가르치신 그대로 주 안에 거하라(요일 2:26-27).

하나님이 계시하신 말씀이 어떻게 우리가 미혹당하지 않게 하는지 잘 보여 주는 말씀이다. 하와는 하나님이 계시하신 말씀이 없어 미혹되고 불순종했다. 뱀의 말에 담긴 술수와 왜곡을 눈치채지 못했다.

사탄의 책략

지금부터 이 문제를 생각해 보자. 뱀은 어떻게 여자를 미혹했는가? 무엇이 뱀의 음흉한 전략이었나? 사탄은 어떤 책략으로 여자를 속였는가? 하와는 완전하고 흠이 없는 환경에 살았다. 권위를 지닌 존재에게 학대받은 적도 없다. 사탄의 압제가 없는 초목이 무성한 동산에 살았다. 하와는 하나님의 선하심과 공급하심만 알았다. 하나님의 임재 가운데 행동하고 말했다. 그런 하와를 뱀이 어떻게 미혹했단 말인가?

하나님의 명령을 다시 들어 보자. "동산 각종 나무의 열매는 네가 임의로 먹되 선악을 알게 하는 나무의 열매는 먹지 말라 네가 먹는 날에는 반드시 죽으리라"(창 2:16-17). 하나님의 선하심은 "네가 임의로 먹으라"고 허락했고 하나님의 권위는 "선악을 알게 하는 나무의 열매는 먹지 말라"고 제한했다. 하나님은 하나를 뺀 모든 나무 열매를 먹을 수 있는 자유를 강조하셨다.

사랑하고 베푸는 것이 바로 하나님의 본질이다. 하나님은 동산 안에 그분을 사랑하며 그분께 순종할 벗을 원하셨다. 선택의 자유가 없는 로봇을 원하신 것이 아니다. 자유의지가 있으며 하나님의 형상대로 창조된 자녀를 바라셨다. 하나님이 그 나무에 접근하지 못하게 하신 것은 곧 하나님과의 관계 안에 머물 것인지 머물지 않을 것인지 선택할 권리를 주신 것이다. 하나님과의 관계를 선택해야만 죽음을 피할 수 있었다. 그러기 위해 그들은 의지를 발휘해야 했다. 믿고 순종할 것인가? 명령이 없으면 선택도 없다.

뱀의 말을 잘 들어 보라. "여호와 하나님이 지으신 들짐승 중에 가장 간교하니라 뱀이 여자에게 물어 이르되 하나님이 참으로 너희에게 동산 모든 나무의 열매를 먹지 말라 하시더냐"(창 3:1). 요즘 말로 뱀은 이렇게 질문한 셈이다. "하나님이 너희한테 모든 나무 열매를 먹지 말라고 하셨다고 들었어. 정말 그래?"

뱀의 1단계 전략은 하나님 명령의 강조점을 왜곡하는 것이었다. 뱀은 명령의 의미를 비틀어 하나님이 명령하신 동기를 의심하게 했다. 하와가 논리적으로 추론하게 하여 결국 하나님의 선하심과 순전하심을 의심하게 하려 했다. 일단 그 일에 성공하자 하나님의 권위에 반기를 들게 하는 것은 식은 죽 먹기였다.

뱀은 하나님의 풍성한 공급하심을 무시한 채 예외 조항만 끄집어냈다. 그는 하나님이 좋은 것을 감추고 주지 않는다는 식으로 말했다. 그들을 보호하는 유일한 명령이 실은 유익한 일을 부당하게 막는 듯이 왜곡했다. "그러니까 하나님이 너희한테 모든 나무 열매를 못 먹게 했단 말이지?" 비아냥거리는 목소리가 생생하게 들리지 않는가?

아담과 하와는 동산에 있는 모든 열매를 마음껏 먹을 수 있었다. 그런데도 뱀은 하와의 관심을 금지된 나무 한 그루에 집중시켰다. 하나님을 '주는 분'이 아니라 '빼앗는 분'으로 보게 했다. 주님을 불공평한 존재로 보이게 함으로써 뱀은 하나님의 통치권을 공략했다. 사탄은 바보가 아니다. 주님 권위의 기초를 건드린 존재다. "의와 공평이 그 보좌의 기초로다"(시 97:2). 하나님의 보좌는 그분의 권위를 상징한다. 사탄이 미혹하고 곡해하여 하나님의 의로운 성품을 왜곡할 수 있다면, 이제 그 권위의 기초는 그분의 피조물에게 의문의 대상이 되고 만다.

여자는 뱀의 물음에 답하며 이렇게 바로잡는다. "동산 나무의 열매를 우리가 먹을 수 있으나 동산 중앙에 있는 나무의 열매는 하나님의 말씀에 너희는 먹지도 말고 만지지도 말라 너희가 죽을까 하노라 하셨느니라"(창 3:2-3).

대답은 그렇게 하면서도 그 명령 배후에 있는 이유를 의심했을지도 모른다. 하와는 하나님의 선하심에 의구심이 생겼다. '좋아 보이는데……. 도대체 왜 저 나무 열매는 먹을 수 없지? 해로울 게 뭐가 있다고? 저 열매를 먹는다고 해서 뭐가 나쁠까?' 하나님의 동기가 새삼 의심스러워지자 그분의 권위에까지 의문이 생겼다.

이 기회를 놓칠세라 뱀은 감히 하나님 말씀에 반대하며 하나님의 권위와 신실하심과 순전하심에 일격을 가한다. "너희가 결코 죽지 아니하리라 너희가 그것을 먹는 날에는 너희 눈이 밝아져 하나님과 같이 되어 선악을 알 줄 하나님이 아심이니라"(창 3:4-5).

미혹의 대가인 사탄은 무엄하게도 하나님께 도전하며 그 열매를 먹어도 절대로 죽지 않는다는 말로 여자의 충성의 기초를 무너뜨리려 했다. 뱀은 즉시 자신의 논리를 이렇게 이어 간다. "죽기는커녕 너는 하나님처럼 되는 거야. 지혜를 얻어 네 스스로 선악을 선택할 수 있게 되지. 너는 더는 모든 일을 간접적으로 전해 듣지 않아도 되고, 부당한 명령을 따르지 않아도 돼."

주인을 바꾼 혹독한 대가代價

하와는 충격과 혼란에 휩싸였다. 왜 하나님이 그 열매를 자기에게 주지 않으시는지 궁금해졌다. 다시 나무 열매를 자세히 살펴보았다. 이번에는 다른 시각으로 보았다. 아무리 봐도 열매는 나쁘거나 해롭기는커녕 좋고 맛있어 보였다. '저렇게 먹음직스러워 보이다니! 이 열매를 먹으면 지혜가 생긴다는데' 하는 생각이 들었다.

하와에게는 아무것도 보이지 않았다. 그 나무 하나에 집중하다 보니 하나님의 풍성한 공급하심과 선하심을 잊어버렸다. '이 나무에는 우리한테 좋은 것이 있어. 하나님이 먹지 못하게 하셨을 뿐이지. 어쩌면 이 열매는 처음부터 우리 몫이었을지도 몰라. 하나님이 왜 그렇게 하셨을까? 이

나무에서 우리가 얻을 수 있는 것을 막으셨다면 감추시는 게 또 있을지 누가 알아?'

하나님의 성품과 순전하심과 선하심을 의심하게 되고 금하신 열매에 아무런 해가 없다고 확신이 들자 더는 이 문제에서 하나님의 권위에 복종할 이유가 없었다. 하와의 아집이 하나님 아버지의 뜻을 눌러 버렸다. 하와는 손을 뻗어 열매를 땄다. 아무 일도 일어나지 않았다. 정말 뱀의 말이 옳았다. 하와는 열매를 먹고 남편한테도 주었다.

열매를 먹자 갑자기 눈이 밝아졌다. 자기들이 벌거벗었다는 것을 알자 수치와 두려움이 몰려왔다. 불순종한 대가로 영적 죽음이 찾아왔다. 이제 육신이 그들을 지배하는 막강한 주인이 되었다. 하나님의 말씀을 의심하고 미혹의 논리를 따른 결과 불순종의 주인에게 자기 삶을 내주고 말았다. 사탄이 그들에게 암흑의 주인이 되었다. 성경이 확실히 말한다. "너희 자신을 종으로 내주어 누구에게 순종하든지 그 순종함을 받는 자의 종이 되는 줄을 너희가 알지 못하느냐 혹은 죄[하나님의 권위에 불복함]의 종으로 사망에 이르고 혹은 순종의 종으로 의에 이르느니라"(롬 6:16).

사망의 주인이 두 사람의 삶에만 들어온 것이 아니다. 그들을 통해 정식으로 온 세상에 발을 들여놓았다. 바울은 이렇게 말한다. "그러므로 한 사람으로 말미암아 죄가 세상에 들어오고 죄로 말미암아 사망이 들어왔나니 이와 같이 …… 사망이 모든 사람에게 이르렀느니라(롬 5:12).

불순종하기 전에는 미움, 분노, 용서하지 않는 마음, 다툼, 험담, 타락, 사기, 원한, 착취가 없었다. 성도착, 약물 남용, 술 취함, 살인, 도둑질도 없었다. 배우자를 때리거나 자녀를 학대하는 일도 없었다. 질병과 궁핍함도 없었다. 자연 재해, 역병, 전염병도 없었다. 동물들은 완전한 조화 속에 살

왔다. 하나님의 뜻이 모든 피조 세계를 다스리시는 가운데 지구는 안정을 누렸다.

불순종은 인류를 괴롭히는 온갖 무시무시한 문제를 불러왔다. 세대가 지날수록 문제는 종류도 많아지고 점점 추악해졌다. 아담과 하와가 한 번 불순종한 것이 불법이라는 은밀한 세력이 활동하는 서막이 되었다. 미혹 당한 인간은 하나님의 공급하심과 보호하심을 잃었다. 인간이 사탄을 좇아 반역함으로 사탄이 지배하고 파괴하는 문이 활짝 열렸다. 사탄은 기회를 십분 활용하여 하나님께 복종하지 않고 오히려 그분과 같이 되려 했다. 하나님의 피조 세계를 노예 삼아 스스로 권좌에 올랐다(사 14:12-14).

자신을 지키라

사탄의 활동 방식은 지금도 그리 다르지 않다. 사탄은 지금도 하나님의 성품을 왜곡하여 우리가 하나님의 권위에 반항하게 한다. 야고보의 말을 들어 보자. "내 사랑하는 형제들아 속지 말라 온갖 좋은 은사와 온전한 선물이 다 위로부터 빛들의 아버지께로부터 내려오나니 그는 변함도 없으시고 회전하는 그림자도 없으시니라"(약 1:16-17).

하와처럼 불법이라는 은밀한 세력에 속으면 안 된다고 야고보는 말한다. 자신을 지키라고 한다. 이 말씀을 명심해야 한다. 하나님의 뜻을 벗어난 곳에는 선한 것이 없다. 좋아 보일 수는 있으나 하나님의 뜻에 맞지 않는다면 좋은 것이 전혀 없다. 속아서는 안 된다.

하나님의 공급하심을 벗어난 곳에 선한 것이 있다고 믿는다면 우리도 하와처럼 속을 수 있다고 야고보는 거듭 말한다. 앞에서 한 이야기를 잘 생각해 보라. 아무리 모양과 맛과 감촉이 좋다고 해도, 부와 재산과 지혜와 성공을 보장한다 해도 하나님이 주신 것이 아니면 결국은 우리를 후회 막심한 슬픔과 죽음으로 몰고 갈 것이다. 하나님의 공급하심과 보호하심은 미혹 때문에 더러워질 것이다. 모든 온전하고 좋은 선물은 하나님에게서 온다. 그분이 근원이시다. 이 진리를 받아들이고 마음에 새기라. 그러면 겉모습만 보고 속는 일이 없을 것이다. 그랬다면 하와도 흔들리지 않았을 것이다. 하와는 욕망을 채우고자 하나님의 공급하심에서 벗어나려 했다.

잘못된 이유로 잘못된 사람과 결혼하는 이들이 얼마나 많은지 모른다. 하나님이 부모나 목사를 통해 경고하셨을 수도 있고, 당사자 마음에 직접 말씀하셨을 수도 있다. 그러나 자기 논리에 빠지면 그런 목소리가 들리지 않는다. 어쩌면 외로웠고 친구가 필요했는지도 모른다. 상대가 자기 눈에 맞는다는 이유로 쉽게 결혼을 결심했는지도 모른다. 하나님의 뜻보다 자기 뜻을 택하고 나서 크게 고생하는 경우가 정말 많다.

물론 하나님은 우리의 그릇된 판단을 속해 주실 수 있다. 밧세바를 취한 다윗의 죄는 훗날 솔로몬이 태어나는 것으로 속해졌다. 그러나 칼이 그 집을 떠나지 않았기에 다윗은 불순종의 결과로 세 명의 아들이 아직 젊은 나이에 죽는 혹독한 슬픔을 겪었다(순종을 택하는 편이 얼마나 나은지 모른다).

자기 위에 있는 권위가 못마땅해 하나님이 주신 자리(직장, 교회, 지역사회)를 떠나는 사람들도 많다. 자기 삶이 침체되는 것 같거나 현재 자리는 장래가 없어 보이기 때문일 수도 있다. 기회가 생기면 성령이 떠나라고 말씀하시지 않아도 일단 떠난다. 그냥 떠나는 것이 아니라 하나님이 명하신 순전함마저 타협하며 떠난다. "이 자리에 있을 만큼 있었으니 이제 변화가 필요하다"는 논리를 편다. 자기 보기에 좋은 것을 좇아 결국 하나님의 뜻을 거스른다. 돈은 많이 벌지 모르지만 그때쯤 되면 주님과 누리던 친밀하고 뜨거운 관계는 정말 '옛일'이 되고 만다.

좀 더 넓은 의미로 볼 때 하나님의 뜻에 불순종하는 이들이 얼마나 많은지 모른다. 그들은 즐겁고 좋은 것에 혹한다. 하나님 말씀이 주시는 가르침에서 벗어나 번영하거나 성공하는 길로 접어들 수도 있다. 그런 길을 따라가노라면 한동안은 재미있고 행복하고 흥미진진할 수도 있다. 하나님이 '안 된다'고 하신 것에서 '좋은' 것을 찾는다. 자기가 보기에는 멋지고 재미있는 것을 하나님이 감추시지는 않을까 두려워한다. 하나님은 내 필요를 모르시거나 내가 원하는 것이 얼마나 중요한지 무시하신다고 생각한다. 그들은 자신이 정한 기간 안에 응답하지 않으시면 하나님은 신실한 분이 아니라고 생각한다. '기다릴 게 뭐 있어? 지금 나한테 즐겁고 좋은 쪽을 택하면 되지.'

마지막 아담이신 예수를 생각하라

예수님을 생각하라. 그분은 물도 음식도 편안함도 없는 광야에서 40일 밤낮을 보내셨다. 금식이 혹독한 위력을 발하자 배고픔의 고통이 배를 찔렀다. 곧 음식과 물을 먹지 않는다면 죽을 수도 있는 상황이었다. 그러나 무엇이 먼저 찾아왔는가? 공급인가 유혹인가?

바로 그때 사탄이 와서 의문을 제기한다. "네가 만일 하나님의 아들이

어든 명하여 이 돌들로 떡덩이가 되게 하라"(마 4:3). 이번에도 대적은 하나님의 명백한 말씀에 이의를 제기했다. 하나님 아버지는 이미 요단강에서 예수님이 하나님의 아들임을 공포하셨다. 이번에도 사탄은 하나님의 성품을 왜곡하려 한다. "네가 하나님의 아들이라면 왜 하나님이 너를 이곳으로 보내 굶어죽게 하시지? 왜 네게 음식을 먹이지 않으시지? 이제 너 스스로 찾아 먹어야 할 때가 아닐까? 음식을 안 먹으면 너는 곧 죽을 거야. 너무 늦추면 결국은 건강상 심각한 문제가 생길 거야. 네 권세를 사용해 살 길을 찾아. 이 돌로 떡을 만들어 먹어."

그러나 예수님은 사탄을 물리치시고 하나님이 공급하시기를 기다리셨다. 그분은 대적이 하나님의 성품을 왜곡하게 놔두지 않으셨다. 하나님 아버지가 필요를 채워 주실 것을 아셨다. 당장은 힘들어도 끝까지 하나님의 권위에 복종하셨다.

자기 힘으로 문제를 해결하라는 사탄의 유혹을 물리치시자 "마귀는 예수를 떠나고 천사들이 나아와서 수종" 들었다(마 4:11). 히브리서 기자는 예수님을 이렇게 묘사한다. "그는 육체에 계실 때에 자기를 죽음에서 능히 구원하실 이에게 심한 통곡과 눈물로 간구와 소원을 올렸고 그의 경건하심으로 말미암아 들으심을 얻었느니라 그가 아들이시면서도 받으신 고난으로 순종함을 배워서"(히 5:7-8).

하나님은 예수님의 기도를 들으셨다. 예수님이 하나님을 경외하셨기 때문이다. 그분은 아버지의 선하심을 의심하지 않으셨다. 그 누구보다 더 큰 유혹과 심한 고통을 겪으면서도 순종을 택하셨다. 극심한 고난이 따라왔는데도 순종을 택하셨다.

아담과 하와와 달리 예수님은 순종하고 복종하심으로 그분의 삶에 침입하려는 대적을 모두 막으셨다. 예수님은 이렇게 증거하신다. "이후에는 내가 너희와 말을 많이 하지 아니하리니 이 세상의 임금이 오겠음이라 그러나 그는 내게 관계할 것이 없으니 오직 내가 아버지를 사랑하는 것과 아버지께서 명하신 대로 행하는 것을 세상이 알게 하려 함이로라"(요 14:30-31).

"마지막 아담"(고전 15:45)인 예수님은 아버지께 온전히 순종하셨고, 사탄이 그분께 관계할 것이 전혀 없다고 증거할 수 있으셨다. 그래서 성경은 우리에게 "그[예쉬의 안에 산다고 하는 자는 그가 행하시는 대로 자기도 행할지니라"(요일 2:6)라고 권고한다. 예수님은 우리가 본받을 모범이시요, 선구자시다. 친히 값을 치르고 우리가 갈 길을 밝히신 분이다. 이제 우리는 첫 사람 아담과 그의 불법의 길을 따라 걸어갈 사람이 아니다. 하나님은 우리를 불러 마지막 아담을 따라 순종하게 하시고 순종할 능력도 주신다. 성경은 당당히 선포한다.

길을 개척한 이 모든 사람들, 이 모든 노련한 믿음의 대가들이 우리를 응원하고 있다는 말이 무슨 뜻인지 알겠습니까? 그들이 열어 놓은 길을 따라 우리가 앞으로 나아가야 한다는 뜻입니다. 달려가십시오. 절대로 멈추지 마십시오! 영적으로 군살이 붙어도 안 되고, 몸에 기생하는 죄가 있어서도 안 됩니다. 오직 예수만 바라보십시오. 그분은 우리가 참여한 이 경주를 시작하고 완주하신 분이십니다. 그분이 어떻게 하셨는지 배우십시오. 그분은 앞에 있는 것, 곧 하나님 안에서 그리고 하나님과 함께 결승점을 지나는 기쁨에서 눈을 떼지 않으셨기에, 달려가는 길에서 무엇을 만나든, 심지어 십자가와 수치까지도 참으실 수 있었습니다. 이제 그분은 하나님의 오른편 영광의 자리에 앉아 계십니다. 여러분의 믿음이 시들해지거든, 그분 이야기를 하나 하나 되새기고, 그분이 참아 내신 적대 행위의 긴 목록을 살펴보십시오. 그러면 여러분의 영혼에 새로운 힘이 힘차게 솟구칠 것입니다!(히 12:1-3, 메시지)

이 말씀에 모든 것이 들어 있다. 첫 사람 아담의 타락에서 배우라. 그리고 마지막 아담 예수님의 순종을 힘써 따르라.

5장

순종의 씨앗, 불순종의 씨앗

작은 순종, 죄의 법을 다스릴 강력한 병기가 되다

순종은 참된 믿음의 증거이며,
믿음의 법이 죄의 법을 다스린다.

불순종의 결과는 다양하다. 언제나 즉시 눈에 띄거나 분명하지는 않아도 씨를 뿌리면 거둘 게 있듯이 확실하게 여파가 있다. 영혼의 대적 사탄은 우리가 이 지식을 알지 못하게 방해한다. 우리가 순종을 경시하고 미혹하는 전략에 쉽게 넘어가길 바라면서 말이다.

순종하지 않기로 결정하는 즉시 생기는 이득에 비하면 불순종의 결과는 대단치 않다는 논리를 무의식중에 펴는 사람들도 있다. 이런 미혹적이고 치명적인 사고방식이 얼마나 널리 퍼져 있는지 그저 놀라울 뿐이다. 이것이 불법의 신비 내지 은밀한 세력이다.

아담의 아들들

먼저 아담의 맏아들 가인에게서 배우고자 한다. 가인은 농부였다. 가인의 동생이자 아담의 둘째 아들 아벨은 목자였다. 성경은 세월이 지난 후 가인이 땅의 소산으로 제물을 삼아 여호와께 드렸고 아벨은 양의 첫 새끼를 제물로 드렸다고 말한다. 이어 "여호와께서 아벨과 그의 제물은 받으셨으나 가인과 그의 제물은 받지 아니하신지라"(창 4:4-5)라고 한다.

여담이지만 이 말이 사실이라면 오늘날 교회에서 흔히 말하는 "하나님은 당신을 있는 그대로 받아 주신다"는 말이 불완전한 표현이 되고 만다. 하나님이 우리를 있는 그대로 받아 주시는 것은 맞지만 우리가 가만히 있는데도 받아 주시는 것은 아니다. 하나님은 우리가 회개할 때 우리를 있는 그대로 받아 주신다. 이 불완전한 표현을 아나니아와 삽비라에게 적용해 보라. 맞지 않는다. 그들은 죽었다(행 5:1-11).

하나님은 가인의 제물을 받지 않으셨다. 나아가 그분은 가인을 받지 않으셨다. 그분이 가인을 받지 않으셨다고 해서 가인이 영원히 버림받을 운명이었다는 말은 아니다. 하지만 하나님이 조건 없이 받아 주신다는 현대 신학은 틀렸다. 사실 그런 주장은 하나님을 경외하는 마음이 사라지게 하기 때문에 위험한 주장이다. 우리를 지키고 죄에서 떠나게 하는 것은 하나님을 경외하는 마음이다(출 20:20). 아나니아와 삽비라가 죽은 후 "온 교회와 이 일을 듣는 사람들이 다 크게 두려워했다"(행 5:11). 불순종은 가벼운 문제가 아니다.

실감이 나도록 아담의 두 아들 이야기를 조금 현대화해 보겠다. 두 아들은 하나님을 섬기는 집에서 자랐다. 둘 다 하나님께 제물을 가져왔다. 그 제물은 그들의 삶을 나타내는 것이었다. 성경은 우리 몸을 산 제사로 드리라고 가르친다(롬 12:1). 하나님 앞에 드리는 제사는 그분을 섬기는 우리 마음을 대변한다. 그러므로 이 기사는 하나님을 섬긴 아벨과 하나님을 섬기지 않은 가인 이야기가 아니다. 가인은 경기장이나 환락가나 술집을 전전하며 교회에는 절대 안 간다고 하던 사람이 아니었다. 가인을 하나님과 관계있는 것이라면 무조건 피하던 사람이라고 오해해서는 안 된다. 오늘날로 말하면 가인이건 아벨이건 다 하나님과 교제하는 신자다.

둘 다 열심히 일해 하나님 앞에 제물을 가져왔다. 사실 가인이 아벨보다 열심히 일했을 것이다. 목자는 아침과 저녁에는 할 일이 있어도 뜨거운 한낮에는 그늘에서 쉬며 시원하게 목도 축일 수 있다. 반면에 농사는 좀 더 노동 집약적인 일이다. 가인의 제물은 하나님이 저주하신 땅에서 땀 흘리며 수고하여 얻은 것이다(창 3:17-19). 가인은 땅에서 돌멩이며 나무 뿌리 같은 것들을 골라냈다. 땅을 갈았다. 작물을 심고 물과 비료를 주며 잘 보살폈다. 많이 수고하여 제물을 준비했다.

왜 받지 않으셨을까

그렇다면 당연한 질문이 나온다. "가인이 더 열심히 일한 것을 아시면서도 왜 하나님은 가인의 제물을 받지 않으셨는가?" 답은 가인의 부모에게 있다. 하나님이 창조하신 에덴 동산에 있던 모든 피조물에는 몸을 덮는 것이 있었다. 네 발 짐승은 털이 있고, 물고기는 비늘이 있고, 새는 깃털이 있다. 청바지를 입는 북극곰은 없다. 동물에게는 옷이 필요 없다.

아담과 하와도 예외가 아니었다. 물리적인 옷이나 덮을 것은 없었지만 하나님은 그들에게 "영화와 존귀로 관"을 씌워 주셨다(시 8:5). 관을 씌운다는 말은 '에워싸거나 둘러싼다'는 뜻이다. 그들은 영화와 존귀에 덮여 있었다. 하나님이 그들에게 입히신 영광은 벌거벗은 몸이 보이지 않게 가려 줄 정도로 눈부셨다. 그래서 성경은 "아담과 그의 아내 두 사람이 벌거벗었으나 부끄러워하지 아니하니라"(창 2:25)라고 한다. 자의식이 그들을 다스리지 않았다. 그들의 삶은 하나님 앞에 있었다. 옷이 있었으면 좋겠다는 생각조차 떠오르지 않았다. 옷이 필요 없었기 때문이다.

그러나 불순종하는 순간 상황이 변했다. 불순종 전에는 전적으로 영혼이 지배했으나 이제는 육체가 지배하게 된 것이다. 그들이 열매를 먹은 후 성경에 처음 기록된 말을 보자. "이에 그들의 눈이 밝아져 자기들이 벗은 줄을 알고"(창 3:7). 핵심 단어는 그들이 알았다는 것이다. 그들은 이제 이전에 모르던 지식을 소유했다.

선악이라는 지식의 원리는 옳고 그름에 따라 사는 것이다. 타락 전에 그들은 선악의 지식, 즉 옳고 그름이 아닌 하나님을 아는 지식의 다스림을 받으면서 살았다. 모든 행동마다 신뢰와 사랑에서 나오는 순종하는 마음이 담겨 있었다. 옳고 그름은 그들 마음이 아니라 하나님 손에 있었다. 성경은 말한다.

그가 하신 일이 완전하고 그의 모든 길이 정의롭고 진실하고 거짓이 없으신 하나님이시니 공의로우시고 바르시도다(신 32:4).

아담과 하와는 온전히 하나님을 의식하며 하나님 앞에서 살았다. 선악을 알게 하는 나무 열매를 먹은 것은, 하나님 밖에서 선악을 가르는 지식의 근원을 찾은 것이다. 이것은 논리적 판단의 원리라 할 수 있다. 이제 그들에게는 자기들을 다스릴 하나님이 필요 없었다. 자기들 안에 옳고 그름을 아는 인식이 생겼기 때문이다. 그래서 타락 후 하나님이 그들에게 처음 하신 질문은 "누가 …… 네게 알렸느냐"(창 3:11)였다.

하나님은 정보를 얻으려고 묻지 않으신다. 하나님이 무언가를 물으시는 것은, 그분이 하실 말씀으로 우리를 불러들이시려는 것이다. 하나님은 그들이 그 나무 열매를 먹고 자기들의 지혜로 말한다는 것을 이미 아셨다. 그들은 순종을 논리적 판단과 바꾸었다. 하나님은 사실 이렇게 말씀하신 것이다. "이제 너희는 내 밖에서 옳고 그름에 대한 인식의 근원을 찾았다. 선악을 알게 하는 나무 열매를 먹은 것이 분명하다."

불순종 후 즉시 그들은 무화과나무 잎으로 즉, 땅의 소산으로 벗은 몸을 가렸다. 하지만 가렸는데도 여전히 벗은 것 같아 그들은 숨었다. 그때 하나님이 물으셨다. "누가 너의 벗었음을 네게 알렸느냐"(창 3:11). 그들은 새로 발견한 옳고 그름에 대해 느낀 대로, 자기들 보기에 옳은 대로 행하려 했다. 그런데도 여전히 벗은 기분이었다. 그렇게 덮는 것은 하나님 방법이 아니었다. 하나님은 무죄한 짐승을 죽여 그 가죽을 아담과 하와에게 입히심으로써 하나님이 받으실 만한 덮을 것, 즉 벌거벗음에 대한 제물을 일러 주셨다. 하나님이 정하신 방법은 바로 그것이었지 땅의 소산은 아니었다.

불순종한 시점에 아담과 하와는 하나님이 찾으시는 것이 무엇인지 몰랐으나 가인과 아벨은 달랐다. 부모는 아들들에게 하나님이 받으실 제물을 가르쳤다. 그러므로 가인이 가져온 땅의 소산은 역시 하나님이 받으실 수 없는 제물이었다. 그는 자기 방식으로 하나님을 섬긴 것이다. 동생처럼 어린아이의 순수함으로 순종하지 않고, 이성이 시키는 대로 옳고 그름의 논리를 따르는 저주에 마음이 끌렸다.

죄를 다스릴 수 있다

"믿음으로 아벨은 가인보다 더 나은 제사를 하나님께 드림으로 의로운 자라 하시는 증거를 얻었으니 하나님이 그 예물에 대하여 증언하심이라 그가 죽었으나 그 믿음으로써 지금도 말하느니라"(히 11:4). 히브리서 기자는 아벨의 순종을 믿음과 동등하게 보았다. 참믿음은 순종과 동등하며, 아울러 순종을 기초로 한 것이다. 그 점은 앞으로 자세히 살필 것이다. 참된 믿음은 옳고 그름에 대한 인식이 아니라 순종에서 나온다.

가인은 자신의 수고와 제물을 하나님이 받지 않으신 것을 알고는 "몹시 분하여 안색이 변했다"(창 4:5). 이것은 종교적인 사람이 진리와 대면할 때 보이는 전형적인 반응이다. 그들은 분노한다. 성경 곳곳에 이런 이야기가 나온다. 그리고 이 분노는 교만에서 나온 것이다. 교만은 자기 뜻을 고수하기 위해 하나님의 뜻과 길을 밀어낸다.

자비로우신 하나님은 가인을 눈뜨게 하시려고 물으신다. "네가 분하여 함은 어찌 됨이며 안색이 변함은 어찌 됨이냐 네가 선을 행하면 어찌 낯을 들지[열납되지] 못하겠느냐"(창 4:6-7). 선을 행하는 것은 순종하는 것이다. 그분은 제사보다 순종을 원하신다. 하나님이 이스라엘 백성에게 노래와 악기를 치워 버리고 제물을 그만 가져오라고 한두 번 말씀하신 것이 아니다. 왜 그러셨는가? 하나님은 "내가 불러도 대답하는 자가 없으며 내가 말하여도 그들이 듣지 않았다"고 하신다(사 66:4). 그들은 제사를 드렸지만 그분께 귀 기울이지도, 순종하지도 않았다.

최고의 예배는 순종이다. 그것을 안다면 창세기에서 이 구절에 있는 "선을 행하면"을 "내게 순종하면"으로 바꾸어도 의미가 바뀌지 않는다. 이렇게 될 것이다. "가인아, 왜 분을 내느냐? 그럴 필요 없다. 하나 배워라. 네 동생처럼 내게 순종하면 내가 아벨과 그 제물을 받은 것처럼 너와 네 제물도 받을 것이다."

하나님은 경고하셨다. "선을 행하지 아니하면[내게 순종치 않고 네 논리를 고집하면] 죄가 문에 엎드려 있느니라 죄가 너를 원하나 너는 죄를 다스릴지니라"(창 4:7). 여기서 두 가지를 잘 보라. 첫째, 죄(불순종)도 원하는 것(desire)이 있다. 불순종의 배후 세력은 불법의 주인인 사탄이다. 일단 아담에게 들어간 이 세력은 목표가 하나 생겼다. 모든 사람과 모든 것을 통제하고 다스리는 것이다. 다시 주워 담을 수 없는 엄청난 양의 방사능 물질을 대기에 방출한 사악한 과학자와 비슷하다. 과학자가 직접 돌아다니지 않아도 기체는 사방에 가득 퍼진다. 사람 목숨을 앗아 갈 수 있는 막강한 힘을 풀어놓은 것이다. 방독면을 쓴 사람들만 독가스에서 보호받을 수 있다. 성경은 아주 분명히 말한다. "또 아는 것은 우리는 하나님께 속하고 온 세상은 악한 자 안에 처한 것이며"(요일 5:19).

이렇게 볼 수도 있다. 죄가 원하는 것을 중력(重力)에 견주는 것이다. 중력은 늘 작용하며 모든 일에 영향을 미치는 불변의 힘이다. 건물 꼭대기 난간에서 한 발이라도 허공에 내딛는다면 중력의 작용으로 여지없이 바닥으로 떨어진다. 떨어지기 싫거나 중력의 법칙을 모르거나 아니면 아예 중력의 법칙을 믿지 않을 수도 있지만 그래도 떨어지는 현실을 피할 수는 없다.

어느 날 과학자들은 양력(揚力)이라는 또 다른 힘을 발견했다. 조건만 충족되면 양력은 중력 대신 작용한다. 발명가들은 양력의 법칙을 근거로 비행기를 설계했다. 비행기를 타고 날 때는 중력의 영향을 받지 않으므로 바닥으로 떨어지지 않는다. 성경은 말한다. "이는 그리스도 예수 안에 있는 생명의 성령의 법이 죄와 사망의 법에서 너를 해방하였음이라"(롬 8:2). 얼마나 놀라운 소식인가!

나는 비행기를 자주 탄다. 전 세계에 복음을 전하러 다니느라 탄 비행 거리가 32만 킬로미터 가까이 된 해도 있었다. 비행기를 탈 때마다 양력이 중력에서 나를 해방한 것을 다행으로 생각한다. 그러나 조종사가 엔진을 끄고 날개를 내리면 비행기는 온전히 중력의 영향을 받아 추락하고 말 것이다.

성경은 계속해서 선포한다. "그러므로 형제들아 우리가 빚진 자로되 육신에게 져서 육신대로 살 것이 아니니라 너희가 육신대로 살면 반드시 죽을 것이로되 영으로써 몸의 행실을 죽이면 살리니"(롬 8:12-13). 생명의 성령의 법이 우리를 죄의 법에서 해방시켜 주지만 여전히 죄의 법은 존재한다. 마음에서 우러나온 참된 믿음과 순종이 있어야 죄의 법을 방어하고 나아가 정복할 수 있다.

"생명의 성령의 법"을 성경은 "믿음의 법"이라고 말한다(롬 3:27). 우리는 믿음의 법이 죄의 법을 다스린다는 것을 안다. 참된 믿음에는 그 믿음에 상응하는 순종이 있다(약 2:19-23). 순종은 참된 믿음의 증거이므로 믿음과 순종은 떼려야 뗄 수 없는 관계다.

아벨은 믿음으로 즉, 하나님께 순종함으로 죄와 사망의 법칙을 정복했다. 하나님은 가인에게 이렇게 경고하셨다. "죄가 너를 원하나(물체에 대한 중력의 소원 즉 영향력과 마찬가지다) 내게 순종하면 (양력이 중력을 지배하는 것처럼) 그것을 이길 것이다." 순종함으로써 죄를 정복한다.

밀려오는 죄의 홍수, 인생을 휩쓸다

하나님이 가인에게 주신 말씀의 요지는 다음과 같다. "네가 …… 선을 행하지 아니하면[내게 순종하지 않으면] 죄가 문에 엎드려 있느니라"(창 4:7). 하나님은 "문"이라는 단어를 사용하셨다. 알든 모르든 모든 이의 삶에는 문이 있고, 이 문은 삶으로 들어가는 입구다. 가인의 경우에 문은 죄와 귀신의 세력이 접근하는 통로였다. 하나님은 죄와 귀신의 세력에게 그 문을 여는 것이 무엇이며 닫는 것이 무엇인지 처음부터 알려 주신다. 문을 열어 주는 것은 불순종이고 닫는 것은 순종이다.

가인에게 어떤 일이 일어났는가? 가인은 자기 지혜와 논리를 고집했다. 그러자 마음에 시기가 들어왔고 곧 심사가 뒤틀렸다. 증오가 생겼다. 살인이 그에게 슬며시 들어왔다. 분노를 이기지 못하고 동생을 죽였다. 싸우려 했고 하나님을 경외하는 마음을 잃었다. 동생이 어디 있느냐고 물으시는 하나님께 반항적으로 대답하는 모습에 그런 태도가 잘 나타난다. "내가 알지 못하나이다 내가 내 아우를 지키는 자니이까"(창 4:9). 가인은 동생이 어디 있는지 알면서도 하나님께 거짓말을 했다.

하나님도 아벨이 어디 있는지 아셨다는 것은 누구나 아는 사실이다. 하지만 논리적 판단에 매달려 불순종하는 삶을 살기 시작하면 누구든 가인처럼 될 수밖에 없다. 그런 사람은 영적인 일의 실체를 느끼지 못한다. 하나님의 형상을 제한적인 자기 수준으로 끌어내리려 하며, 자신이 하나님만큼 때로는 하나님보다 더 지혜로운 줄 안다. 한마디로 제정신이 아니다. 루시퍼가 대표적 예다. 루시퍼는 죄악의 논리를 바탕으로 자기가 하나님을 정복할 수 있다고 믿었다. 참으로 어리석은 생각이다. 그런데도 루시퍼는 많은 사람을 자기 길로 이끌었다(사 14:12-17).

만일 당신이 가인과 아벨의 친구이고 내막을 모른다면 전체 상황을 보고 혼란스러울 것이다. 처음에는 하나님을 열심히 섬기던 사람이 어떻게 나중에는 불경한 살인자가 될 수 있는가? 어떻게 그런 일이 일어날 수 있는가? 가인은 고집스레 불순종함으로 죄의 법에 영혼의 문을 열어 주었다. "하나를 주면 열을 빼앗아 간다"는 말이 있다. 불순종의 법칙을 완벽하게 묘사한 말이다. 불순종에 삶을 약간만 열어도 거대한 댐에 구멍이 뚫린 것과 같아서 물은 홍수 같은 힘으로 밀려와 결국 댐을 무너뜨린다.

나는 영광스럽게도 18년 가까이 전임사역을 할 수 있었다. 그 18년 동안 이 법칙이 작용하는 사건을 수없이 보았다. 처음에는 하나님 일에 마음이 뜨겁다. 교회 생활에 열심이며 늘 다른 사람들에게 예수님을 전한다. 가인처럼 근면하게 시작한다. 그러나 세월이 흐르면서 그들 안에 여전히 남아 있는 아집이 이런저런 상황에서 드러난다. 가인처럼 하나님의 직접적 권위에 대한 아집인 경우도 있고, 위임받은 권위에 대한 아집인 경우도 있다. 어느 경우든 항상 권위와 상관이 있는 것 같다.

나는 그런 사람들이 자기 뜻을 내려놓지 않고 자기 길을 고집하는 것을 보았다. 그들의 삶에 불법이 홍수처럼 밀려오는 것은 시간문제다. 불법이 늘 살인이라는 형태로 나타나지는 않겠지만, 어떤 형태로든 반드시 나타나는 것은 분명한 사실이다. 홍수처럼 밀려드는 탐욕, 증오, 분노, 용서하지 않는 마음, 다툼, 험담, 성적인 죄와 기타 수많은 다른 형태의 굴레가 그런 사람들의 육신을 지배한다. 그렇게 미혹되고 격한 상태에서도 자기는 하나님 앞에서 바르며 다른 권위는 모두 극단적이거나 율법적이거나 비현실적이라고들 흔히 생각한다.

그런 사람들이 가인처럼 하나님의 직접적 권위에 반항한다면, 하나님의 형상과 권위와 능력을 좀 더 자기 힘으로 주무를 수 있는 수준으로 떨어뜨리고 갈수록 불경해진다. 예수님을 주님으로 고백하지만 실제로는 자기 마음대로 만든 예수님을 섬긴다. 자기도 모르게 자기 논리를 하나님의 보좌와 권위보다 높인다. 어느 경우든 심령이 미혹된 사람들은 자기 실상을 보지 못한다.

아직은 유순한 마음으로 하나님을 섬기는 어린 가인에게 "나중에 너는 네 동생을 죽일 거야"라고 말해 준다면 가인은 기겁하며 재빨리 이렇게 대답할 것이다. "말도 안 돼. 나는 절대 그러지 않아!" 그러나 나중에 그는 불법에 자신을 열어 주고 전에는 감히 생각도 하지 않았을 일을 저지르고 말았다.

교회를 다니는 사람이든 다니지 않는 사람이든 언젠가 하나님 앞에 서서 자신이 저지른 불법에 대해 심판받을 것이다. 하지만 과거로 거슬러 올라가 본다면 도대체 어떻게 그런 상태로 끝날 수 있는지 상상도 할 수 없을 것이다. 심지어 지금도 그들은 자기가 불법의 상태에 있다고는 생각도 못할지 모른다. 하지만 마지막 심판 날 진실이 밝혀지면 놀라서 이렇게 생각할 것이다. '내가 어쩌다 하나님을 순종하는 삶에서 이렇게까지 멀어졌지?' 서글프지만 이렇게 답할 수밖에 없다. 하나님의 보호 아래 있어야 한다는 진리를 사랑하지도 품지도 않았기 때문이라고 말이다.

미혹에 빠진 사람들에게 희망은 단 하나다. 자비의 하나님이 그들을 눈뜨게 하시고 그분의 진리의 빛으로 미혹의 먹구름을 흩으셔야 한다. 미혹하는 불법의 세력이 다스리지 않도록 사람들을 지키고, 이미 그 손에 사로잡힌 이들에게 진리의 빛을 비춰 벗어나게 하는 것이 내 깊은 간구이자 이 책을 쓴 목표다. 나는 전 세계를 다니며 이 메시지를 전했다. 한때 불순종하는 삶을 산 적이 있는지 물으면 늘 놀라운 대답을 듣는다. 그렇다는 사람이 대개 반이 넘기 때문이다. "진리가 내 마음에 그 사실을 밝혀 주고 나서야 내게 반항이 있다는 것을 알았습니다." 많은 사람들이 하는 고백이다.

나 역시 불법이라는 은밀한 세력에 한 번도 미혹당한 적이 없는 사람이라서 이 책을 쓰는 것이 아니다. 나도 그 무시무시한 손에 잡힌 적이 있다. 그때에 긍휼이 풍성하신 하나님이 내 마음과 길의 오류를 보여 주셨다. 지금 나는 불법에서 건짐받은 일과 그것을 통해 배운 교훈을 나눈다. 한없는 긍휼을 베푸신 귀하신 주님께 그저 감사할 따름이다.

하나님은 은혜로 우리 눈을 열어 불순종의 영역을 보게 하신다. 그러나 먼저 자신을 낮추지 않으면 가인처럼 우리도 진리를 볼 수 없다.

6장

순도 100퍼센트의 순종

'내키는 것만'
따르는 것은
순종이 아니다

99퍼센트 따랐더라도 부분적인 순종은
하나님 보시기에는 불순종이다.

이스라엘의 초대 왕 사울의 삶은 한 인간이 불순종이라는 유희에 빠질 때 일어나는 일을 생생하게 보여 준다. 사울의 비참한 이야기는 신자들에게 여러모로 중요한 교훈을 준다. 하나님이 사울에게 하신 징계의 말씀에 이 이야기를 이해할 수 있는 열쇠가 있다.

사울의 삶을 살펴보면 하나님의 권위에 온전히 순종하지 않는 삶이 영적으로 맞닥뜨리는 결과를 분명히 이해할 수 있다. 우리만 원한다면 사울의 이야기에서 얻는 교훈은 우리에게 힘이 될 것이고, 사울의 실패는 우리 삶에 주는 더없이 분명한 경고가 될 것이다. 성경은 말한다. "무엇이든지 전에 기록된 바는 우리의 교훈을 위하여 기록된 것이니"(롬 15:4). "그들에게 일어난 이런 일은 본보기가 되고 또한 말세를 만난 우리를 깨우치기 위하여 기록되었느니라"(고전 10:11).

부분적 순종의 유혹

이스라엘의 원로 선지자인 사무엘이 하나님이 하신 명령을 가지고 사울을 찾아간 장면부터 시작해 보자. 사무엘은 사울에게 이 말씀에 귀를 기울이라고 당부한다. "지금 가서 아말렉을 쳐서 그들의 모든 소유를 남기지 말고 진멸하되 남녀와 소아와 젖 먹는 아이와 우양과 낙타와 나귀를 죽이라"(삼상 15:3). 아주 직설적이고 구체적인 명령이었다. 아말렉의 소유라면 인간이든 짐승이든 하나도 살려 두면 안 된다. 호흡이 있는 모든 것을 죽여야 한다.

사울의 반응을 보라. "그렇게는 못합니다. …… 너무 잔인하군요!"라고 말하지 않는다. 명백하고 노골적인 불순종만 하나님을 반역하는 것이라고 제한하는 경우가 많다. 그러나 그것이 말도 안 되는 생각임을 곧 알게 될 것이다. 사울이 처음에 수긍했다가 나중에 생각이 바뀐 것도 아니다. 그런 식의 불순종도 우리 대부분은 잘 안다. 사울이 그 일을 최우선에 두지 않아 결국은 잊어버리고 불순종한 것도 아니다. 그런 행동도 엄연히 순종은 아니지만, 의도는 좋았으니 봐줄 수 있다고들 생각할 것이다. 결국

이 세 시나리오 모두 불순종하는 행위라는 점에는 대체로 이의가 없겠지만 여기서는 사울에게 집중해 보자.

사울은 즉시 군사를 모아 아말렉을 공격할 채비를 한다. 만사가 순조로워 보였다. 아말렉을 치고 모든 남녀와 어린아이와 젖 먹는 아이를 죽였다. 사울과 그 훌륭한 군대의 칼날에 수많은 사람이 목숨을 잃었다. 그러나 사울은 아말렉 왕을 살렸다. 왜 그랬는가? 아마도 당시 문화에 따라 그리했을 것이다. 한 나라를 정복해 그 지도자를 생포하면 그것은 살아 있는 전리품을 왕궁으로 가져오는 것이었다.

사울은 동물도 수없이 죽였다. 그러나 가장 좋은 양과 소, 기름진 것, 어린양, 모든 좋은 것은 죽이지 않고 백성에게 주어 하나님께 제사를 드리게 했다. '성경적인' 일을 하게 한 것이다. 백성이 왕의 행동을 어떻게 생각했을지 상상해 보라. 죽여야 하는 동물들을 여호와께 제물로 드리면서 그들은 '정말 경건한 왕이다! 항상 여호와를 첫째에 두지 않는가' 하고 생각했을 것이다.

그러나 하나님은 전혀 다르게 보셨다. 그분은 탄식하셨다. "내가 사울을 왕으로 세운 것을 후회하노니 그가 돌이켜서 나를 따르지 아니하며 내 명령을 행하지 아니하였음이니라 하신지라 사무엘이 근심하여 온밤을 여호와께 부르짖으니라"(삼상 15:11).

사울은 수만 명을 죽였지만, 단 한 사람은 살려 두었다. 명령의 99퍼센트는 수행했다. 사람에게는 그러한 행동이 순종으로 보이겠지만 하나님은 불순종으로 보신다. 하나님은 그것을 '거역'이라 표현하신다. 이렇듯 부분적 순종은 하나님 보시기에 전혀 순종이 아니라는 사실을 알아야 한다. 99퍼센트 순종도 명백하게는 불순종이다.

"내가 한 일이 그렇게 많은데 왜 그것은 보지 않습니까? 당신은 내가 하지 못한 일 몇 가지만 보고 있잖아요." 이런 말을 자주 듣는다. 사울도 분명 그렇게 말했을 것이다. 그러나 이 같은 논리는 인간의 논리에는 맞을지 몰라도 하나님의 논리에는 맞지 않는다.

사무엘은 사울을 만나러 갔다. 사울은 사무엘을 열렬히 맞이하며 말했다. "원하건대 당신은 여호와께 복을 받으소서 내가 여호와의 명령을 행하였나이다"(삼상 15:13). 기쁨과 확신에 찬 그 목소리가 들리는 듯하다. 사울은 진심으로 그렇게 말했을 것이다. 정말 자기가 명령을 행한 줄 알았을 것이다. 그러나 하나님은 사울이 하나님을 거역했다고 말씀하셨다.

전날 밤에 하나님이 사무엘에게 하신 말씀과 사울이 믿는 것 사이에 있는 어마어마한 이견의 폭을 어떻게 설명할 것인가? 그 답이 야고보서에 있다. "너희는 말씀을 행하는 자가 되고 듣기만 하여 자신을 속이는 자가 되지 말라"(약 1:22). 하나님이 분명히 계시하신 말씀에 불순종하면 그 순간 마음에 휘장이 덮이며, 눈은 그 휘장 때문에 흐려지고 왜곡된다. 이것이 미혹이다. 사울은 자기 논리에 미혹당했다. 사실은 틀렸으면서도 자기가 옳다고 믿었다. 그의 믿음은 인간의 논리에는 맞을지 몰라도 하나님의 실체에는 상충되는 것이었다.

사울이 하나님의 말씀에 온전히 순종하지 않은 것이 그때가 처음이 아니다. 사무엘은 전에도 불순종한 사울을 책망했다(삼상 13:1-13). 이외에도 성경에 기록되지 않은 사건이 더 있을지도 모른다. 어쩌면 사울에게는 불순종하는 습관이 있었을 수도 있다. 일단 이 습관이 굳어지면 진리와 죄를 구별하기가 점점 어려워진다.

미혹의 휘장

구원받은 후 처음으로 죄를 지은 때가 생각나는가? 나는 생각난다. 심장이 비수에 찔리는 기분이었다. 성령이 책망하시고, 우리 마음이 가책을 느끼므로 하나님의 자녀인 우리는 그 느낌을 잘 안다. 그때 자기 행동을 정당화하여 참된 회개에서 등을 돌리면 어떻게 되는가? 두 가지 일이 일어난다. 첫째, 그렇게 불순종하는 행동을 반복하기 쉬워진다. 둘째, 미혹의 휘장이 마음을 덮어 죄를 깨닫는 감각이 둔해지며 결국 그 감각 대신 논리적인 판단을 넣는다.

그다음에 죄를 지을 때는 비수가 이전만큼 예리하게 느껴지지 않는다. 중간에 휘장이 있기 때문이다. 다만 불안하고 뜨끔할 뿐이다. 이번에도 자기를 정당화하면 다른 휘장이 다시 마음을 덮어 진리의 소리는 더 희미해진다. 다시 죄를 범할 때는 약간 찜찜할 뿐이다. 이번에도 정당화하면 다른 죽음의 먹구름이 마음을 덮는다. 다시 죄를 범하면 휘장은 두터울 대로 두터워져서 전혀 가책을 느끼지 못한다. 이제는 정당화만 있을 뿐이다. 미혹이 진리를 숨기며 양심이 마비되어 아무것도 느끼지 못한다.

이쯤 되면 경건함을 닮은 구석이라곤 전혀 찾아볼 수 없다. 아니, 경건의 모양은 남아 있지만, 하나님과 언약의 관계가 없는 사람들과 전혀 다를 바 없이 살아가는 경우가 더 많다. 신앙을 고백하기는 하지만 어디까지나 자신의 그릇된 선악 관념에 따라 살아간다.

이제는 성령께서 마음에 넣어 주신, 하나님의 살아 있는 말씀이 아닌 곳에서 옳고 그름을 분별한다. 미혹된 자기 마음의 명령을 따라 살아간다. 그것은 죽음에 이르는 의문(儀文)일 수도 있고(고후 3:6) 사회에서 통용되는 옳고 그름일 수도 있다. 어느 경우든 살아 계신 하나님과 단절된 상태다. 이제 그 사람에게 다가갈 수 있는 길은 하나님이 그에게 선지자적 메신저를 보내시는 것뿐이다.

붙잡으시는 하나님

하나님은 불순종하는 사람을 점진적인 과정을 통해 붙잡으신다. 우선 그분은 언제나 죄를 자각하게 함으로써 다가오신다. 하지만 불순종을 반복해 미혹의 휘장이 생겨 하나님의 마음과 말씀과 단절된 상태라면 그분은 선지자적 메신저를 보내신다. 사울에게 사무엘을 보내신 것처럼 말이다. 사람들이 눈을 뜨고 하나님의 길을 보게 하는 것이 선지자의 진정한 사역이다. 하나님은 어떤 사람이든 보내서 선지자의 사명을 감당하게 하실 수 있다. 반드시 실제 선지자일 필요는 없다. 하나님은 목사, 부모, 상사, 자녀, 친구 등 누구를 통해서든 메시지를 전하실 수 있다.

야고보 사도는 이렇게 설명했다. "내 형제들아 너희 중에 미혹되어 진리를 떠난 자를 누가 돌아서게 하면 너희가 알 것은 죄인을 미혹된 길에서 돌아서게 하는 자가 그의 영혼을 사망에서 구원할 것이며 허다한 죄를 덮을 것임이라"(약 5:19-20). 죄에 빠진 신자에게 메시지를 전한다는 데 주목했으면 한다. "허다한 죄"라는 말도 잘 보라. 반복하여 불순종한 결과 진리에서 떠난 것이다.

선지자적 메신저를 보내셨는데도 듣지 않으면 하나님은 이제는 심판으로 다가오신다. 바울은 "우리가 우리를 살폈으면 판단을 받지 아니하려니와"(고전 11:31)라고 말한다. '살핀다'의 어원은 '철저히 가려 낸다'는 뜻의 헬라어 '디아크리노'(diakrino)다. 아름다운 모습에서 흉한 것을 제하고자 자신을 철저히 살필 때 쓰는 말이다. 불순종한 것을 고백하고 회개함으로 자신을 살피게 된다. "판단"의 어원은 '벌주다, 정죄하다'를 뜻하는 헬라어 '크리노'(krino)다. 바울은 "우리가 판단을 받는 것[크리노; 빌은 주께 징계를 받는 것이니 이는 우리로 세상과 함께 정죄함을 받지 않게 하려 하심이라"(고전 11:32)라고 말한다. 하나님은 우리가 세상과 함께 벌받지 않도록 우리를 불순종에서 건져 내려 하신다(마 7:20-23; 눅 12:45-48).

그렇다면 이런 의문이 생긴다. 하나님의 백성이 선지자적 경고를 무시하거나 거부하면 하나님은 어떻게 그들을 벌하고 심판하시는가?

대개 하나님은 고생이나 질병이나 그 밖에 고난으로 심판하신다.

고난당하기 전에는 내가 그릇 행하였더니 이제는 주의 말씀을 지키나이다 …… 여호와여 내가 알거니와 주의 심판은 의로우시고 주께서 나를 괴롭게 하심은 성실하심 때문이니이다(시 119:67, 75).

바울의 말을 다른 역본으로 읽어 보면 뜻이 더 분명해진다. "그래서 여러분 가운데는 약한 사람과 병든 사람이 많고 이미 죽은 사람도 많이 있습니다. 우리가 성찬에 참여하기 전에 먼저 자신을 살피면 심판을 받지 않을 것입니다"(고전 11:30-31, 현대인의성경).

하나님이 미혹에 빠져 불순종하는 사람을 바로잡기 위해 시도하시는 두 가지 방법에 응답하지 않아서 결국 심판을 받는 사람을 많이 보았다. 1990년대 초반에 있었던 일이 아직도 생생하다. 당시 나는 텍사스주 어느 청소년부 수련회에서 말씀을 전하고 있었다. 죄 때문에 주님을 향한 민감한 마음을 잃은 청소년들이 많았기에 우선 죄를 예리하게 지적하는 것부터 시작했다. 집회 때마다 몇몇 청소년들이 앞으로 나와 죄를 회개했다. 대부분 성(性)과 관련된 죄였다. 아이들은 예수님의 피로 놀라운 죄 사함을 얻었다. 일주일 내내 뿌린 회개의 씨앗을 보며 나는 하나님이 마지막 밤에 거두게 하실 풍성한 열매를 들뜬 마음으로 기대했다.

그런데 마지막 집회를 시작하던 순간, 왠일인지 집회가 계획대로 진행되지 않을 것 같다는 느낌이 들었다. 그래서 말씀을 전할 차례가 되자 나는 마이크를 잡고 기도를 시작했다. 그때 성령께서 내게 말씀하셨다.

"이 강당 안에 아직도 반항하는 사람이 하나 있다. 그 사람한테 다시 앞으로 나올 기회를 줘라"(전날 집회에서 이미 반항에 대한 말씀을 전한 터였다).

성령의 인도하심에 따라 내가 초청하자 몇 명이 앞으로 나왔으나 성령께서 지목하신 사람이 아니라는 것을 나는 알았다. 그들은 다른 문제를 해결하고 싶어 하는 아이들이었다. 성령께서 다시 말씀하셨다.

"오늘 밤에 초청에 응하지 않으면 그 사람의 삶에 심판이 임할 것이다. 그렇게 말해라."

나는 성령께서 내 마음에 들려주시는 대로 전했다. 다시 몇몇 아이들이 앞으로 나왔지만 이번에도 성령께서 지목하신 사람은 나오지 않았다는 걸 알았다. 다시 성령의 음성이 들렸다.

"초청에 응하지 않으면 어떤 심판이 임할지 그 사람한테 말해 줘라."

성령께서 내 안에 감동을 주셨고, 다시 말씀하셨다.

"오늘 밤 초청에 응하지 않으면 3주 후에 그 사람 차가 정면충돌하는 사고를 당할 것이다. 그렇게 말해라."

성령께서 들려주신 말씀을 두렵고 떨리는 심정으로 또박또박 전했다. 더 많은 아이들이 앞으로 나왔지만 이번에도 주님이 지목하신 사람은 없었다. 그쯤에서 주님은 나를 놓아주시며, 앞으로 나온 아이들을 도와 함께 기도하게 하셨다. 나는 그대로 했고 집회는 예상대로 감격적으로 끝을 맺었다. 많은 청소년들이 주님이 주시는 말씀을 받았으며 사역으로 부르심을 받기도 했다. 치유받고 인생의 방향을 찾은 아이들도 있었다. 누구도 쉽게 (어쩌면 평생) 잊지 못할 밤이었다.

몇 달이 지나 그곳 청소년부 목사와 통화할 기회가 있었다. 그는 수련회 후에 일어난 일을 들려주었다. "비비어 목사님, 우리 청소년부에 속을 많이 썩이는 여고생이 하나 있었습니다. 늘 말을 안 듣고 문제를 일으켰죠. 마지막 날 밤 성령께서 지목하신 사람이 그 아이라는 것을 저는 알았습니다. 끝까지 아무 반응도 없어 정말 실망했고요." (나는 그 여고생이 누구인지 전혀 몰랐다.) 그는 말을 이어 갔다. "목사님 말씀대로 수련회가 끝나고 3주 후에 그 아이 차가 정면으로 충돌하는 사고가 났습니다. 차가 완전히 망가졌어요."

나는 떨렸다. 그 아이가 어떻게 됐는지 궁금했다. 내가 성령님의 말씀을 받아 말했다는 건 알지만 그래도 그 사람이 성령님의 부르심에 귀 기울여 그런 비참한 일을 당하지 않았으면 했다.

"하나님이 살려 주셨습니다! 크게 다쳤지만 감사하게도 잘 회복 중입니다. 이제 그 아이는 아주 열심 있는 학생입니다. 아주 딴사람이 됐지요. 삶이 완전히 바뀌었습니다!"

나는 마음이 편해졌고, 그 아이를 생각하니 가슴이 벅차올랐다.

다윗의 고백을 다시 들어 보자. "고난당하기 전에는 내가 그릇 행하였더니 이제는 주의 말씀을 지키나이다"(시 119:67).

한 가지 분명히 해 두고 싶은 것이 있다. 하나님은 우리가 그런 고난을 당하게 내버려 두지 않으신다. 다만 우리를 보호하시는 손길을 거두심으로 사탄이 그런 일을 하도록 허용하실 뿐이다. 순종했다면 당하지 않았을 고난을 말이다.

사람들이 우리 머리를 타고 가게 하셨나이다 우리가 불과 물을 통과하였더니 주께서 우리를 끌어내사 풍부한 곳에 들이셨나이다(시 66:12).

하반절을 "이제는 주께서 우리를 안전한 곳으로 이끌어 내셨습니다"(현대인의성경)로 번역하기도 한다. 그 여학생은 사고를 겪고 나서야 정신을 차렸다. 병원에서 회개했고 마침내 안전한 곳으로 들어섰다. 그 사고는 하나님이 가장 먼저 사용하려고 하신 교정 방법이 아니었다. 하지만 다른 방법들은 아무런 효과가 없었고, 안타깝지만 한편으로는 다행스럽게도 그 방법이 효과가 있었다.

비슷한 사건들이 모두 이렇게 마무리되면 정말 좋을 테지만, 실은 그렇지 않다. 다른 일도 생각난다. 역시 하나님을 거역하던 어느 젊은이는 목사의 경고를 듣지 않았다. 머잖아 교통사고가 났고 그 자리에서 숨을 거두었다. 간증거리는 얼마든지 있다. 회개해서 복을 받은 사람도 있고 사울왕과 비슷한 결말을 맞은 사람도 있다.

내 마음대로 하는 순종

다시 사울 이야기로 돌아가자(삼상 15:14-15). 사무엘은 사울이 미혹된 것을 보고 진정한 선지자적 메신저답게 곧바로 문제의 핵심으로 들어가 물었다. "그러면 내 귀에 들려오는 이 양의 소리와 내게 들리는 소의 소리는 어찌 됨이니이까"(14절).

사울이 재빨리 되받았다. "그것은 무리가 아말렉 사람에게서 끌어온 것인데 백성이 당신의 하나님 여호와께 제사하려 하여 양들과 소들 중에서 가장 좋은 것을 남김이요 그 외의 것은 우리가 진멸하였나이다"(15절).

사울은 진리에 부딪치자 책임을 백성에게 돌렸다. "나는 순종하고 싶었지만 백성 때문에 그렇게 했다"는 식이다. 이렇듯 회개할 마음이 없는 사람은 불순종을 들키면 남을 탓한다. 자기 행동을 책임지지 않는다.

아담은 하나님과 하와를 탓했고, 하와는 뱀을 탓했다. 아담의 말은 옳았다. 하나님이 여자를 주셨고 여자가 열매를 주었다. 그러나 강제로 먹인 사람은 없었다. 아담은 순전히 자유의지로 그러기로 선택해서 먹었다. 하와가 속은 것도 사실이지만 불순종은 여전히 아담이 선택한 것이었다.

사울이 백성의 지도자였지 백성이 사울의 지도자는 아니었다. 사울은 자기 불순종뿐 아니라 백성의 불순종도 책임을 져야 했다. 사울은 백성을 지도하고 가르칠 권위가 있는 사람이었다. 지도자들이여, 잘 들으라. 당신의 영향을 받는 사람들의 삶에 불순종이 들어오는 걸 허용한다면 그 책임은 당신이 져야 한다.

이스라엘의 지도자이자 사무엘의 스승인 엘리는 자기 아들들이 하나님의 명령을 업신여기는 것을 알면서도 따끔하게 꾸짖지 않았다. 그저 가법게 나무랐을 뿐 자기 권위로 아들들을 그 자리에서 물러나게 하거나 막지 않았다. 그래서 하나님은 선고하셨다. "내가 그의 집을 영원토록 심판하겠다고 그에게 말한 것은 그가 아는 죄악 때문이니 이는 그가 자기의 아들들이 저주를 자청하되 금하지 아니하였음이니라"(삼상 3:13). 아들들만이 아니라 엘리도 심판받았다.

사울은 여호와께 제사를 드리려고 양과 소를 남겨 두었다는 말로 자신의 불순종을 정당화한다. 불순종함으로 하나님이 받으실 만한 제사나 예배를 드릴 수 있다고 생각한다면 그것이야말로 미혹당한 것이다.

예수님은 "누구든지 나를 따라오려거든 자기를 부인하고 자기 십자가를 지고 나를 따를 것이니라"(마 16:24) 하셨다. 고난의 이미지를 부각시켜 "십자가"를 그저 '희생하는 삶'을 가리킨다고 해석하는 이들도 있다. 그러나 예수님은 그런 의미의 십자가에만 초점을 맞춰 말씀하신 것이 아니다. 자기를 부인하고 희생하며 살면서도 하나님이 세우신 목표를 좇거나 그분의 뜻을 이루는 데 아무것도 하지 않을 수 있다. 자기 부인과 희생을 선택하고도 하나님을 거역할 수 있다.

예수님이 하신 말씀에서 핵심은 순종이다. 순종할 수 있는 유일한 길은 십자가를 지는 것이다. 우리의 계획과 욕심이 죽지 않는 한 결국 하나님의 뜻과 인간의 욕망은 대립하기 때문이다. 생명을 내려놓지 않는 한 우리는 하나님의 뜻에 어긋나는 욕망을 채울 길을 찾을 것이다. 심지어 사울처럼 성경 말씀을 그 근거로 내세우기까지 할 것이다.

자신에게 물어보자. "나는 하나님을 섬기기는 하나 불순종하는가?" 만일 그렇다면 우리의 '성경적' 종교 행위나 예배에서 사탄이 영광을 취할 것이다. 사탄이야말로 반항의 출발점이자 우두머리이기 때문이다.

사무엘은 다음 같은 말로 사울의 논리를 잠재운다(삼상 15:16-19). "가만히 계시옵소서! 간밤에 여호와께서 내게 하신 말씀을 전하겠습니다."

"말씀하십시오."

"왕이 자신을 작은 자로 여길 때에 이스라엘 지파의 머리가 되지 아니하셨습니까? 여호와께서 왕에게 기름을 부어 이스라엘 왕을 삼지 않으셨습니까? 이제 여호와께서 왕에게 '가서 죄인 아말렉 사람을 진멸하라. 다 없어질 때까지 공격하라' 하셨습니다. 그런데 왜 여호와의 목소리를 청종하지 아니하셨습니까? 왜 전리품을 낚아채는 데만 골몰하여 여호와께서 악하게 여기시는 일을 하셨습니까?"

"왕이 자신을 작은 자로 여길 때 이스라엘 지파의 머리가 되지 아니하셨습니까?"라는 사무엘의 말은 결국 이런 말이다. "사울이여, 처음 왕이 될 때 당신은 겸손하고 온유했습니다."

몇 해 전 사무엘에게서 자신이 왕이 되리라는 것을 들었을 때 사울의 모습이 그러했다. 그때 사울은 믿을 수 없어서 이렇게 대답했다. "나는 이스라엘 지파의 가장 작은 지파 베냐민 사람이 아니니이까 또 나의 가족은 베냐민 지파 모든 가족 중에 가장 미약하지 아니하니이까 당신이 어찌하여 내게 이같이 말씀하시나이까"(삼상 9:21). 사울은 자기를 왕으로 여기지 않았다. 하나님이 왜 자기같이 하찮은 사람을 택하셨는지 어리둥절할 뿐이었다.

나중에 하나님이 모든 이스라엘 앞에 그를 드러내기로 하시던 날, 모든 지파가 모여 제비를 뽑았다(삼상 10:21-22). 베냐민 지파가 뽑혔고, 그중 사울 가족, 그리고 사울이 뽑혔다. 그러나 사울을 찾아도 보이지 않았다. 그래서 그들이 하나님께 여쭈었다. "그 사람이 여기 왔나이까?"

"그가 짐보따리들 사이에 숨었느니라."

사울은 자기가 하나님의 백성을 다스린다는 생각을 감당할 수 없었다. 그는 자신을 작은 자로 여겼다. 사무엘은 그 기억을 일깨운 뒤 계속 말을 이었다. "또 여호와께서 왕을 길로 보내시며 이르시기를 가서 …… 다 없어지기까지 치라 하셨거늘 …… 어찌하여 지금은 당신이 하나님보다 더 잘 안다고 생각하십니까? 언제부터 당신의 지혜가 하나님의 지혜보다 뛰어났습니까? 이제 당신이 하나님의 자리를 차지했습니까? 왜 하나님 밖에서 옳고 그름을 구하십니까? 도도하지 않고 겸손하던 모습은 어디 갔습니까?"

하나님보다 지식이 뛰어난 사람이 있는가? 물론 없다. 그러나 하나님께 불순종함으로써 주변 사람들에게 그런 메시지를 전하는 셈이다. 영광의 보좌 위에 앉으신 하나님보다 자기가 더 지혜롭다고 생각하다니 얼마나 어리석은 일인가! 하나님은 우주를 창조하셨을 뿐만 아니라 지금도 우주를 붙잡고 계신다. 손가락으로 하늘에 별을 다신 창조주다. 그런데도 그분 말씀을 무시한다면 우리는 한낱 인간의 지혜를 그분보다 높이는 것이다.

거역은 사술이다

사무엘은 사울을 뚫어져라 쳐다보며 선지자답게 단호히 선포했다.

순종이 제사보다 낫고 듣는 것이 숫양의 기름보다 나으니 이는 거역하는 것은 사술의 죄와 같고 완고한 것은 사신 우상에게 절하는 죄와 같음이라(삼상 15:22-23, 개역한글).

사무엘은 "거역"(rebellion)을 "사술"(witchcraft)과 연결했다. "거역하는 것은 사술의 죄와 같고." KJV 성경과 NKJV 성경에 보면 "와 같고"라는 말이 이탤릭체다. 원문에 없는 말을 삽입했다는 의미다. 의미를 명확하게 하느라 후에 번역자들이 넣은 말이다. 사실 그 말을 빼는 것이 더 정확한 번역이다.[1]

이 말씀은 "거역은 사술이다"로 번역해야 한다. 그래야 본문 문맥이 명확해진다. 거역을 사술에 견주는 것과 거역이 곧 사술이라 말하는 것은 완전히 다르다. 진정한 그리스도인이라면 알면서도 사술을 행하지는 않을 것이다. 그러나 거역이라는 미혹 때문에 자기도 모르게 그 영향 아래 있는 사람이 얼마나 많은지 모른다.

사술(마법)이라고 하면 흔히들 검은 옷을 입고, 주문을 외며, 빗자루를 타고 다니고, 부글부글 끓는 가마솥 옆에서 수정 구슬로 미래를 점치는 여자들을 떠올린다. 좀 더 현대적으로 말한다면 영향력을 행사하려고 사람들에게 마법을 걸거나 저주를 하는 사람일 수도 있다. 이 두 개념은 제쳐두고, 형태가 어떻든지 간에 사술의 핵심을 살펴보자.

사술을 뜻하는 히브리어 단어는 '케셈'(qesem)이다. 영어로는 '디비네이션'(divination; 점술), '위치크래프트'(witchcraft; 사악한 목적의 주문, 마법), '소어서리'(sorcery; 악령의 힘을 빌려 행하는 요술) 따위에 해당한다. 그러나 전문가들은 비교(秘敎)와 관련지을 때 이 단어들이 정확히 무엇을 의미하는지는 모른다고 한다. 바로 이것이 '케셈'을 다양한 말로 번역한 이유다.[2] 중요한 것은 사술의 형태(방법)가 아니라 결과(목표)다.

사술은 사람을 귀신의 세계에 활짝 열어 놓는다. 다양한 방법으로 환경과 상황과 사람을 '다스리는 것'(지배하고 통제하는 것)이 사술의 목표다. 참여하는 사람도 영적인 세계에서 일어나는 일을 모를 때가 많다. 자신이 하는 일을 전혀 모르는 상태에서 자신이 개입된 어둠의 세력을 완전히 이해하고 인식하는 상태에 이르기까지 경우는 다양하다. 완전히 모르는 상태든 철저히 아는 상태든 사술은 본질상 언제나 시행할 수 있다. 다스림이 사술의 목표지만 귀신의 세계에 개입되다 보면 다스리려던 자가 오히려 다스림을 받게 되어 있다.

죄의 노예로 살고 싶은가

청소년부 목사를 하면서 비교(秘敎)를 접할 기회가 있었다. 인근 몇몇 고등학교에는 정도 차이는 있지만 장난 삼아 강신술을 해 보는 학생들이 꽤 있었다. 사악한 목적의 주술이나 사탄주의에 빠진 친구를 만난 이야기를 청소년부 아이들한테 늘 들었다.

사술을 시행하는 이들의 모임에 사람을 새로 받아들일 때 지도자들은 그에게 마약을 하거나 술을 마시거나 불법 성관계를 하거나 도둑질을 하거나 하는, 하나님의 법과 국가법을 어기는 일을 하게 한다. 나는 하나님께 '거역은 사술'이라는 진리를 배운 후 그들이 왜 그렇게 하는지 그 이유를 확실히 알았다.

그들은 크고 강하게 거역할수록 더 많은 힘을 얻는다고 배우기 때문이다. 사실이다. 거역은 사술이기 때문이다. 하나님을 거역하면 할수록 귀신 세력이 그들의 삶에 영향을 주고 통제하며 힘을 얻을 통로를 더 넓혀 주는 것이다. 하나님의 명령, 율법, 그분이 위임하신 권위를 거역함으로 그들은 귀신이 자신들을 다스리리라는 것을 뻔히 알면서도 정식 진입로를 열어 준다.

주술사들의 소위 사탄주의 경전에도 그 개념이 있다. 몇 년 전에 집회를 마친 후 호텔에서 텔레비전 채널을 돌리다가 우연히 사탄주의와 주술 전문 채널을 보았다. 영적 전투와 관련해 우리가 알아야 할 모든 것은 성령님에게서 온다고 믿는 나는 바로 채널을 돌리려 했다. 평상시 그것이 현명한 일이다. 그런데 그때는 왠지 잠깐 보고 싶었다. 사탄주의 경전 이야기를 하고 있었다. 방송에서는 제1계명이라며 이렇게 말했다.

"네 뜻대로 할지니라."

그 말이 내 관심을 끌었다. 성경 말씀이 떠올랐다.

그때에 내가 말하기를 내가 왔나이다 나를 가리켜 기록한 것이 두루마리 책에 있나이다 나의 하나님이여 내가 주의 뜻 행하기를 즐기오니 주의 법이 나의 심중에 있나이다(시 40:7-8).

예수님은 "나는 나의 뜻대로 하려 하지 않고 나를 보내신 이의 뜻대로 하려 한다"고 하셨다(요 5:30). 수년간 연구한 결과 나는 주님의 마음은 주님께 순종하며 사는 이들에게 끌리신다는 것을 알았다. 그 반대도 사실이어서 어둠의 영들은 하나님을 거역하며 사는 이들에게 마음이 끌린다. '네 뜻대로 할지니라'는 그들의 계명은 하나님의 말씀을 노골적으로 왜곡한 것이며, 하나님이 거역을 다루신 말씀과 일치한다.

고의로 사탄을 섬기는 데 헌신한 사람들은 이 원리를 잘 안다. 그러나 나머지 사람들은 미혹당한 사람들이다. 무지한 사람들은 불법을 자유라고 착각하는데, 하지만 거역에는 자유가 없다. 신약 성경이 명백히 보여 주는 것처럼 거역하면 타락의 노예가 된다. 베드로는 이러한 오류를 지적한다. "그들에게 자유를 준다 하여도 자신들은 멸망의 종들이니 누구든지 진 자는 이긴 자의 종이 됨이라"(벧후 2:19).

진리는 명백하다. 자유는 없다. 대신 속박과 통제만 있으며, 그렇기에 영혼은 귀신의 압제와 통제를 향해 활짝 열린다. 바울도 이 점을 강조한다. "너희 자신을 종으로 내주어 누구에게 순종하든지 그 순종함을 받는 자의 종이 되는 줄을 너희가 알지 못하느냐 혹은 죄의 종으로 사망에 이르고 혹은 순종의 종으로 의에 이르느니라"(롬 6:16).

예수님도 이 원리를 강조하신다. "진실로 진실로 너희에게 이르노니 죄를 범하는 자마다 죄의 종이라"(요 8:34). 여호와께 드릴 제물을 선택할 때 가인이 불순종한 것을 기억하는가? 하나님은 그 선택이 그의 운명을 결정 지으리라는 것을 분명히 말씀하셨다. 가인은 하나님의 뜻을 존중하여 '죄의 다스림'(사술)을 막고 문을 닫을 수도 있었다. 반대로 자기를 지배하고 통제하려고 문 앞에 엎드린 죄를, 하나님의 보호나 힘 없이 혼자 맞이하는 거역의 길을 택할 수도 있었다.

하나님이 가인에게 경고하셨듯이 사무엘도 사울에게 경고했다. 하나님을 거역함으로 사울은 자신을 휘어잡으려는 영향력에 자신을 열어 주었다. 그래서 사울은 제정신으로는 결코 하지 않았을 일을 한다. 사울은 진정 회개하지 않았다. 거역한 후 얼마 되지 않아 악신이 사울의 삶에 들어와 괴롭히고 번뇌케 했다(삼상 16:14). 그 시점부터 악신은 사울의 삶을 제집처럼 드나들었다. 사울은 편히 쉴 날이 없었다. 참된 회개를 하지 않았기 때문이다. 사울은 성경에 처음 등장할 때와는 완전히 다른 사람이 되고 만다.

아버지 같던 선지자 사무엘의 권위에 복종하며 하나님의 일을 존중하던 겸손한 청년 사울이 이제 소중히 여기던 것을 모두 짓밟는 자가 되고 말았다. 초기에 누군가 사울에게 "사울이여, 당신은 언젠가 분노를 이기지 못해 죄 없는 제사장 여든다섯 명과 그 아내와 자녀들을 죽일 것이오" 하고 말했다면 사울은 그 사람을 미친 사람 취급했을 것이다. "지금 무슨 소리를 하는 거요? 나는 그런 일은 절대 못하오!" 하며 따졌으리라. 그런데 슬프게도 그는 그런 일을 저질렀다(삼상 22장).

악신은 사울을 조종해서 질투와 분노, 증오와 다툼, 살인과 미혹이 있는 삶으로 몰아갔다. 악신은 회개하지 않은 사울의 불순종을 틈타 그를 다스렸다. 사울은 하나님의 신실한 종이자 자신의 충신인 다윗을 죽이려고 쫓아다녔다. 하나님의 마음에 합한 사람인 다윗이 사울에게는 반역자로 보였다. 귀신이 다스리기 시작하자 사울은 미혹이라는 먹구름 사이로 언뜻 비치는 진실의 흔적밖에 보지 못했다. 진실은 거짓이 되고 거짓은 진실이 되었다.

이런 일이 일어나는 것을 나는 얼마나 많이 보았는지 모른다. 다른 사람들뿐 아니라 나도 그랬다. 장난치듯이 불순종하던 시절을 돌아보면 그렇게 미혹당해 산 삶이 후회스러워 통곡이라도 하고 싶다. 그 시절 나는 경건한 권위들을 율법적이거나 옳지 않다고 보았고 경건한 친구들을 적으로 여겼다. 다른 반항자들과 가까이 지냈다. 그건 이미 타오르던 내 불순종의 불에 기름을 끼얹은 셈이었다. 우리는 누구보다도 우리가 주님과 더 가까운 줄 알았고 우리야말로 하나님이 키우시는 '신품종' 사역자들이라 믿었다. 오, 주님이 내게 얼마나 긍휼을 많이 베푸셨는지! 당신도 눈을 크게 뜨고 이 속임수를 보기를, 나처럼 미혹당하지 않기를 바란다.

7장

생명을 향해 열린 문, 순종

불평과 저주의
쳇바퀴에서
그만 나오라

하나님 말씀의 빛은 미혹을 드러내고
사람의 생각과 의도를 가려낸다.

거역은 사술이다. 불법에 숨어 있는 이 원리는 우리 사회에 확연하게 영향을 미친다. 아울러 교회에도 어느 정도 영향을 미친다. 교회에 침투해 들어오는 걸 알아채기가 힘들기는 하지만 말이다. 이 장에서는 거역하는 신자에게 사술이 미치는 영향을 살펴보겠다. 불순종이 인간을 다스리는 모습을 성경과 오늘날의 생생한 예를 들어 알아볼 것이다.

불가능한 저주, 부메랑 저주

우선 이스라엘을 보자. 광야를 지나는 동안 아브라함의 후손들은 모압 평지에 진을 쳤다. 이스라엘이 자기 땅을 지나가지 못하게 한 바산 족속을 쳐서 함락시키고 아모리 족속을 멸한 상태였다.

이스라엘 백성이 모압 평지에 진을 치자 발락과 그가 다스리던 모압 족속과 미디안 족속은 근심에 싸였다. 백성은 두려워 떨었다. 하나님은 이스라엘 백성에게 "내가 내 위엄을 네 앞서 보내어 네가 이를 곳의 모든 백성을 물리치겠다"(출 23:27) 약속하셨다. 그들은 이스라엘 백성이 자기네를 막는 모든 민족을 정복하고 최강대국인 애굽을 섬멸한 것을 알고 있었다.

발락왕은 예언자 발람에게 사자를 보내 도움을 청했다. 발람은 영적인 정확성과 통찰력으로 널리 알려진 인물이었다. 왕은 그간 발람의 예언이 그대로 성취된 것을 알았다. 발람이 축복하는 이들은 복을 받고 저주하는 이들은 화를 입었다. 발락의 사자들이 두 차례나 다녀간 후 발람은 이스라엘 백성을 저주할 생각으로 발락에게 승낙했다. 왕이 제시한 돈과 명예에 마음이 흔들린 것이다.

이튿날 그들은 바알의 산당에 올랐다. 발람은 이스라엘 백성을 보았다. 그는 왕에게 단을 일곱 개 쌓고 단마다 제사를 준비하게 했다. 그러고는 입을 열어 이스라엘을 저주하려 했으나 엉뚱하게 축복하는 말이 나왔다.

당연히 왕은 노했다. "그대가 어찌 내게 이같이 행하느냐 나의 원수를 저주하라고 그대를 데려왔거늘 그대가 오히려 축복하였도다"(민 23:11).

그러자 발람은 더 높은 곳으로 올라가자고 했다. 그렇게 하면 발락이 원하는 대로 저주를 할 수 있을까 해서였다. 지대가 더 높으면 저주가 더 강력할지도 모를 일이었다. 이번에도 단을 일곱 개 쌓고 다시 제사를 드렸다. 발람은 사술의 저주를 하려고 다시 입을 열었으나 이번에도 또 이스라엘을 축복하고 말았다.

그런 일이 되풀이되었다. 저주를 하려고 할 때마다 발람의 입에서는 축복이 흘러나왔다. 발람의 두 번째 예언에 의미심장한 표현이 나온다. "야곱을 해할 사술이 없고 이스라엘을 해할 복술이 없도다"(민 23:23, 개역한글).

발람은 하나님의 백성을 대적할 수 있는 사술이나 복술이 없다고 선포했다. 정말 감격스럽고 강력한 선포다. 이 진리를 현대에 적용하여 이렇게 풀어쓸 수도 있다. "하나님의 백성을 대적할 점술이 없고, 그분의 교회를 해칠 주술이 없다!"

우리는 이 약속을 믿고 힘을 얻어야 한다. 무당과 점쟁이가 소리 지르고, 지껄이고, 불을 붙일 수 있다. 마법을 걸고, 주문을 외고, 저주할 수 있다. 그러나 그들은 하나님의 자녀는 한 사람도 해할 수 없다. 살아 계신 하나님의 교회는 이길 수 없다. 잠언 26장 2절은 그 진리를 강조한다. "까닭 없는 저주는 참새가 떠도는 것과 제비가 날아가는 것같이 이루어지지 아니하느니라."

다시 청소년부 목사를 하던 시절로 돌아가 보겠다. 고등학교에서 주도적으로 주술사 역할을 하던 여학생이 예수님께로 돌아왔다. 그 학생의 어머니는 딸이 태어나기도 전에 딸을 사탄에게 바쳤다. 회심 후 그 아이는 나와 같이 청소년부 사역을 하던 전도사에게 옛날 생활을 들려주었다. 그 중 마음에 강하게 와 닿는 말이 있었다.

"그리스도인들에게는 저주를 할 수 없어요."

"왜?"

"저주를 하면 그 저주가 우리한테 돌아오거든요."

아이의 말에 그는 전율했다. 발람의 말과 딱 맞았기 때문이다. 첫 예언에서 발람은 이렇게 물었다. "하나님이 저주하지 않으신 자를 내가 어찌 저주하며"(민 23:8). 설사 발람이 이스라엘 백성에게 저주를 발했다 해도 그 저주는 발람의 머리로 돌아왔을 것이다. 다윗은 그것을 이렇게 말했다.

주는 악을 꾀하는 자들의 음모에서 나를 숨겨 주시고 악을 행하는 자들의 **소동**[거역]에서 나를 감추어 주소서 그들이 칼같이 자기 혀를 연마하며 화살같이 독한 말로 겨누고 숨은 곳에서 온전한 자를 쏘며"(시 64:2-4, 진한 글씨는 저자의 강조).

(사술을 행하는 자들을 포함하여) 거역하는 자들이 저주를 발하지만 그 저주는 의인에게는 절대로 머물지 않는다. 오히려 저주를 발하는 자들은 다음과 같이 된다.

그러나 하나님이 그들을 쏘시리니 그들이 갑자기 화살에 상하리로다 이러므로 그들이 엎드러지리니 그들의 혀가 그들을 해함이라(시 64:7-8).

자기 혀에서 나온 말에 자기가 넘어질 것이다. 남을 해치려 뱉은 그 말이 자기에게 고스란히 되돌아온다. 다윗은 이를 아주 생생히 묘사했다. "그들이 내 앞에 웅덩이를 팠으나 자기들이 그중에 **빠졌도다**"(시 57:6).

발람의 꾀, 불순종이 부른 대참사

발람은 그대로는 이스라엘 백성을 저주할 수 없다는 것을 알았다. 하고 싶어도 저주하는 채찍질을 할 수 없었다. 모세는 그 상황을 이렇게 회상한다. "그들은 …… 메소보다미아의 브돌 사람 브올의 아들 발람에게 뇌물을 주어 너희를 저주하게 하려 하였으나 네 하나님 여호와께서 너를 사랑하시므로 네 하나님 여호와께서 발람의 말을 듣지 아니하시고 네 하나님 여호와께서 그 저주를 변하여 복이 되게 하셨나니"(신 23:4-5). 이것은 우리에게도 마찬가지다.

발락은 격분하여 소리친다. "내가 그대를 부른 것은 내 원수를 저주하라는 것이어늘 그대가 이같이 세 번 그들을 축복하였도다 그러므로 그대는 이제 그대의 곳으로 달아나라 내가 그대를 높여 심히 존귀하게 하기로 뜻하였더니 여호와께서 그대를 막아 존귀하지 못하게 하셨도다"(민 24:10-11).

무서운 적을 제대로 저주만 해 주면 왕은 발람에게 큰돈을 상급으로 주고 명예로운 자리도 내줄 작정이었다. 그러나 결국에 왕이 발람에게 한 말은 사실 이런 것이다. "보상이라고? 그런 건 생각지도 마라. 네 하나님이 네가 잘되기를 원치 않는 것이 분명하니 내 앞에서 꺼져라!"

하지만 발람의 생각은 달랐다. 그는 정말로 보상받고 싶었다. 그것 때문에 여기까지 왔는데 이제 그것을 다 놓칠 참이었다. 손해를 면하려고 발람은 발락에게 다른 전술을 제안한다. 발람은 자기는 이스라엘 백성을 저주할 수 없다는 것을 알았다. 그러나 이스라엘 백성 스스로 저주를 불러들이게 하는 방법을 알았다.

거역과 사술의 영적 관계를 아는 발람은 왕에게 이스라엘 진 안에 모압 여자들을 몰래 들여보내라고 했다. 발람은 여자들에게 우상을 들고 들어가게 하고, 이스라엘 남자들을 유혹하여 성적인 죄를 짓고 하나님의 법을 어기게 했다. 거역이 이스라엘에 사술의 저주를 불러오리라는 것을 그는 알았다.

이는 실제로 있었던 일로, 발람이 왕에게 한 말을 모세도 언급했고 예수님도 지적하셨다. 우선 모세는 이렇게 확증한다. "보라 이들이 발람의 꾀를 따라 이스라엘 자손을 브올의 사건에서 여호와 앞에 범죄하게 하여 여호와의 회중 가운데에 염병이 일어나게 하였느니라"(민 31:16). 예수님도 "발람이 발락을 가르쳐 이스라엘 자손 앞에 걸림돌을 놓아 우상의 제물을 먹게 하였고 또 행음하게 하였느니라"(계 2:14) 하고 말씀하신다.

이렇게 자초한 저주가 성경에 기록되어 있다. "이스라엘이 싯딤에 머물러 있더니 그 백성이 모압[과 미디안] 여자들과 음행하기를 시작하니라 그 여자들이 자기 신들에게 제사할 때에 이스라엘 백성을 청하매 백성이 먹고 그들의 신들에게 절하므로 이스라엘이 바알브올에게 가담한지라 여호와께서 이스라엘에게 진노하시니라"(민 25:1-3). 그 결과 지독한 염병이 퍼져 이스라엘 백성이 죽어 나갔다.

불순종은 아무도 저주할 수 없던 이 민족을 염병이라는 저주 아래 몰아넣었다. "그 염병으로 죽은 자가 이만 사천 명이었더라"(민 25:9). 얼마나 끔찍한 일인지 실감할 수 있는가? 요즘 시대에도 비행기 추락이나 태풍으로 수백 명이 목숨을 잃으면 톱뉴스가 된다. 하물며 이 사건의 희생자는 무려 2만 4천 명이었다. 이스라엘이 광야에서 겪은 인명 손실 가운데 최대 사건으로, 백성이 거역했기 때문에 생긴 일이다.

철저한 불순종으로 철저한 염병이라는 문이 열렸다. 그들의 거역은 극악했다. 심지어 모세와 이스라엘 온 회중이 여호와 앞에서 울고 있는데, 그 현장에 뻔뻔하게 자랑 삼아 미디안 여자를 데리고 온 파렴치한 이스라엘 남자도 있었다(민 25:6).

염병은 어떻게 그쳤는가? 짐작하겠지만 염병을 그치게 한 것은 철저한 순종이었다. 제사장 아론의 손자인 엘르아살의 아들 비느하스가 미디안 여자를 자랑하는 그 남자를 보고서는, 손에 창을 들고 그를 따라 천막에 들어갔다. 그리고 창으로 그 이스라엘 남자와 미디안 여자의 배를 꿰뚫어서 두 사람을 죽였더니 염병이 그쳤다(민 25:7-8).

다시 한 번 짚어 두고 싶다. 염병과 질병은 하나님이 내리신 것이 아니다. 이스라엘 백성은 노골적으로 반항하며 하나님의 권위를 무시했다. 그러자 하나님의 보호하심이 사라지면서 원수 사탄이 하나님이 허용하시는 가운데 합법적으로 드나들었다. 거역이 사술임을 다시 한 번 입증한 사건이다. 거역은 귀신이 다스릴 통로를 내주는 일이다. 이스라엘은 예언자의 저주는 피했으나 결국은 불순종하여 죽음에 이르고 말았다.

누가 너희를 저주 아래 두었느냐

이번에는 신약 성경을 살펴보자. 사도 바울은 갈라디아 교회들에게 단호한 편지를 보냈다. 갈라디아에 사는 일반 사람들에게 보낸 편지가 아니라 교회들에게 보낸 편지다. 바울의 말에 주의를 기울이라. "어리석도다 갈라디아 사람들아 …… 누가 너희를 꾀더냐"(갈 3:1).

여기서 잠깐 짚고 넘어갈 것이 있다. 바울은 지금 교회들이 사술의 저주 아래 있다고 말한다. 그렇다면 이런 질문을 할 수 있다. "하나님의 백성을 대적할 복술이나 사술이 없다고 하지 않았나?" 맞는 말이다. 순종하는 자에게는 저주가 전혀 먹혀들지 않는다. 그러나 거역하고 또 불순종하면 사술 아래 놓인다는 사실을 잊지 말라. 한때 주술사 역할을 하다 사술에서 벗어난 여학생을 다시 생각해 보라. 그리스도인들에게는 저주를 할 수 없다는 말에 목사가 감격하는 것을 보고 여학생은 재빨리 덧붙였다. "하지만 목사님, 교회에 다니지만 미지근한 사람들(불순종하는 사람들)에게는 영향력을 미칠 수 있어요." 바울은 이 말을 확증한다. "누가 너희를 꾀어 진리에 순종치 못하게 하더냐."

꾀임이란 주문을 외워 저주하는 것이 아니라 하나님 말씀에 불순종하는 것이다. 거역이 곧 사술이기 때문이다. 한마디로 갈라디아 교회들은 불순종했기 때문에 사술의 저주 아래 놓였다.

계속 이야기하기에 앞서 분명히 해 두고 싶은 것이 있다. 우리는 언제 꾀임에 빠지는가? 하나님이 이미 밝히 보여 주신 것에 불순종할 때다. 바울은 다음과 같은 말씀으로 그 점을 분명히 한다. "예수 그리스도께서 십자가에 못 박히신 것이 너희 눈앞에 밝히 보이거늘 누가 너희를 꾀더냐"(갈 3:1).

이 특정 사건에 보편적 진리가 하나 나온다. 하나님은 바울이 전도하여 세운 교회들에 은혜로 얻는 구원을 이미 계시하셨다. 그러나 얼마 지나지 않아 그들은 다른 사람들의 논리와 전통을 받아들였고, 성령께서 자기들에게 그토록 밝히 보여 주신 사실에 불순종했다. 그들은 율법의 행위로 구원을 얻는다는 사상을 가르치고 그 사상대로 살았다. 여기서 강조하고 싶은 일반 명제는 하나님이 밝히 계시하신 내용에 불순종할 때마다 사술의 저주의 영향력 아래 제 발로 들어간다는 것이다. 거역은 사술이기 때문이다.

　교회, 가정, 개인 할 것 없이 그런 일을 당하는 것을 많이 보았다. 교회는 다니지만 갖가지 이유로 계속 불순종하며 살아가는 이들을 많이 보았다. 그런 사람 대부분은 상황이 심각하다는 것을 모른다. 순종을 중요하게 여기지 않는 왜곡된 은혜의 가르침 때문에 이미 감각이 마비되었기 때문이다. 삶에 위기가 끊이지 않는다. 도저히 감당 못할 것 같은 문제나 죄가 항상 있다. 올가미 하나를 피하자마자 금방 또 다른 덫에 걸린다. 사태는 점점 악화되는 듯하다. 이런 문제들은 시간과 에너지와 생계마저 앗아 가 버린다. 어디선가 귀신이 통제하고 영향을 미치게 하는 통로가 열렸다. 불순종 때문에 그들은 쉽게 공격받았다.

　그런 사람들이 결혼 생활이 삐걱거리다 심한 경우 이혼으로 파국을 맞이하는 것을 보았다. 승진하지 못하거나 아예 실직하기도 한다. 도둑을 맞거나 재정 위기가 다가오거나 끔찍한 일을 겪기도 한다. 그들은 좌절에 빠져 비난할 대상을 미친 듯이 찾는다. 부모, 목사, 상사, 배우자, 자녀, 정부, 그 외 자기 논리에 동의하지 않는 사람들이 자기를 잘못 대해서 그렇게 됐다며 그 탓을 남에게 돌리는 경우가 많다.

　이러한 일의 원인이 되는 두 가지는 공생 관계다. 첫째 원인은 미혹이다. 하나님 말씀에 순종하지 않은 결과 마음에 어둠이 덮인다. 둘째 원인은 불순종 덕분에 마음대로 공격하고 지배할 수 있게 된 영들의 뒤엉킨 올가미다. 바울은 거역하는 신자들을 어떻게 대해야 할지 가르친다. "[주의 종은] 거역하는 자를 온유함으로 훈계할지니 혹 하나님이 그들에게 회개함을 주사 진리를 알게 하실까 하며 그들로 깨어 마귀의 올무에서 벗어나 하나님께 사로잡힌 바 되어 그 뜻을 따르게 하실까 함이라"(딤후 2:25-26).

무엇이 문제인가? 미혹에 사로잡힌 자들은 자기의 불순종을 숨기려고 다른 사람을 비난하며, 그러다 보니 정작 자기가 벗어나야 할 미혹을 보지 못한다는 것이다.

하나님 말씀이 있어서 얼마나 감사한지 모른다. 하나님 말씀의 빛은 미혹을 드러내고 사람의 생각과 의도를 가려낸다. 안타까운 사실은, 일단 불순종하여 고난이 찾아오면 대부분 사람들은 배우려 하지 않는다는 것이다. 그런 사람들은 자기가 한 실수에서 배우기는커녕 오히려 남을 비난하면서 불순종이라는 광야에서 계속 방황한다.

심판을 통한 깨우침

생각나는 사건이 하나 있다. 나는 교회와 성경학교가 있는 국제적인 사역 기관에서 정기적으로 말씀을 전하는 영광을 누렸다. 나는 내 삶에 큰 영향을 미친 그 기관장을 사랑하고 존중했다. 하루는 그에게서 전화가 왔다. "목사님, 우리 기관에서 저와 가까운 분들에게 직접 전화해서 곧 일어날 일을 알리는 중입니다. 다른 사람보다 저한테 직접 듣는 게 나을 테니 말입니다. 아내와 이혼하려고 합니다. 결혼한 지 18년 되었는데 삶을 대하는 생각이나 관점이 너무 달라서요. 우리는 부부로서 함께해야 할 일들도 하지 않고 있습니다. 좋아하는 것도 서로 너무 다르고요. 몇 년간 바꾸려고 노력해 봤지만 더 나빠지기만 했습니다."

나는 도저히 믿을 수 없었다. '안 돼요. 제발, 그러면 안 됩니다' 하는 생각만 들었다. 나는 그 부부와 그들의 사역을 사랑했다. 충격이 너무 커서

할 말을 잃은 내게 그는 계속 말을 이어 갔다. "목사님도 아시다시피 저는 예수님을 정말 사랑합니다. 제가 하는 일이 잘못되었다면 그분이 알려 주실 것입니다."

그는 몇 분 더 상황을 말하고 나서 전화를 끊었다. 온종일 그의 말을 떨쳐 버릴 수 없었다. 같은 말이 내 안에서 몇 번이고 되풀이되었다. 차라리 악몽이었으면 했다. 그렇게 생각이 어지러운 중에 성령께서 말씀하시는 것이 느껴졌다. 그에게 전화해 진실을 말하라는 것이었다.

이튿날 아침에 전화를 걸었다. 밤새도록 곰곰이 생각한 말이었기 때문에 충동적 반응이 아니라 성령께 이끌린 반응이라 믿었다.

"목사님, 웬일입니까?"

"어제 전화로 말씀하신 이혼 문제에 대해 좀 더 이야기하고 싶어서요. 혹시 사모님 쪽에 성적으로 부정한 일이 있었습니까?"

"전혀 없습니다."

"그렇다면 이혼은 잘못된 선택입니다. 예수님은 이혼을 고려할 수 있는 유일한 사유는 성적인 부정함이라고 분명히 밝히셨습니다(마 5:32). 말라기에 보면 이혼이란 학대로 옷을 가리우는 것이기 때문에 하나님이 이혼을 미워하신다고 했습니다(말 2:16). 목사님은 어제 제게 예수님을 사랑하신다고, 만일 이것이 잘못된 일이라면 그분께서 알려 주실 것이라고 말씀하셨지요. 하지만 말씀에 이미 그분이 뜻을 분명하게 밝혀 놓으셨는데 굳이 따로 알려 주실 이유가 있을까요? 하나님이 선포하신 뜻을 왜 억지로 거역하십니까? 그런 일을 행하면서 어떻게 교회나 성경학교에서 죄를 물리치고 거룩하게 살라고 가르칠 수 있겠습니까? 목사님은 지금 자신과 사역에 고통과 미혹을 불러들이고 있습니다."

그는 내 말을 끊고 가차없이 말했다. "목사님은 나와 같은 입장에 있어 본 적이 없어요! 긍휼이라고는 조금도 없는 사람이셨군요!"

그 말을 끝으로 그는 전화를 뚝 끊었다. 그러고 나서 30분쯤 지났을까? 내 사무실에서 (3개월 후로 잡혀 있던) 그 기관 관련 강연 일정이 취소됐다는 전갈이 왔다. 나는 아내에게 "이럴 줄 알았지만 이렇게 빠를 줄은 몰랐는걸" 하고 말했다. 모든 대화 채널이 완전히 끊겼다. 나중에 그곳에 다녀온 다른 목사 말에 따르면 내 이름이 '땅에 떨어졌다.' 나는 한 가지 생각을 떨쳐 버릴 수 없었다. '나는 그저 진정한 친구가 되려 했을 뿐인데.'

놀랍게도 7개월 후 그 기관장이 내게 전화를 했다.

"목사님, 말씀 드릴 것이 있어서 전화했습니다. 지난번에 제가 전화를 끊고 목사님 강연을 취소한 뒤에 어떻게 되었는지 아십니까? 한 달쯤 뒤 제 신장에 문제가 생겼습니다. 치료를 해도 생존 가능성이 겨우 50퍼센트라고 하더군요. 두 번째 정밀검사를 받고 나서야 깨달았습니다. '이혼이라니, 내가 지금 뭘 하고 있는 거지?' 그제야 제 선택이 대단히 잘못된 일임을 알았습니다. 신장 문제는 깨어나라는 일종의 경고음이었습니다. 나는 아내에게 전화하고 잘못을 뉘우쳤습니다. 교회와 성경학교 앞에서도 회개했습니다. 성경학교 사람들에게 이렇게 말했습니다. '존 비비어 목사님의 강연을 취소한 것은 목사님이 내 이혼 결정이 잘못이라고 말했기 때문입니다. 비비어 목사님에게 연락해 다시 와 주실 수 있는지 알아보겠습니다.' 목사님, 부디 와 주시겠습니까?"

"예, 물론이죠."

그 일로 나는 그에 대한 존경심이 더 깊어졌다. 그는 생각보다 훨씬 빨리 회복했다. 감사하게도 꼭 맞는 신장도 찾을 수 있었다(1년 후 기증받았다).

투병 중에도 그는 단 한 번도 예배를 거르지 않았다. 회복 속도에 의사들이 놀랄 정도였다. 아울러 이번 회개 덕분에 그의 삶에 있는 영적 권위와 힘이 더 커졌다. 몇 년이 흐른 지금 그는 어느 때보다 더 효과적으로 사역을 지도하고 있으며, 도처에서 강연 요청이 쇄도하고 있다. 가정도 얼마나 행복한지 모른다. 그 부부를 만날 때마다 그들이 서로 얼마나 사랑하는지 대번에 느낄 수 있다. 수년 전만 해도 이혼을 코앞에 두고 있던 부부라는 사실을 아무도 상상하지 못할 것이다.

참된 회개, 그리고 회복

그를 정죄하지 않는 것이 내게는 쉬운 일이었다. 몇 년 전에 나도 비슷한 일을 겪었기 때문이다. 내 경우 불순종의 영역은 부부 관계가 아니라 사역이었다. '메신저 인터내셔널'(Messenger International)을 설립할 때 주님은, 주님의 뜻을 알기 전에 그저 좋아 보인다 해서 특정한 기회를 우리 사역에 받아들이지는 말라고 분명히 말씀하셨다.

몇 년 후 우리 사역 확장에 좋은 기회가 찾아왔다. 그러나 기도 중에 하나님은 아내와 내게 각각 '안 된다'고 분명하게 말씀하셨다. 그러나 상대의 집요한 제의에 나는 우쭐해졌고 귀가 솔깃해졌다. 곧 나는 하나님이 내게 하신 말씀을 적당히 얼버무렸다. 나는 혼란에 빠졌고 내 마음은 온갖 말들로 혼탁해졌다. 아내는 계속 나를 말렸지만, 내가 생각을 바꾸지 않으리라는 것을 곧 알아차렸다. 나는 결국 그 제의를 받아들였다.

구원받은 후 나는 한 번도 아픈 적이 없었다(하나님께 영광을 돌린다). 감기에도 좀처럼 걸리지 않았고 걸린다 해도 하루이틀이면 깨끗이 나았다. 나는 예수님이 십자가에서 죽으실 때 죄 사함뿐 아니라 하늘의 건강도 우리에게 주셨다고 믿는다(사 53:4-5; 시 103:2-3). 그러나 그 기회를 받아들이고 추진하던 날부터 나는 앓기 시작해 좀처럼 이겨 내지 못했다.

처음에는 독감을 앓았다. 열아홉 살 이후로 딱 한 번 했던 구토를 두 번째로 했다. 며칠 감기를 앓다가 이번에는 바이러스성 질병에 걸렸다. 결혼기념일을 맞아 아내와 함께 타지에 나갔는데 며칠 동안 체온이 38도를 웃도는 바람에 휴가를 망치고 말았다. 한 주가 끝날 무렵 고열과 오한에 시달리며 말씀을 전했다. 열은 다음 주 캐나다 집회 때까지 떨어지지 않았다. 열이 펄펄 끓는 몸으로 설교한 뒤 방에 돌아와서는 다음 집회 때까지 침대에 누워 덜덜 떨었다. 기운이 하나도 없었다.

열은 3주째 계속됐다. 어찌 된 일인지 도통 알 수 없었다. 전에는 그렇게 아픈 적이 없었다. 기도하며 하나님의 말씀을 붙들고 싸웠으나 병은 떨어지지 않았다. 의사에게 갔다. 강력한 항생제 덕분에 곧 몸은 정상으로 돌아왔다. 그러나 일주일 후 항생제가 떨어지자 이번에는 심한 코감기에 걸렸다. 온몸의 진을 다 빼놓는 감기였다. 내 꼴은 말이 아니었다. 목이 붓고 머리가 멍했다. 그 밖에 모든 괴로운 증세가 있었다. 그 상태로 몇 주간 사역을 계속했다.

코감기가 낫기 무섭게 무릎을 다쳤다. 부상이 심해 휠체어를 타고 돌아다녔고 그 후로도 몇 주간 부목을 대고 절뚝이며 걸어 다닐 수밖에 없었다. 무릎 부상이 회복되는가 싶더니 이번에는 다시 다른 바이러스성 질병에 감염됐다. 체온이 40도 가까이 올라갔다. 이번에도 병은 좀처럼 떨어지지 않았다. 단 한 주도 건강한 몸으로 지내지 못하는 것 같았다. 그러기를 3개월 반 동안 계속했다.

몸이 아픈 것 말고도 수많은 다른 문제가 터졌다. 나는 나보다 강한 적과 싸우고 있었다. 고의적 불순종으로 저주를 자초한 셈이다.

4개월이 지나서야 내 죄를 인정했다. 그러나 이미 한 계약에는 책임을 져야 했다. 하나님이 기적적으로 개입하지 않으시는 한 빠져나갈 길이 없었다. 아내와 나는 손을 맞잡았다. 나는 회개하며 하나님의 긍휼을 구했다. 그분은 내가 자초해 걸려든 장기 계약에서 우리를 풀어 주셨다.

몇 달 후 그간 있었던 일을 아내와 이야기했다. 내가 앓은 병을 모두 내 불순종과 연결할 수밖에 없었다. 내가 회개하자마자 건강이 회복되었다는 것을 깨달았다. 우리를 덮쳐 오던 다른 문제들도 해결되었다.

그 시기에 야고보서 말씀이 내게 분명히 와 닿았다. 내가 자주 인용하던 말씀이다. "마귀를 대적하라 그리하면 너희를 피하리라"(약 4:7). 과거에 나는 어둠이 공격해 올 때마다 하나님의 말씀으로 단호히 대적했고 늘 이겼다. 그러나 이번만은 그것도 통하지 않았다. 일이 다 끝나고 나서야 나는 내가 야고보의 말을 절반만 인용했다는 사실을 깨달았다. "그런즉 너희는 하나님께 복종할지어다 마귀를 대적하라 그리하면 너희를 피하리라"(약 4:7).

우리는 하나님의 권위에 즐거이 복종함으로 마귀를 대적한다. 마귀를 대적하여 싸우면서 성경 말씀을 얼마든지 인용할 수 있다. 그러나 불순종하면 승리도 없다.

다른 사람의 고난을 함부로 판단하지 말라

여기서 반드시 알아야 할 것이 있다. 사람이 겪는 고난과 질병과 문제와 고생의 원인이 반드시 불순종은 아니라는 사실이다. 순종하며 살면서도 고난당하는 이들이 많다. 다윗이 그런 사람이었다. 다윗은 윗사람인 사울의 진노를 살 만큼 거역한 일도, 잘못한 일도 없었다. 그런데도 그는 쫓겨 다니며 동굴과 사막과 광야에서 살았다. 집도 잃고 고국도 잃었다. 오랜 시간 갖은 고생을 하며 유랑했다. 다윗이 불순종했기 때문이라고 하는 사람들도 있지만, 실은 하나님의 손이 새로운 왕을 빚고 있었고, 하나님의 은혜가 그 삶에 머물러 있었다. 분별력 있는 사람이라면 누구든 보고 느낄 수 있다. 하나님이 다윗에게 주신 지혜를 보아도 분명히 알 수 있다.

예수님, 요셉, 한나, 다니엘, 예레미야, 욥 등 순종하면서도 고생한 사람들은 얼마든지 많다. 순종하는 사람의 고생과 사술에 빠진 사람의 고생의 차이는, 순종하는 사람은 영적으로 성장한다는 것이다. 그런 사람들은 부질없이 벽에 머리를 찧고 있는 것도 아니고 쓸데없이 산을 빙빙 돌고 있는 것도 아니다.

가인의 이야기는 다르다. 가인은 불순종하여 크게 고생했다. 그런데도 가인은 오히려 심기가 뒤틀려서는 회개하지 않았다. 그 결과 저주를 받고 평생 도망 다니며 유랑자로 살았다. 목적도 희망도 없는 가인의 방황은 오는 세대를 위한 본보기요, 경고다.

이제 결론을 맺고자 한다. 절대로 지난 두 장에 나온 진리를 사용해서 다른 사람을 판단하지 말라. 그들이 하는 고생은 결국 하나님이 영광받으실 시험인지도 모른다. 이 장의 목표는 하나님의 권위에 불순종하는 것이 얼마나 심각한 문제인지 깨닫는 것이다. 지금 하나님께 불순종하고 있다면 이 진리를 사용해 자신을 판단하고 제자리로 돌아가기 바란다.

왕의 마음이 여호와의 손에 있음이 마치 봇물과 같아서
그가 임의로 인도하시느니라
잠언 21장 1절

많은 사람을 옳은 데로 돌아오게 한 자는
별과 같이 영원토록 빛나리라
다니엘 12장 3절

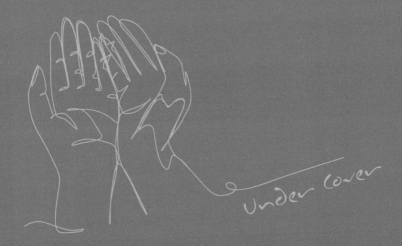

Under cover

_____ PART 3

하나님의
질서에
뿌리내리기

8장

역사를 주관하시는 분

모든 지도자는
'하나님'이 정하셨다

하나님께 순종하는 법을 배우면
사람에게 하나님이 위임하신 권위를
알아보는 일이 어렵지 않다.

지금까지 하나님의 권위에 복종하는 것이 얼마나 중요한지 살펴보았다. 하나님이 위임하신 권위에 복종하는 것도 똑같이 중요하다. 2장에서 강조한 말씀으로 시작해 보자.

각 사람은 위에 있는 권세들에게 굴복하라 권세는 하나님께로 나지 않음이 없나니 모든 권세는 다 하나님의 정하신 바라 그러므로 권세를 거스리는 자는 하나님의 명을 거스림이니 거스리는 자들은 심판을 자취하리라(롬 13:1-2).

"위에 있는 권세"

"위에 있는 권세"란 누구인가? 이 구절에서 바울이 가리키는 것은 정부 당국이다. 그러나 이 명령은 정부 지도자뿐 아니라 다른 영역들에 있는, 하나님이 권위를 위임하신 사람들에게도 적용해야 한다. 신약 성경에서 하나님이 권위를 위임하신 분야는 정부, 교회, 가정, 사회다(사회에는 고용주, 교사, 상사가 포함된다). 신약 성경은 각 분야에 구체적 지침을 제시하지만, 일반적으로 이 말씀은 모든 영역에 위임된 권위에 널리 적용해야 한다.

"각 사람은"(everyone)이라는 말에 유의하라. 예외가 없다는 점을 명심하라. 이 말은 명령이지 의견이 아니다. 주님은 지금 가볍게 귀띔하거나 충고하시는 것이 아니다.

이어서 바울은 "위에 있는 권세들에게 굴복하라"고 한다. 여기서 "굴복"은 헬라어로 '후포타소'(hupotasso)다. "지도자의 명령하에 군대의 진용을 갖춘다"를 뜻하는 군대 용어다. 군대 용어로 쓰지 않는 경우에는 "자발적으로 복종하고 협조하고 책임을 감당하며 짐을 지는 태도"를 뜻한다(테이어 헬라어 사전). 이 구절에 이 단어를 사용한 것은 온전히 순종할 마음으로, 자발적으로 권위에 복종하라고 권하기 위해서다.

각 사람은 자기 삶을 다스리는 모든 권위를 하나님이 정하셨기 때문에 권위에 굴복해야 한다. 모든 권위의 기원은 하나님이다. 예외가 없다. 사실 이 구절에 나오는 '정하셨다'에 해당하는 헬라어는 '지명하다, 임명하다'를 뜻하는 '타소'(tasso)다. 이 단어에는 '우연'의 의미는 전혀 들어 있지 않다. 하나님이 직접 지명하셨다. 모든 권위는 하나님이 정하셨으므로 그들의 명예를 더럽히거나 그들에게 복종하지 않는 것은 곧 그들 위에 있는 하나님의 권위를 부인하는 것이다. 알고 했든 모르고 했든 하나님의 명령과 통치에 저항하는 것이다. 하나님이 위임하신 권위에 반대하면 하나님을 반대하는 것이다.

하나님이 권위를 위임하신 사람을 대할 때, 그리스도인은 그들의 성격이나 행동을 넘어서 직분을 존중해야 한다. 우리는 하나님의 권위가 그 사람들 위에 있기 때문에 그들에게 순종한다. 그 사람 성격이 마음에 들든 그렇지 않든, 그 사람이 그런 직분을 가질 만한 사람이라고 생각하든 그렇지 않든 존중해야 한다는 말이다. 신자들은 하나님께 복종한다고 고백하면서도 하나님이 위임하신 권위에는 복종하지 않는 경우가 많다. 미혹된 것이다.

하나님께 순종하는 법을 배우면 사람에게 하나님이 위임하신 권위를 알아보는 일도 어렵지 않다. 하나님의 직접적 권위와 그분이 위임하신 권위 중 하나를 택해야 할 때가 간혹 있다. 그러나 신자 대다수가 생각하는 것처럼 그리 흔한 일은 아니다(예외가 딱 하나 있는데 그 점에 대해서는 나중에 자세히 살펴보겠다). 다만 그리스도인 대다수가 순종을 예외로 생각하고, 개인의 자유로운 선택을 바른 법칙으로 본다는 것이다. 이런 논리를 따르다가는 파멸하는 길에 접어들 수 있다.

이미 살펴본 것처럼 그 결과는 혹독하다. 그렇게 하면 하나님의 심판 아래 들어갈 뿐 아니라 귀신의 세력이 합법적으로 들어올 길을 내주는 것이다. 계속 하나님께 순종하며 복 받으며 살아가려면, 하나님이 위임하신 권위에 관한 한 우리가 선택할 것은 단 하나다. 복종하고 순종하는 것이다.

악한 권위도 하나님이 정하신 것인가

이렇듯 성경은 모든 권위를 하나님이 정하셨으며, 그 권위를 존중하고 복종하는 것이 마땅한 반응이라고 가르친다. 이 점에서 흔히 사람들은 마음에 담을 쌓는다. 흔하게는 이렇게 반박한다. "인정사정없고 철두철미하게 악한 지도자들이 있다. 어떻게 감히 그 사람들도 하나님이 정하신 권위라고 할 수 있는가?"

다시 말하지만 바울은 모든 권위가 하나님께 속했다고 말했을 뿐 모든 권위가 경건하다고는 말하지 않았다. 권위는 하나님께 속해도 행동은 그렇지 않을 수 있다. 히틀러나 스탈린 같은 최악의 경우를 생각해 보자. 이 두 사람은 20세기에서 가장 악한 지도자일 것이다. 이들과 같은 부류라면 당연히 무척 잔인하고 악한 사람일 것이다. 그렇지 않은가?

다름 아닌 애굽 왕 바로 이야기다. 바로는 이들과 같은 범주에 드는 자다. 이스라엘 민족은 바로의 폭정에 시달렸다. 바로는 이스라엘 사람을 노예로 부리고 피폐하게 했다. 신체적, 정신적으로 학대했다. 그것도 모자라 수천 명씩 잔혹하게 죽였다. 인간의 생명이나 하나님은 신경도 쓰지 않는 호전적이고 오만한 사람이었다. 그가 누리는 권위의 근원은 무엇인가? 하나님의 백성이 어쩌다 그 밑에 들어갔는가? 우연이었는가?

성경에 보면 하나님은 모세를 통해 바로에게 "내가 너를 세웠다"고 말씀하신다(출 9:16). 바울도 로마서에서 그 사실을 확증한다(롬 9:17). 이 두 구절을 보면 이것은 잘못된 해석이 아닌 정확한 말씀이다. 두 사람이 증거하면 참되다고 하지 않았는가(요 8:17). 바로를 그 권세의 자리에 앉힌 것은 하나님이지 마귀가 아니다. 하나님이 바로에게 아브라함의 후손들을 지배할 권세를 주셨다. "모든 권세는 다 하나님의 정하신 바라"라는 말씀과 정확히 맞아떨어진다.

그렇다면 이스라엘 백성은 어쩌다 이 사악한 지도자의 권위 아래 들어갔는가? 아브라함이 일흔다섯 살 때 하나님이 나타나셔서 그가 순종하면 그를 통해 큰 민족을 이루겠다고 말씀하셨다. 아브라함은 순종했다. 하나님이 그 순종을 어찌나 기뻐하셨는지 아브라함은 "믿음의 조상"으로 불리게 되었다(롬 4:11-12). 그 순종에 대한 응답으로 하나님은 아브라함과 언약을 맺으셨다. 언약을 세우실 때 하나님은 이렇게 말씀하셨다. "너는 반드시 알라 네 자손이 이방에서 객이 되어 그들을 섬기겠고[종살이하겠고] 그들은 사백 년 동안 네 자손을 괴롭히리니"(창 15:13).

괴롭게 한다는 말을 학대한다고 번역하기도 한다. 얼마나 받아들이기 힘든 말인가! 내 자식과 손주와 증손주에 대해 이런 말을 듣는다면 나는 달갑지 않을 것이다. 이것은 힘과 위안을 주는 예언이 아니다. 생각해 보라. 지금은 새 천년의 첫 세기다. 그런데 거의 2400년대까지 내 후손들이 학대받을 것이다? 아마도 나라면 금방 이런 생각을 할 것이다. '이것이 하나님께 순종한 대가로 주시는 약속과 축복이란 말인가?' 더 기가 막힌 것은 아직 이삭이 잉태되기도 전에 하나님이 이 예언을 하셨다는 것이다.

그들의 잘못 때문이었나

"아브라함의 후손들은 장차 악을 행하여 그에 대한 벌로 바로의 밑으로 들어갈 수밖에 없었다. 그래서 하나님이 아브라함에게 미리 그렇게 말씀하신 것이다. 이것은 어디까지나 하나님이 계획하신 일이 아니다!" 이렇게 생각할 사람도 있을 것이다. 이 논리가 맞는지 살펴보자.

답을 찾으려면 먼저 그들이 바로의 통치 아래 있게 된 경위를 알아야 한다. 아브라함의 아들 이삭은 하나님을 경외한 사람이다. 이삭은 평생 순종하며 거룩한 삶을 살았다. 아내 리브가와의 사이에서 아들이 두 명 태어났다. 형은 에서였고 아우는 야곱이었다. 둘은 여러모로 아주 달랐다. 하나님은 그들이 태어나기도 전부터 "내가 야곱은 사랑하고 에서는 미워하였다"(롬 9:13)는 그분의 생각을 밝히셨다.

야곱은 처음에는 약간 반항적이었지만 결국 브니엘에서 하나님을 확실히 만났다(창 32장). 그 만남에서 하나님은 야곱의 삶에 복 주시겠다는 언약을 세우셨다. 이름도 야곱에서 '하나님과 겨루어 이긴 통치자'라는 뜻인 '이스라엘'로 바뀌었다. 그 후 우리는 야곱의 삶에서 깊은 헌신을 볼 수 있다. 그는 자기 가족들에게 우상을 멀리하고 하나님 앞에 정결함을 지키라고 명했다. 그 결과 이 가족이 가는 곳마다 하나님은 믿지 않는 사람들이 두려워하게 하셨다(창 35장).

이스라엘은 열두 아들의 아버지였다. 열한 번째 요셉을 아버지가 편애했기 때문에 형들이 요셉을 미워했다. 하나님은 요셉에게 꿈을 두 차례 꾸게 하셨다. 요셉이 위대한 지도자가 되고 형제들이 요셉을 섬기게 된다고 예언하는 꿈이었다. 형들은 그 꿈에 심사가 뒤틀려 요셉을 없앨

음모를 꾸몄고, 결국 요셉을 애굽에 노예로 팔아 버렸다.

애굽에서 말로 다할 수 없이 고독하고 낙심한 시절을 보내면서도 요셉은 하나님께 늘 신실했다. 바로의 신하 보디발을 10년간 섬겼는데, 주인의 아내를 겁탈했다는 얼토당토않은 죄목으로 2년 넘게 감옥에 있어야 했다. 그때도 요셉은 변함없이 하나님께 충성스러웠다. 그즈음 하나님은 함께 옥에 갇힌 바로의 두 신하의 꿈을 해석하게 하셨다. 요셉이 해석한 대로 한 사람은 처형됐고 다른 한 사람은 복직됐으나 복직된 신하는 한동안 요셉의 부탁을 잊었다. 그런데도 요셉은 신실함을 잃지 않았다.

나중에 바로가 꿈을 꾸고 괴로워하자 복직된 신하는 요셉을 기억해 내고 추천한다. 요셉은 감옥에서 불려 나와 바로의 꿈을 풀이했다. 7년 풍년 후에 올 7년 기근을 경고하는 해석이었다. 하나님이 주신 지혜로 요셉은 풍년 기간에 곡물을 비축해 두라고 바로에게 조언한다. 바로는 요셉의 지혜를 신기해하며 요셉을 애굽의 2인자 자리에 올렸다.

요셉의 경건한 아버지 이스라엘은 고향에서 이런 일을 전혀 모른 채 살았다. 하나님은 이스라엘에게 아무것도 알리지 않으셨다. 이 상황을 잠시 생각해 보자. 하나님은 바로에게 다가올 일을 알려 주면서 정작 그분의 신실한 종인 이스라엘에게는 알려 주시지 않았다. 이유는 간단하다. 이 일이 아브라함의 온 자손을 애굽으로 이주시키기 위한 수단이 될 것이기 때문이었다.

기근이 2년간 계속되자 이스라엘은 아들들을 애굽으로 보내 곡물을 사 오게 한다. 그렇지 않으면 모두 굶어 죽을 상황이다. 갈 곳은 애굽밖에 없었다. 하나님이 지혜를 주셔서 기근을 대비한 나라는 애굽뿐이었기 때문이다. 하나님은 요셉을 통해 애굽에 계시를 주셨고, 그 결과로 애굽은 풍족했다. 하나님은 애굽을 최강대국으로 준비해 놓으셨다. 여기에도 목적이 있었는데, 바로 이런 상황을 계기로 아브라함의 후손이 모두 애굽으로 이주한다.

어쨌든 애굽에 도착한 이스라엘의 아들들은 요셉 앞에 섰으나 요셉을 알아보지 못했다. 당연한 일이었다. 노예가 권좌에 앉아 있으리라 상상이나 할 수 있겠는가? 반면 요셉은 형들을 알아보았다. 어쩌면 기다렸는지도 모른다. 그러나 요셉은 자기 정체를 숨긴 채 형들에게 돈을 받지 않고 곡식을 주는 은혜를 베풀었다. 다만 모략을 써서 형 한 명을 남아 있게 한다. 형제들 모두를 다시 오게 하기 위해서였다. 과연 곡식이 떨어지자 형들은 베냐민까지 데리고 다시 왔다. 그렇게 모두 모인 자리에서 요셉은 자신의 정체를 밝힌다.

요셉의 정체를 알아챈 형들은 두려움에 떨었다. 요셉은 형들이 한 행동에 얼마든지 복수할 수 있는 지위에 있었다. 그러나 오히려 요셉은 그들을 위로한다.

요셉이 형들에게 이르되 내게로 가까이 오소서 그들이 가까이 가니 이르되 나는 당신들의 아우 요셉이니 당신들이 애굽에 판 자라 당신들이 나를 이곳에 팔았다고 해서 근심하지 마소서 한탄하지 마소서 하나님이 생명을 구원하시려고 나를 당신들보다 먼저 보내셨나이다 이 땅에 이 년 동안 흉년이 들었으나 아직 오 년은 밭갈이도 못하고 추수도 못할지라 하나님이 큰 구원으로 당신들의 생명을 보존하고 당신들의 후손을 세상에 두시려고 나를 당신들보다 먼저 보내셨나니 그런즉 나를 이리로 보낸 이는 당신들이 아니요 하나님이시라 (창 45:4-8).

이 말을 듣다 보면 요셉이 애굽에 하도 오래 살아서 세상 보는 눈이 이상해진 것이 아닌가 하는 생각이 들 수 있다. 그 고통과 배신과 고독의 세월을 잊었단 말인가? 무엇보다 사랑이 많은 하나님이 어떻게 요셉에게 그런 혹독한 고난을 겪게 하실 수 있단 말인가? 어떻게 이스라엘의 가장 신실하고 순종하는 아들이 가혹한 노예 생활과 외로운 감옥살이를 12년 넘게 하게 두실 수 있단 말인가? 아무 죄도 없는데 말이다. 어찌 하나님은 훗날 역대로 가장 잔혹한 군주가 다스리게 될 땅으로 언약의 백성들을 데려가실 수 있는가? 요셉은 정말 하나님이 그런 삶을 허용하셨을 뿐 아니라 의도하셨다고 믿은 것인가?

두 사람이 증거하면 사실로 인정받는다는 사실을 잊지 말라. 오랜 세월이 흘러 어느 시편 기자가 한 말을 들어 보자.

> 그가[하나님이] 또 그 땅에 기근이 들게 하사 그들이 의지하고 있는 양식을 다 끊으셨도다 그가 한 사람을 앞서 보내셨음이여 요셉이 종으로 팔렸도다 그의 발은 차꼬를 차고 그의 몸은 쇠사슬에 매였으니 곧 여호와의 말씀이 응할 때까지라 그의 말씀이 그를 단련하였도다(시 105:16-19).

요셉의 평가는 착각이 아니었다. 이 본문을 좀 더 자세히 들여다보자. 첫째, 마귀나 상황이 아니라 하나님이 기근을 계획하셨다. 둘째, 요셉이 말한 것처럼 하나님은 가족들보다 요셉을 먼저 보내셨다. '하나님이 보내셨다'는 표현을 사용했다면 그것은 사람이 한 일이 아니다. 요셉이 한 말은 현실을 부정하는 말이 아니라 성령을 통해 한 말이다. 셋째, 요셉이 겪은 모든 고난은 그를 단련하여 정화하는 과정이었다. 넷째, 요셉은 차꼬에

발이 상했고 쇠사슬에 매였다. 당시 지하 감옥은 현대 교도소보다 형편이 훨씬 더 열악했다. 하지만 요셉은 가장 경건한 아들이었다. 그렇다면 선한 사람들도 권위의 학대를 받을 수 있으며 그것이 우연이나 마귀의 계획이 아니라는 말인가? 그런 상황을 정말 하나님이 계획하고 준비하셨다는 뜻인가?

큰 구원?

그 중요한 질문에 맞는 답을 계속 찾아보자. 요셉의 말을 다시 한 번 들어 보라. 요셉이 성령의 영감을 받아 말하고 있다는 사실을 잊지 말라. "하나님이 큰 구원으로 당신들의 생명을 보존하고 당신들의 후손을 세상에 두시려고 나를 당신들보다 먼저 보내셨나니 그런즉 나를 이리로 보낸 이는 당신들이 아니요 하나님이시라"(창 45:7-8).

"큰 구원"이라고 한다. 하지만 잠시 점검해 보자. 아브라함의 자손이 바로의 통치를 받은 것은 불순종했기 때문이 아니라 하나님이 계획하셨기 때문이라는 말이다. 더욱이 하나님은 요셉이 죽고 나면 곧바로 다른 바로가 일어나 이스라엘 백성을 학대하리라는 것을 이미 아셨다(출 1:8-14). 하나님은 이스라엘 백성이 400년간 고생할 것을 오래전에 아브라함에게 말씀하셨다. 그런데 그것이 하나님의 큰 구원이란 말인가? 어떻게 그런 고생이 구원이 될 수 있는가?

"하나님은 7년 기근을 대비해 양식을 예비하는 지혜를 왜 아브라함의 자손에게 주시지 않고 애굽에 주셨지? 그렇게 하셨다면 요셉이 아무 고난도 겪지 않았을 텐데." 그런 의문도 들 수 있다. 이유는 분명하다. 하나님이 그들을 바로 밑에 두기 원하셨던 것이다. 그것이 그분의 계획이었다.

"하지만 바로는 고대의 히틀러다. 하나님의 백성을 무참히 학대하고 무수히 죽였다." 그런 말도 나올 법하다. 사실이기도 하다. 그러나 우리는 하나님의 우선순위가 우리의 편안함이나 세상의 낙이 아니라는 사실을 잊어서는 안 된다. 하나님의 우선순위는 구속(redemption)이다. 하나님이 바로에게 들려주신 지혜로운 말씀을 들어 보라. "내가 너를 세웠음은 나의 능력을 네게 보이고 내 이름이 온 천하에 전파되게 하려 하였음이니라"(출 9:16).

그 전에는 아브라함과 이삭과 야곱과 그 후손들만 여호와 하나님을 알았다. 세상과 다른 민족들은 아브라함과 이삭과 야곱의 하나님을 몰랐다. 그래서 모세가 바로를 찾아가 여호와의 이름으로 이스라엘을 보내라고 명하자 바로가 "여호와가 누구이기에 내가 그의 목소리를 듣고 이스라엘을 보내겠느냐 나는 여호와를 알지 못하니 이스라엘을 보내지 아니하리라"(출 5:2) 하고 대답한 것이다. 바로와 애굽 사람들은 하나님을 몰랐다. 그러나 하나님이 이적을 행하여 이스라엘 백성을 구원하시자 상황이 변했다.

몇 차례 재앙을 겪은 후 애굽 사람들 가운데 하나님 말씀에 귀를 기울이는 사람이 생겼다. 성경은 우박 재앙이 있기 전 "바로의 신하 중에 여호와의 말씀을 두려워하는 자들은 그 종들과 가축을 집으로 피하여 들였으나"(출 9:20)라고 한다. 이내 그들은 바로에게 "그 사람들을 보내어 그들의 하나님 여호와를 섬기게 하소서"(출 10:7) 하고 간청했다. 애굽 술객들마저도 왕에게 "이는 하나님의 권능이니이다"(출 8:19) 하고 말했다.

그들이 새로이 여호와를 알게 되었다는 사실은 "그 사람 모세는 애굽 땅에 있는 바로의 신하와 백성의 눈에 아주 위대하게 보였더라"(출 11:3)라는 말씀에 아주 분명히 나타난다. 그들은 하나님의 사람인 모세를 매우 존중했다. 그때쯤에는 여호와가 어떤 분이신지 알았기 때문이다. 아브라함의 자손들이 애굽인들에게 은금 패물과 의복을 구하자 그들이 다 주었다(출 12:35-36). 결국 바로도 "여호와는 의로우시고 나와 나의 백성은 악하도다"(출 9:27)라고 고백했다. 마침내 온 애굽이 살아 계신 하나님이 어떤 분이신지 알게 된 것이다.

온 세상이 살아 계신 하나님을 알게 되다

애굽뿐만 아니라 온 천하가 여호와께서 참되고 살아 계신 하나님임을 알게 되었다. 하나님이 이 땅의 최강대국을 낮추신 직접적인 결과였다. 하나님은 요셉에게 지혜를 주셔서 애굽을 최강대국이 되게 하셨고 결국에는 노예 이스라엘에게 패하게 이끄셨다. 가난하고 약했거나 아니면 보통 수준의 나라가 노예들에게 진 것이 아니었으므로 그 패배는 사태를 지켜보는 온 세상에 말할 수 없이 깊은 충격을 주었다. 하나님이 온 천하에 남기신 흔적이 얼마나 깊었던지 이스라엘이 광야 생활을 끝낸 뒤에도 모든 민족이 하나님을 두려워하며 이스라엘 앞에서 떨었다.

심지어 한 세대가 지난 후에도 그 영향력은 건재했다. 모세의 후계자 여호수아는 강대국 여리고에 두 정탐꾼을 보냈다. 기생 라합은 그들을 맞이해 이렇게 말한다.

여호와께서 이 땅을 너희에게 주신 줄을 내가 아노라 우리가 너희를 심히 두려워하고 이 땅 주민들이 다 너희 앞에서 간담이 녹나니 이는 너희가 애굽에서 나올 때에 여호와께서 너희 앞에서 홍해 물을 마르게 하신 일과 너희가 요단 저쪽에 있는 아모리 사람의 두 왕 시혼과 옥에게 행한 일 곧 그들을 전멸시킨 일을 우리가 들었음이니라 우리가 듣자 곧 마음이 녹았고 너희로 말미암아 사람이 정신을 잃었나니 너희의 하나님 여호와는 위로는 하늘에서도 아래로는 땅에서도 하나님이시니라(수 2:9-11).

라합은 여호와를 하나님으로 인정했고, "이 땅 주민들이 다" 간담이 녹았다. 여호와의 이름이 온 천하에 명성을 떨쳤다. 하나님이 그렇게 자신을 알리신 것은 자신의 영광을 위한 것이기도 하지만 동시에 구속을 위한 것이기도 했다. 그리고 그 첫 열매가 이방의 한 창녀와 그 가족이 구원받는 것으로 나타났다. 더 뜻깊은 것은 그 창녀 라합이 다윗의 고조모가 되어 예수 그리스도의 족보에 들어 있다는 사실이다.

하나님이 자기 백성의 군주로 세우셨던 바로를 다시 낮추셔서 온 천하에 그분의 이름을 알리지 않으셨으면 결코 있을 수 없는 일이다. 이스라엘 백성이 애굽에서 나오고 수백 년이 지난 후에도 여전히 다른 민족들이 하나님을 두려워했다는 증거가 있다. 이스라엘의 제사장이자 사사인 엘리 시대에도 세상 사람들은 (하나님이 바로에게 하신 일이 있었기에) 하나님의 이름을 기억했다. 블레셋과 전투 중이던 이스라엘은 첫날 싸움에 졌다. 이튿날 이스라엘은 여호와의 언약궤를 진에 들어왔다. 온 이스라엘이 모두 모였고, 다 같이 큰 소리로 외치자 땅이 울렸다(삼상 4:5). 그 소리를 들은 블레셋 사람들은 무슨 일인지 궁금했다. 그러다 여호와의 언약궤가 이스라엘 진에 들어왔다는 걸 알았다. 이에 블레셋 사람들이 어떻게 반응했는가?

블레셋 사람은 두려워하여 말했다. "신[엘로히윔]이 진영에 이르렀도다 …… 우리에게 화로다 전날에는 이런 일이 없었도다 우리에게 화로다 누가 우리를 이 능한 신들[엘로히윔]의 손에서 건지리요 그들은 광야에서 여러 가지 재앙으로 애굽인을 친 신들[엘로히윔]이니라"(삼상 4:7-8).

여기 "신들"로 번역한 히브리어 단어는 '엘로히윔'(elohiym; '엘로힘'의 남성복수명사)이다. 엘로히윔은 구약 성경에 우리가 섬기는 여호와 하나님을 지칭하는 말로 2천 번 가까이 나온다. 창세기 1장에만도 창조주 하나님을 지칭하느라 스물세 번이나 등장한다. 그러므로 이 말은 "신들"보다는 '하나님'으로 번역하는 것이 정확하다. 어쨌든 수백 년이 지난 후에도 블레셋 사람들이 떨 정도였다. 그들은 하나님을 섬기지 않으면서도 살아 계신 참하나님이 어떤 분이신지 알았다.

깊이를 헤아릴 수 없는 하나님의 지혜

이렇듯 악한 지도자 바로의 통치에서도 하나님의 허점을 찾아낼 수 없다. "권세는 하나님으로부터 나지 않음이 없나니 모든 권세는 다 하나님께서 정하신 바라"(롬 13:1). 선악을 불문하고 정당한 권세가 있는 고금의 모든 지도자는 하나님이 정하셨다. 특별한 뜻이 있어 세우신 것이지 결코 우연히 그 자리에 있는 것이 아니다.

"하지만 스탈린이나 히틀러 같은 사람이 지도자인 것이 뭐가 좋았단 말입니까?"라고 따질 수도 있다. 이어지는 사도 바울의 말에 답이 있다.

그런즉 하나님께서 하고자 하시는 자를 긍휼히 여기시고 하고자 하시는 자를 완악하게 하시느니라 …… 깊도다 하나님의 지혜와 지식의 풍성함이여, 그의 판단은 헤아리지 못할 것이며 그의 길은 찾지 못할 것이로다 누가 주의 마음을 알았느냐 누가 그의 모사가 되었느냐(롬 9:18; 11:33-34).

그분은 우리가 감히 흉내 낼 수 없는 일을 하신다. 그러므로 아직 그 뜻을 밝히실 때가 아니라면 우리는 그대로 받아들여야 한다.

바울은 그분의 지혜를 이렇게도 묘사했다. "이 사람아 네가 누구이기에 감히 하나님께 반문하느냐 지음을 받은 물건이 지은 자에게 어찌 나를 이같이 만들었느냐 말하겠느냐"(롬 9:20). "네가 누구이기에"라는 말에 귀를 기울이라. 우리에게는 하나님께 따져 물을 자격이 없다.

하나님은 바로를 세우신 일 이면에 감추어 두셨던 논리를 우리에게 보여 주셨다. 그분의 지혜와 선하심을 믿을 수 있도록 우리에게 이해할 수 있는 통찰력은 물론이요, 일종의 패턴을 주신 것이다. 그러나 어느 지도자를 왜 세우셨는지를 늘 보여 주시지는 않는다. 하나님은 우리가 그분의 지혜와 선하심을 그저 믿기를 바라신다.

지혜로우신 하나님은 절대 아무런 목적 없이 고난을 허용하지 않으신다. 그분은 언제든지 그분의 때에 고난을 바꾸어 그분의 구속의 뜻을 이루는 데 쓰실 수 있다. 당장은 하나님의 뜻이 보이지 않을 때도 말이다. 그 뜻은 영원의 관점에서 드러난다. 영원의 관점에서, 선하신 하나님은 결코 우리가 해를 당하는 것을 허용하지 않으신다.

"하지만 부패한 지도자들 때문에 사람들은 해를, 그것도 엄청나게 크게 해를 입었다"고 항변할지 모른다. 물리적 의미로는 맞는 말이지만 하나님은 물리적 세계를 넘어 영적인 세계를 판단하신다. 아벨의 죽음은 헛된 듯이 보인다. 그러나 아벨의 피가 지금도 말하고 있기에(히 11:4) 실은 헛되지 않다. 종교 재판과 그 전후에 있던 핍박 시기에 타락한 지도자들의 손에 순교한 그리스도인들이 무수히 많지만 그들이 흘린 피 또한 헛되지는 않다. 그들의 피가 지금도 우리에게 말해 주기 때문이다.

우리는 겸손과 순종과 기도로 지도자들에게 영향력을 행사할 수 있다. 그것이 하나님이 우리에게 주신 기회다. 하나님 백성이 자신을 낮추고 기도하며 악한 길에서 떠나면 하나님은 하늘에서 들으시고 그 땅을 고쳐 주신다. 사사기에 나오는 것처럼 경건한 지도자를 세워 주시는 것이 한 예다. 신약 성경은 선포한다. "그러므로 내가 첫째로 권하노니 모든 사람을 위하여 간구와 기도와 도고와 감사를 하되 임금들과 높은 지위에 있는 모든 사람을 위하여 하라 이는 우리가 모든 경건과 단정함으로 고요하고 평안한 생활을 하려 함이라 이것이 우리 구주 하나님 앞에 선하고 받으실 만한 것이니"(딤전 2:1-3).

현존하는 지도자들은 우리가 하는 기도에 영향을 받는다. 그 영향은 지도자를 지명하고 선출하는 데까지 미칠 수 있다. 단, 그 모두가 가능하지만 예외인 경우도 있다. 초대 교회 성도들과 사도들은 자기들을 핍박하는 잔인하고 무자비한 권위와 자주 부딪쳤다. 그들이 경건치 않게 살았거나 기도하지 않아서 고난을 겪은 것이 아니다. 그런 지도자들도 하나님의 구속 계획에서 감당하는 역할이 있었기 때문이다.

내가 직접 심판했다면

그중 하나로 헤롯 아그립바 1세를 생각해 보자. 예수님의 탄생 전과 후에 팔레스타인에서 군림하던 로마 통치자들을 가리켜 헤롯이라 불렀다. 헤롯 아그립바 1세는 예수님이 부활하시고 37년 뒤에 권좌에 올랐다. 그는 교활함과 계략을 써서 권력을 잡았다. 아그립바는 앞날을 내다보며 여러 방면으로 입신의 길을 닦았다. 로마 황제 칼리굴라가 살해되자 클라우디우스가 권좌에 오르도록 돕는 것으로 정치 공작을 시작했다. 클라우디우스는 아그립바의 기민한 정치 행보에 대한 보상으로 당시 아그립바의 지위를 인정해 주는 한편 유대와 사마리아도 붙여 주었다. 아그립바는 할아버지 헤롯 대제가 다스린 것만큼 넓은 땅을 다스렸다.

통치하는 중에 헤롯 아그립바 1세는 유대교와 기독교의 분쟁에서 한쪽을 지지해 줘야 했다. 망설일 것도 없이 아그립바는 기독교를 잔혹하게 핍박하는 역할을 자처했다. 사도행전에 이런 대목이 나온다. "그때에 헤롯[아그립바 1세]왕이 손을 들어 교회 중에서 몇 사람을 해하려 하여 요한의 형제 야고보를 칼로 죽이니 유대인들이 이 일을 기뻐하는 것을 보고 베드로도 잡으려 할새"(행 12:1-3). 아그립바는 주류 시민이었던 유대인의 환심을 사고 정치적 이득을 얻고자 신자들을 핍박했다. 예수님과 친밀한 세 제자 중 하나인 야고보를 죽였고 베드로까지 죽이려 했다.

아그립바의 권위는 어디서 왔는가? 겉보기에는 자기 꾀로 권력을 얻은 것 같다. 그러나 하나님이 정하지 않고서는 아그립바는 권위 있는 지위에 오를 수 없었다. 베드로는 아그립바의 손에 고난을 당하면서도 신자들에게 "왕을 존대하라"(벧전 2:17)고 했다. 이게 무슨 말인가? 야고보를 죽인 왕

140

/ 순종

을 존대하라고? 하나님은 어쩌자고 자기 자녀가 많이 사는 땅에 그런 무자비한 지도자를 세우시고는 "그를 존대하라"고 명하시는가?

이어지는 말씀에 답이 어느 정도 있다. "이에 베드로는 옥에 갇혔고 교회는 그를 위하여 간절히 하나님께 기도하더라"(행 12:5). 하나님은 천사를 보내서 베드로를 감옥에서 건지신 뒤 신자들이 모여서 기도하고 있던 안전한 집으로 보내셨다. 신자들이 왕을 존중하지 않고 오히려 하나님이 위임하신 권위를 가진 자가 내린 명령을 거역했다면 하나님이 직접 행하시는 기적을 못 보았을 것이다.

베드로를 처형하려던 아그립바의 계획은 교회가 기도하고 순종함으로써 수포로 돌아갔다. 그 사건으로 신자들은 큰 힘을 얻었다. 바로의 경우처럼 이번에도 하나님은 구속 계획을 위해 그분의 능력을 나타내셨다. 성경은 이에 대한 놀라운 간증을 한다. "하나님의 말씀은 흥왕하여 더하더라"(행 12:24).

성도들의 지속적인 기도, 권위를 존중하는 순종이 사건 전환에 더 큰 영향을 미쳤다. 사도행전 12장을 계속 읽어 보면 헤롯 아그립바 1세는 날을 정하여 백성 앞에 나와 왕복을 입고 단상에 앉아 연설을 했다. 그때 "백성들이 크게 부르되 이것은 신의 소리요 사람의 소리가 아니라 하거늘 헤롯이 영광을 하나님께로 돌리지 아니하므로 주의 사자가 곧 치니 벌레에게 먹혀 죽으니라"(행 12:22-23).

심판은 왔다. 그러나 심판의 주체는 하나님의 백성이 아니라 주의 칼이었다. 하나님이 권위를 심판하신다. 하나님은 우리에게 지도자들을 위해 기도하고 권위 가진 자를 존중하며 그들에게 복종하라고 명령하신다. 심판이 필요하다면 하나님이 하시도록 남겨 놓으라 하신다.

이 장에 쓴 내용은 성경의 다른 사건들과 같이 분명한 사실이다. 현대 교회에서 많은 이들이 가르치고 인식하는 내용과 어긋나더라도 말이다. 구속의 큰 물줄기보다 당장 자신의 안위를 우선시하는 사람들은 이 영역에서 하나님의 역사에 무지한 자들이다. 하나님의 지혜에 늘 마음을 열어 두라. 그분은 우리를 대적하는 분이 아니라 지지하시는 분이라는 사실을 잊지 말자.

9장

"왕을 공경하라"

가정과 사회, 정부 리더십,
어떻게 대할 것인가

우리는 권위에 있는 사람들을 공경하는 법,
즉 그들을 존경하고, 존중하고, 복종으로 공손히 대하며,
맡은 의무를 다하는 법을 배워야 한다.

이 시대를 사는 우리는 앞서 잠시 언급한 사도 베드로의 단호한 권고를 깊이 생각해 보아야 한다. 먼저 문맥을 살펴보자. "사랑하는 자들아 거류민과 나그네 같은 너희를 권하노니 영혼을 거슬러 싸우는 육체의 정욕을 제어하라 너희가 이방인 중에서 행실을 선하게 가져 너희를 악행한다고 비방하는 자들로 하여금 너희 선한 일을 보고"(벧전 2:11-12).

여기서 베드로가 말하는 선한 행실은 권위에 복종하는 것이다. 본문에

서 언급하는 싸움은 '권위에 불복하려는 반항적 욕망'과 '권위에 기꺼이 따르는 순종' 사이에 벌어지는 싸움이다. 그러나 우리는 정반대로 생각할 때가 많다. 불복하려는 욕망을 아군으로, 복종을 적으로 생각한다. 그러나 이는 진실과 매우 먼 생각이다.

한편 베드로는 복종하고 순종할 때 오히려 '악을 행한다'는 비방을 받을 수 있다고 한다. "복종해 봐야 아무 소용없다. 잘못한 것도 없는데 욕만 들으니 말이다." 이는 사람들이 하는 말일 뿐 순종은 주님께 하는 것이며 보상 역시 그분이 하신다.

> 종들[직원들, 교인들, 시민들 등]아 두려워하고 떨며 성실한 마음으로 육체의 상전에게 순종하기를 그리스도께 하듯 하라 눈가림만 하여 사람을 기쁘게 하는 자처럼 하지 말고 그리스도의 종들처럼 마음으로 하나님의 뜻을 행하고 기쁜 마음으로 섬기기를 주께 하듯 하고 사람들에게 하듯 하지 말라 이는 각 사람이 무슨 선을 행하든지 종이나 자유인이나 주께로부터 그대로 받을 줄을 앎이라(엡 6:5-8).

베드로가 권고한 말을 다시 보자. "인간의 모든 제도를 주를 위하여 순종하되 혹은 …… 그가 …… 보낸 총독에게 하라"(벧전 2:13-14). 성령은 (바울뿐만 아니라 베드로를 통해서도) 다스리는 모든 권위에 복종하라고 명하신다. 여기서 베드로가 말하는 왕이 아주 무자비한 사람이며 신자들이 그 왕의 통치하에 혹독하게 핍박당했다는 사실을 잊지 말라.

바울처럼 베드로도 사람 자체가 아니라 하나님이 사람에게 부여하신 권위를 인정하라고 가르친다. 왕이라는 지위에 담긴 하나님의 권위를 이해하거나 인정하지 못했다면 베드로는 헤롯 아그립바 1세에게 복종할 수 없었을 것이다. 하나님의 권위를 모른다면 하나님이 위임하신 권위에 복종하기 어렵다. 진정한 권위를 보지 못한다면 순종하려 애쓸수록 힘만 들 뿐이다.

베드로는 불복종이 적그리스도나 반기독교 감정을 부추긴다는 것을 알았기 때문에 그런 경고를 했다. "대적하는 자"인 이 세력은 "신[살아 계신 참하나님의 길과 방법과 일하심과 약속을 포함한]이라고 불리는 모든 것과 숭배함을 받는 것에 대항하여 그 위에 자기를 높인다'(살후 2:4). 신자는 자기가 지금 불법이 영향을 미치도록 돕는지, 아니면 그 영향을 억제하는지 물어야 한다.

그 세력을 돕고 있다면 하나님이 아니라 사탄의 원리(거역)를 따라 일하는 것이다. 이어서 베드로는 "형제를 사랑하며 하나님을 두려워하며 왕을 공경하라"(벧전 2:17, 개역한글)라고 한다. 권위에 복종하는 정도를 넘어 공경하라고 권고한다. 여기 "공경"을 뜻하는 말인 헬라어 단어 '티마오'(timao)는 '존대하다, 영광으로 알다, 공경하다, 높이다'로 쓰인다. "나는 …… 오직 내 아버지를 공경"한다고 예수님이 말씀하실 때도 같은 단어를 썼다(요 8:49). 1828년판 웹스터 사전(Webster's Dictionary)은 공경을 "존경하고, 존중하고, 공손히 복종으로 대하며, 해당 의무를 수행하는 것"으로 정의한다. 거듭 말하지만, 여기서 베드로가 가리키는 왕은 당시에 신자들을 핍박한 왕이다. 베드로가 왕을 한 인간으로서 가리켰을 리는 없다. 베드로는 하나님이 임명하신 권위를 지닌 사람으로서 왕을 공경하라고 권고한다.

지도자를 쉽게 조롱하는 문화

몇 년 전, 한 인기 있는 기독교 라디오 방송 대담 프로그램 인터뷰에 내가 쓴 책을 들고 나간 적이 있다. 10분쯤 인터뷰를 진행하다 잠시 쉬는 광고 시간이 되었다. 진행자는 녹음실 밖으로 나갔고 나는 홀로 남아 작게 흘러나오는 광고를 듣고 있었다. 어느 남자가 전국 날씨를 전하는 대목에 갑자기 관심이 쏠렸다. 그는 무수히 많은 청취자에게 미국 북부 어느 주의 날씨가 너무 추워져 주지사의 입술까지 얼어붙었다고 했다. 주지사 이름까지 대면서 이제 그 입술이 얼어붙었으니 입이 열리지 않아 평소 곧잘 내뱉던 실없는 소리를 할 수 없겠다며 우스갯소리를 했다.

나는 경악했다. 내 귀로 직접 들었는데도 믿을 수가 없었다. '이거 기독교 방송 맞아? 말도 안 돼.' 그러다 '기독교 방송이긴 하지만 일기예보 부분은 미국 연합 통신사(AP)에서 제공한 것이겠지' 하고 생각을 돌렸다. 방금 들은 말 때문에 받은 충격에서 벗어나지 못하고 있는데 진행자가 돌아왔다.

다시 방송에 들어가 진행자는 내게 모호한 질문을 했고 나는 매사에 하나님의 마음을 품는 것이 중요하다고 답했다. 그러다 자꾸만 아까 들은 말이 마음에 걸려 진행자에게 물었다.

"방금 전 광고 시간에 들은 내용이 좋은 예가 될 수 있습니다. 여기가 기독교 방송국 맞습니까?"

"예."

"그렇다면 제가 들은 내용은 일반 방송국에서 제공한 부분일 겁니다. 아나운서가 누구였는지는 몰라도 몇 분 전 방송에 나온 말에는 하나님의 마음이 들어 있지 않았거든요."

"무슨 말씀이십니까?"

"주지사의 입이 얼어 평소 하던 실없는 말을 못할 거라는 보도 말입니다."

내 말에 갑자기 인터뷰 진행자의 목소리가 불쾌한 어조로 변했다.

"그 사람은 저였습니다."

"아, 그래요? 성경은 하나님을 두려워하고 왕이나 그 외 권위 있는 사람들을 공경해야 한다고 말합니다."

그의 목소리가 한층 더 가라앉았다.

"그거야 그렇지만 농담으로 한 말인데, 뭐 잘못될 건 없지 않습니까?"

"하나님이 우리에게 공경하라고 명하신 대상을 농담거리로 삼으면 안 됩니다. 사도 바울은 '너의 백성의 관리를 비방하지 말라'(행 23:5)고 말했습니다."

그 진행자는 "글쎄요, 목사님과 제가 모든 일을 같은 시각으로 보는 건 아니겠지요" 하는 말로 생방송 인터뷰를 예정보다 일찍 마무리했다.

인터뷰를 마치면서 가슴이 아팠다. 그것이 주지사를 존중하고 높이는 것인가? 물론 그 주지사가 늘 존경받을 만한 행동을 하지 않았다는 것은 나도 인정한다. 하지만 그래도 엄연히 그는 주지사였다. 그리스도인들은 권위 있는 직책을 존중해야 한다. 불손한 농담의 영향을 받는 그리스도인들이 얼마나 많은지 모른다. 그러니 그토록 많은 사회 집단이 그리스도인들을 존중하지 않게 된 것이 그다지 놀라운 일이 아니다.

하지만 생각해 보자. 초대 교회는 핍박받으면서도 그렇게 행동하지 않았다. 그들은 권위를 존중했다. 계속 지금처럼 말하고 행동한다면 우리는 이미 활동하는 불법의 세력에 힘을 더해 주는 꼴이 되고 만다. 성경은 말한다. "불법의 비밀이 이미 활동하였으나 지금 막는 자가 있어 그중에서 옮길 때까지 하리라"(살후 2:7). 그런 행동은 성령에 대항하는 것이요, 그것은 곧 사탄의 원리다!

'여호와를 경외하는 마음'에서 나오는 공경

다시 베드로의 말을 들어 보자. "하나님을 두려워하며 왕을 공경하라." 하나님을 두려워하는 이들은 지극히 높은 곳에 거하시는 영광의 주님 앞에 사는 이들이다. 온 세상을 아우르는 그분의 권위를 만났고 거기에 완전히 사로잡힌 이들이다. 그분이 존중하시는 것을 존중하고 그분이 미워하시는 것을 미워하는 이들이다. 하나님이 모든 지도자에게 그분의 권위를 위임하신 것을 알기에 그들을 향한 경건한 두려움과 존중이 삶에 깊이 뿌리내린 이들이다.

권위를 존중하지 않는 것은 "여호와를 경외하는 영"이 없다는 명백한 증거다. 이사야는 이렇게 예수님을 묘사했다.

지혜와 총명의 영이요 모략과 재능의 영이요 지식과 여호와를 경외하는 영이 강림하시리니 그가 여호와를 경외함으로 즐거움을 삼을 것이며 그의 눈에 보이는 대로 심판하지 아니하며 그의 귀에 들리는 대로 판단하지 아니하며(사 11:2-3).

예수님의 즐거움은 여호와를 경외하는 것이다. 여호와를 경외하는 마음이 있었기에 눈에 보이고 귀에 들리는 것으로 판단하지 않으셨다. 그 라디오 진행자는 하나님이 위임하신 권위에 관한 한 여호와를 경외하는 마음 없음이 그의 열매로 드러났다. 주지사가 존경받을 만한 행동을 하지 않는다는 이유로, 눈에 보이고 귀에 들리는 대로 주지사를 판단했다(그 점에서 그의 판단은 정확했을 것이다). 그러나 여호와를 경외하는 눈으로 보았다면 하나님이 주지사의 삶에 위임하신 권위를 볼 수 있었을 것이다. 정부 권위를 욕하는 것은 결코 경건한 행위가 아니다.

세례 요한도 권위를 가진 헤롯왕의 행동을 지적했지만 라디오 진행자와는 사뭇 다르게 접근했다. 첫째, 세례 요한은 헤롯에게 "당신이 그 여자[동생의 아내]를 차지한 것이 옳지 않다"(마 14:4)고 말했다. 그는 헤롯을 경멸하는 어조로 말하지 않고 그가 저지른 죄 자체를 지적했다. 둘째, 요한은 하나님의 선지자라는 자신의 권위로 헤롯을 대면했다. 셋째, 요한은 불손하게 왕을 비웃지 않았다.

성경에 나오는 경건한 사람 중에 지도자 자리에 있는 사람들을 비웃은 사람은 엘리야뿐이다(왕상 18:27). 엘리야는 바알과 아세라의 거짓 선지자들과 그들이 대변하는 신들을 조롱했다. 그들은 참된 권위가 아니라 사이비 권위로 많은 이스라엘 사람들을 어둠에 빠뜨렸다. 하지만 그들이 가진 지위는 하나님이 인정한 것이 아니었다. 그러므로 그들은 공경이나 복종을 받을 자격이 없었다. 이단을 이끄는 사람들은 우리가 복종하고 순종할 대상이 아니다.

하나님이 위임하신 진정한 권위를 다시 생각해 보자. 여호와를 경외하는 눈으로 권위를 보지 않으면 공경과 순종은 당연히 어려운 일이다. 그러나 말씀에 귀 기울여 보라. "육체를 따라 더러운 정욕 가운데서 행하며 주관하는 이[권위]를 멸시하는 자들에게는 [주께서] 형벌할 줄 아시느니라 이들은 당돌하고 자긍하며 떨지 않고 영광 있는 자들을 비방하거니와"(벧후 2:10). 정말 두려운 것은 지금 베드로와 유다가 교회 안에 있는 사람들을 가리켜 말한다는 사실이다(유 12절; 벧후 2:13-15).

서두에서 이 책 내용을 받아들이기 힘든 사람도 있을 것이라고 경고했다. 우리가 하나님 나라를 민주주의의 사고로 볼 때가 너무 많기 때문이다. 그래서 성경에서 심령을 새롭게 하라고 명령하신 것이다(엡 4:23).

그 라디오 진행자의 사고방식이 그 사람만의 문제였다면 굳이 여기서 언급하지 않았을 것이다. 그러나 그런 사고방식이 온 교회에 퍼져 있다는 사실을 빌 클린턴이 대통령이던 시절에 나는 깨달았다.

악을 악으로 갚는다고 선이 되지는 않는다

1992년 클린턴이 대통령에 당선되자 나는 사흘 동안 우울했다. 그런 나를 하나님이 다루셨다. 하나님 모르게 권력을 잡는 사람은 없으며, 하나님이 그런 사람들을 정하신다고 분명하게 말씀하셨다. 그 점이 분명해지면서 그때부터 클린턴의 사생활이 아니라 권위에 초점을 맞추었다. 그러자 이 지도자를 향해 마음에 참사랑이 싹트면서 그가 구원받아 진리 가운데 행하는 모습을 보고 싶다는 간절한 열망이 생겼다.

헤롯에게 세례 요한도 같은 마음을 품었을 것이다. 엄하게 지적하긴 했어도 세례 요한에게는 이 타락한 지도자를 하나님의 심정으로 바라보는 시선이 분명히 있었다. 예레미야가 자기가 추상같이 예언을 한 대상들을 위해 운 것도 그 때문이다. 증오가 가득한, 율법주의적인 마음으로 말하는 사람이 있는가 하면, 타는 듯이 긍휼히 여기는 마음으로 주님이 책망하시는 말을 전하는 사람이 있다.

자기 의에 빠져 판단하는 마음으로 다른 이의 흠을 잡는 사람들에게 주님은 분노하신다. 나는 클린턴 대통령을 향해 그런 태도를 드러내는 교회들을 많이 보았다(이야기를 계속하기 전에 한 번 더 밝혀 둔다. 나는 대통령 선거에서 클린턴을 찍지 않았고, 클린턴의 행동이 이 나라에 미친 영향을 생각하면 지금도 마음이 아프다).

1992년 순회 사역을 하면서 텔레비전에 자주 나오는 어느 극보수 해설자의 말은 꼭 들어 봐야 한다는 이야기를 신자들에게서 자주 들었다. 그 해설자는 미국의 자유주의 지도자들에 대해, 특히 대통령과 그 부인에 관해 할 이야기가 많은 것 같았다. 나는 여러 도시에서 매주 그런 말을 들었다. 이 열심당원들은 "그 사람 말은 꼭 들어 봐야 합니다. 워싱턴에서 자행되는 일을 다 폭로하고 있습니다"라고 했다. 그들을 믿기에 나는 '언제 그 사람이 나오는 방송을 꼭 한번 봐야겠다' 생각했다. 텔레비전을 자주 보는 편이 아니라서 아홉 달 뒤에야 마침내 그 사람의 방송을 보았다.

캘리포니아 집회를 마치고 호텔로 돌아와 텔레비전을 켜 채널을 돌리는데, 마침 그 사람이 나왔다. 익살이 넘쳤고 튀는 넥타이를 매고 있었다. 곧 클린턴 대통령 이야기를 시작했다. '모두들 입을 모아 이야기하던 사람이 바로 이 사람이구나.' 드디어 그 유명인사의 말을 듣는다니 자못 기대가 컸다. 잘 들어 볼 마음으로 자리에 앉았다. 20분쯤 들었을까. 그 사람은 대통령을 도마에 올려놓고 바보로 만들었다. 농담은 웃겼고 말도 재치 있었지만 나는 줄곧 속이 거북했다.

'틀린 말도 없는데 왜 이리 듣기 거북하지? 대통령의 자유주의 사고방식을 그대로 꼬집고 있는데 말이야.' 이런 생각이 들어 주님께 여쭈었다.

"주님, 제 마음이 왜 이렇게 불편할까요?"

성령께서 즉시 답을 주셨다. "너의 백성의 관리를 비방하지 말라"(행 23:5). 다른 성경 구절도 불쑥 떠올랐다. "그러므로 내가 첫째로 권하노니 모든 사람을 위하여 간구와 기도와 도고와 감사를 하되 임금들과 높은 지위에 있는 모든 사람을 위하여 하라 이는 우리가 모든 경건과 단정함으로 고요하고 평안한 생활을 하려 함이라 이것이 우리 구주 하나님 앞에 선하고 받으실 만한 것이니"(딤전 2:1-3).

한 1톤쯤 되는 벽돌로 온몸을 맞은 듯한 기분이었다. 하나님은 우리에게 권위 있는 자리에 있는 사람들을 공경하고, 그들을 위해서 기도하고 중보하며, 그들에게 감사하라고 명령하신다. 그들을 비방하지 말라고도 명령하신다. 그들을 욕하거나 비난하거나 놀리거나 그들에 맞서 싸우라는 말씀을 하신 적이 없다. 그 해설자의 말은 대체로 맞았지만 악으로 악을 갚는다고 해서 선이 되는 것은 결코 아니다.

사실 그 해설자보다도 그 해설자의 메시지에 맞장구치며 흥분하는 신자들에게 더 화가 났다. 그 해설자는 아는 게 고작 그것밖에 없는 사람으로 여기면 된다. 하지만 신자들이 어떻게 그 메시지에 환호할 수 있는지 이해할 수 없었다. "왕을 공경"하는 것은 어디로 갔는가? 하나님은 그리스도인이라면 기도하고 중보하고 감사하라고 하신다. 바울은 갖가지 불법의 일을 행하는 이들만 아니라 "그런 일을 행하는 자들을 옳다 하는" 이들도 죽음에 이르리라고 경고한다(롬 1:32).

어떤 법을 따라 사는가

호텔에서 있었던 일을 미국 각지를 다니며 설교했다. 깨닫고 회개한 사람이 많았으나 간혹 나한테 심하게 화를 내는 사람들도 있었다. 그들은 그 해설자가 미국 정부가 부여한 언론의 자유를 잘 수행했다고 주장했다. 맞는 말이다. 하지만 우리에게는 그 행동보다 우선하는 명령이 있다. 우리는 민주주의 규정대로 사는가, 하나님 나라의 법대로 사는가? 미국이 음주를 허용하니 신자들도 거리낌 없이 술을 마셔야 하는가?

우리에게는 더 높은 법이 있다. 로마에 살던 어느 비신자는 초대 교회 그리스도인들을 가리켜 이렇게 썼다. "그들은 지상에서 하루하루를 살아가지만 천국 시민이다. 그들은 정해진 법률을 준수하지만 동시에 그들의 삶은 법률을 능가한다."[1]

험담을 들어서 좋을 일이 무엇인가? 거기에 무슨 결실이 있는가? 그 해설자가 전하는 메시지를 앉아서 보고 다른 사람들에게 전할 시간이 있다면 차라리 나라의 지도자들을 위해 중보기도 하는 것이 훨씬 실속 있는 일이 아닌가? 순종하며 살면 그 결과로 "우리가 모든 경건과 단정한 중에 고요하고 평안한 생활"을 하게 된다고 하나님이 말씀하지 않으셨는가?

내가 아는 목사는 클린턴 대통령에게 이렇게 말했다. "무죄한 아이들을 살해하는 일을 허용하는 법률을 제정하는 지도자는 누구든 하나님의 심판을 받아 지옥불에 들어갈 것입니다." 이 목사는 세례 요한처럼 행동했다. 아직 태어나지 않은 아이들과 대통령을 위해 참된 사랑과 의분으로 말했다. 대통령의 권위를 존중하면서도 진실을 말했다. 이런 사람은 결코 대통령을 조롱할 사람이 아니다. 권위를 난도질하는 명사들의 말에 귀 기울인다면 하나님의 심정을 잃는다. 중상하는 데 귀 기울이면 영원한 열매를 맺을 수 없다.

행동에 배어 나오는 공경

권위를 주님이 지명하여 세우신 것임을 안다면 그 권위를 공경하는 마음이 행동에 배어 있어야 한다. 바울은 이렇게 권고한다.

네가 권세를 두려워하지 아니하려느냐 선을 행하라 그리하면 그에게 칭찬을 받으리라 그는 하나님의 사역자가 되어 네게 선을 베푸는 자니라 그러나 네가 악을 행하거든 두려워하라 그가 공연히 칼을 가지지 아니하였으니 곧 하나님의 사역자가 되어 악을 행하는 자에게 진노하심을 따라 보응하는 자니라 그러므로 복종하지 아니할 수 없으니 진노 때문에 할 것이 아니라 양심을 따라 할 것이라 너희가 조세를 바치는 것도 이로 말미암음이라 그들이 하나님의 일꾼이 되어 바로 이 일에 항상 힘쓰느니라 모든 자에게 줄 것을 주되 조세를 받을 자에게 조세를 바치고 관세를 받을 자에게 관세를 바치고 두려워할 자를 두려워하며 존경할 자를 존경하라(롬 13:3-7).

우리 시대에 이 진리는 아무리 강조해도 지나치지 않다. 하나님은 권위에 있는 사람들을 "하나님의 사역자", "하나님의 일꾼"이라고 부르셨다. 당연히 공경과 존경을 받아야 하는 이들이다. 경찰관, 소방관, 시장, 시의원, 주지사, 법관, 국회의원 같은 공무원들을 볼 때마다 나는 마음이 뜨거

위진다. 시청이나 연방 청사에 갈 때면 내 안에서 존경심이 솟아오른다. 친구들 중에 상원 의원들이 있는데, 그들을 볼 때마다 이름을 부르지 않고 항상 "의원님"이라고 깍듯이 부른다. 나는 하나님이 그들에게 주신 직책에 존경심을 표하고 싶다. 그들은 하나님의 사람들을 섬기는 하나님의 일꾼이다.

또한 앞 구절에서 권위에 있는 사람들이 자신의 의무를 수행하는 것이 곧 하나님의 일꾼으로서 일하는 것임을 명심해야 한다. 제한속도를 어기고 달리다가 백미러에 쫓아오는 경찰차가 보이거든 사탄을 막아 달라고 기도하지 말라. 경찰은 사탄이 아니다. 그들은 하나님을 위해 일하는 일꾼이다. 따라서 자비로운 경찰관을 만나게 해 달라고 기도하는 편이 옳다.

나는 과속하다 딱지를 떼인 적이 몇 번 있다. 그때마다 딱지를 받은 후 경찰관에게 이렇게 말했다. "잘못했습니다. 이렇게 수고해 주셔서 감사합니다. 제 위반을 용서하십시오." 그럴 때 경찰관 표정이 어떤지 당신도 한번 봐야 한다. 경찰관의 행동이 완전히 바뀐 적도 있다. 처음에는 나를 거칠게 대하던 그 경찰관이 내가 자기 권위를 존중하자 갑자기 친절해졌다. 한순간 그가 딱지 뗀 걸 취소할지도 모른다는 생각이 들 정도였다.

앞서 이야기한 라디오 방송 진행자가 명예를 더럽힌 그 주지사가 일하는 주에서 목회하는 친구가 있다. 그 친구는 도시를 위해 기도하면서 어떻게 하면 진정한 변화가 일어날지 하나님께 여쭈었다. 당시 그가 담임한 교회는 성도가 많지 않았다. 하나님은 그에게 시 정부의 권위를 공경하는 마음을 주셨고, 좀 더 기도한 후 그는 할 일을 알았다. 그리고 나서 교회 지도자들과 함께 그 도시에 가장 필요한 것이 무엇인지 조사했다. 조사 결과, 화재가 일어났을 때 소방관들이 불길 속에서 사람들을 살필 수 있는 방독면이 필요했으나 그해 시 예산에 반영되지 않았다는 사실을 알았다. 방독면 구입 비용은 2만 5천 달러였는데, 작은 교회로서는 큰돈이었다.

목사는 교인들에게 비전을 나누었고, 단 한 번의 헌금으로 필요한 돈이 모두 채워졌다. 그는 교회 지도자들과 함께 가서 시에 돈을 전달했다. 그 친구는 내게 이렇게 말했다. "존, 이 일이 시 공무원들에게 얼마나 귀한 사역이 되었는지 알면 자네도 놀랄 걸세. 그들은 교회가 그런 친절한 행동을 한다는 걸 믿을 수 없었지. 정부가 채워 줘야 할 부분을 불평하는 사람들에게만 익숙했지 아낌없이 내주는 사람은 보지 못했으니 말일세."

그 이후로 교회는 폭발적으로 성장했다. 교인들이 신축 건물을 헌당하는 날 시 공무원들이 많이 참석했고 그중에는 지금 그 교회에 다니는 사람도 있다. 이 목사의 열매를 그 라디오 진행자의 열매와 비교해 보라.

세금 납부를 두고 불평하는 신자들을 많이 보았다. 세금을 적게 내는 방법을 알아냈다는 교인들도 있었다. 그들은 그것을 자기들의 법적인 권리라고 주장했다. 나는 그런 이들에게 "여러분에게 주신 하나님의 명령이 그 알량한 법적인 권리보다 위에 있습니다. 하나님은 세금을 바치라고 말씀하십니다" 하고 강변한다.

이어 나는 묻는다. "여러분이 운전하고 다니는 길은 누구 돈으로 유지됩니까? 여러분을 보호해 주는 경찰관, 소방관, 국회의원들은 누구 돈으로 생활합니까?" 신자들이 세금 액수를 줄이려고 속인다는 이야기를 회계사들에게서 들을 때면 가슴이 아프다. 나는 우리 재단 회계사들에게 "저는 타협하고 싶지도 않고 세금을 줄이고 싶지도 않습니다" 하고 단호하게 말했다. 납세란 우리를 섬기는 정부에게 보답할 수 있는 기회다. 알아서 내면 빼앗길 일이 없다.

그리스도의 몸인 교회가 이 점을 확실히 한다면 우리는 모든 민족과 세계에 더 힘 있게 증거할 수 있을 것이다. 우리는 권위에 있는 사람들을 공경하는 법, 즉 그들을 존경하고, 존중하고, 복종으로 공손히 대하며, 맡은 의무를 다하는 법을 배워야 한다. 그러면 하늘에 계신 아버지를 공경하는 것이다. 왕을 공경할 때 여호와를 경외하는 당신의 마음이 드러난다.

모든 분야의 권위를 공경하라

왕을 공경하라는 명령은 정부 권위와 관계있다. 그러나 이 말씀은 다른 분야에 위임하신 권위에도 확대하여 적용해야 한다. 공경하라는 말씀이 나타난 구절들을 잘 보라. 가정과 관련해 하나님은 "네 아버지와 어머니를 공경하라"(엡 6:2)고 하신다. 아울러 "아내도 자기 남편을 존경하라"(엡 5:33)고 하신다. 사회의 권위와 관련하여 성경은 "무릇 멍에 아래에 있는 종들은 자기 상전들을 범사에 마땅히 공경할 자로 알지니 이는 하나님의 이름과 교훈으로 비방을 받지 않게 하려 함이라"(딤전 6:1)라고 말한다. 교회의 권위에 관해서는 "잘 다스리는 장로들은 배나 존경할 자로 알되 말씀과 가르침에 수고하는 이들에게는 더욱 그리할 것이니라"(딤전 5:17)라고 명한다.

30년 넘게 사역하는 동안 아이들이 부모에게 불손한 태도로 말하는 것을 많이 보았다. 아이들에게는 부모에 대한 공경은 고사하고 존경심도 없었다. 그럴 때 부모가 직접 하지 않으면 내가 대신 그 자리에서 바로잡았다. 자기 행동이 사실상 자해 행위라는 것만 알아도 아이들은 감히 그렇게 하지 못할 것이다. 하나님은 "그의 부모를 경홀히 여기는 자는 저주를 받을 것이라 할 것이요 모든 백성은 아멘 할지니라"(신 27:16)라고 하신다. 부모를 욕되게 하는 자들에게는 이 말씀 앞 여러 장에 있는 저주가 임한다.

반대 상황을 보자. 하나님은 부모를 공경하는 이들에게 큰 복을 약속하신다. "네 아버지와 어머니를 공경하라 이것은 약속이 있는 첫 계명이니 이로써 네가 잘되고 땅에서 장수하리라"(엡 6:2-3).

하나님은 부모를 공경하는 자녀에게 두 가지를 약속하신다. 첫째는 잘된다. 부모를 공경하지 않는 사람은 삶이 잘 풀리리라 기대할 수 없다. 그런 사람은 저주 아래 있는 것과 같기 때문이다(이와 관련한 내 간증은 나중에 소개하겠다).

둘째는 장수한다. 얼마나 놀라운 혜택인가! '잠깐만, 부모를 공경하고도 젊어서 죽은 사람들이 있는데' 하고 생각하는 사람이 있을 수도 있다. 하지만 이는 분명히 하나님 말씀에 약속 있는 첫 계명이라 되어 있다. 자기가 본 현상으로 하나님의 약속을 부정해서는 안 된다. 하나님 아버지는 그분의 자녀들이 전혀 두려움 없이 살 것이라고 약속하신다. "너는 공의로 설 것이며 학대가 네게서 멀어질 것인즉 네가 두려워하지 아니할 것이며 공포도 네게 가까이하지 못할 것이라"(사 54:14). 그런데도 여전히 두려움 속에 사는 그리스도인이 많다. 약속이 자동으로 성취된다면 왜 그렇게 많은 사람들이 괴롭게 살아가는가? 약속은 기도를 통해 내 것이 되며 믿음의 선한 싸움을 통해 받는다.

아브라함의 아들 이삭이 좋은 예다. 하나님은 이삭에 관해 아브라함에게 이런 약속을 주셨다. "내가 그와 내 언약을 세우리니 그의 후손에게 영원한 언약이 되리라"(창 17:19). 하나님은 약속을 선포하셨다. 그러나 결혼 후 이삭의 하나뿐인 아내 리브가가 불임이라는 사실을 알게 된다. 이삭이 리브가를 택하지 않았다. 성령께서 리브가를 택하셨다.

자연히 이런 의문이 생긴다. "하나님이 직접 불임 여성을 택하셨단 말인가?" 그렇다. 이는 약속이 자동으로 성취될 수 없는 조건이다. 이제 이삭은 기도함으로써 그 약속을 자기 것으로 만들어야 했다. 성경은 뭐라고 말하는가? "이삭이 그의 아내가 임신하지 못하므로 그를 위하여 여호와께 간구하매 여호와께서 그의 간구를 들으셨으므로 그의 아내 리브가가 임신하였더니"(창 25:21).

약속받은 것을 이삭은 여호와께 부르짖고 애써 얻어야 했다. 이에 그는 하나님 뜻에 따라 기도했고 응답받았다. 성경은 우리를 격려한다. "그를 향하여 우리가 가진 바 담대함이 이것이니 그의 뜻대로 무엇을 구하면 들으심이라 우리가 무엇이든지 구하는 바를 들으시는 줄을 안즉 우리가 그에게 구한 그것을 얻은 줄을 또한 아느니라"(요일 5:14-15). 하나님은 언약에 자신의 뜻이 어떠한지 밝혀 놓으셨다. 그 약속이 있다면 우리는 그분의 뜻에 맞게 기도할 수 있다.

부모를 공경함으로써 당신은 하나님의 두 가지 약속에 의지해 기도할 수 있다. 풍성하고 잘되고 오래 사는 삶을 누릴 수 있다. 다른 이의 삶을 곁눈질하지 말고, 하나님이 우리에게 주신 약속에 믿음의 기초를 두라. 지금까지 부모를 공경하지 못한 일이 떠올라 속상할 수도 있다. 그렇다면 바로 지금이 회개할 때다. 기도로 하나님께 나아가고, 직접 부모님께 용서를 구하라. 지금부터 부모를 공경하라. 하나님의 약속이 당신 삶에서 실현될 것을 믿으라.

상사, 고용주, 선생님을 비롯해서 사회에서 만나는 윗사람들에게도 동일한 원칙을 적용하라. 그들을 공경하면 잘될 것이며 주님께서 보상하실 것이다. 바울은 다른 사람 밑에 있는 사람들에게 이렇게 가르쳤다. "무슨 일을 하든지 마음을 다하여 주께 하듯 하고 사람에게 하듯 하지 말라 이는 기업의 상을 주께 받을 줄 아나니 너희는 주 그리스도를 섬기느니라 불의를 행하는 자는 불의의 보응을 받으리니 주는 사람을 외모로 취하심이 없느니라"(골 3:23-25).

10장

"배나 존경할 자"

교회 리더십,
어떻게
대할 것인가

하나님은 우리에게 필요한 것을
우리가 원치 않는 꾸러미에 담아 보내실 때가 많다.

권위를 공경하라는 하나님의 명령은 일차적으로 우리를 위해 내리신 명령이다. "모든 자에게 줄 것을 주되 …… 존경할 자를 존경하라"(롬 13:7). 이것이 이 장에서 살펴볼 내용이다. 하나님의 명령에 순종할 때 복이 임하는 것을 보면 가슴이 뛴다. 사무엘상에 나오는 예를 보자.

복으로 바뀐 모욕

사사들이 이스라엘을 다스리던 시기에 아기를 낳지 못하는 한나라는 여자가 있었다. 한나의 남편 엘가나는 브닌나라는 둘째 아내를 취했다. 브닌나는 아이를 못 낳은 한나를 조롱했고, 한나는 그것이 괴로웠다. 엘가나가 둘째 아내를 취한 것은 아마 한나에게 자식이 없어서였을 것이다. 남편은 한나를 사랑했지만 집안에 자식을 낳아 준 것은 브닌나였다. 해마다 이 가정은 실로에 가서 하나님을 예배했는데, 거기서 브닌나가 유난히 한나의 속을 긁어 끝내 그녀를 울렸고, 남편이 애써 위로했지만 한나는 여전히 마음이 아팠다.

말 못하게 괴로웠던 한나는 여호와 앞에 울며 서원했다. "아들을 주시면 내가 그의 평생에 그를 여호와께 드리겠나이다."

이스라엘의 대제사장이자 사사인 엘리가 기도하는 한나의 모습을 보았다. "한나가 속으로 말하매 입술만 움직이고 음성은 들리지 아니하므로 엘리는 그가 취한 줄로 생각한지라 엘리가 그에게 이르되 네가 언제까지 취하여 있겠느냐 포도주를 끊으라"(삼상 1:13-14).

얼마나 심한 모욕인가! 한나의 고뇌를 만취한 자의 주정으로 여길 정도로 엘리는 한나의 아픔에 무심한 정도가 아니라 영적인 감각도 없었다. 한나는 늘 자기를 괴롭히는 브닌나 곁에서 떠나 위로를 얻으러 여호와 앞에 왔건만 나라에서 영적으로 가장 권위 있는 사람에게 악하다고 정죄받은 셈이었다.

한나는 해마다 여호와께 드릴 자식 없이 실로에 왔다. 해마다 주위 사람들의 시선과 숙덕거림과 조소를 겪어야 했다. 그런데 가장 고통스러운 순간 목사가 당신을 그렇게 몰아세우면 어떻게 반응할 것 같은가? 이런 생각이 들지 모른다. '이 사람 목사 맞아? 내가 금식하며 하나님께 부르짖는 것도 모르나? 이런 둔하고 세속적인 사람 같으니! 이 교회에서 예배드리는 것도 오늘로 끝이야!'

생각이 어느 틈에 입 밖으로 터져 나올 수도 있다. "고통스러워하는 사람도 못 알아보면서 도대체 하나님의 사람이라 할 수 있어요? 깊이 기도하는 사람이 안 보여요? 도대체 당신이 목사예요? 무슨 교회가 이래요? 이제 됐어요! 내 처지를 잘 살펴 주고 하나님의 일에 민감한 목사가 있는 교회를 찾아볼래요!"

사실 이것은 오늘날 교회에서 흔히 보는 반응이다. 차마 목사의 면전에서는 말하지 못하더라도 그런 식으로 뒤에서 다른 교인들에게 말한다.

하지만 심한 모욕을 받은 한나가 어떻게 대답했는지 들어 보라. "내 주여 그렇지 아니하니이다 나는 마음이 슬픈 여자라 포도주나 독주를 마신 것이 아니요 여호와 앞에 내 심정을 통한 것뿐이오니 당신의 여종을 악한 여자로 여기지 마옵소서 내가 지금까지 말한 것은 나의 원통함과 격분됨이 많기 때문이니이다"(삼상 1:15-16).

한나는 끝까지 대제사장을 존중하며 공경했다. 엘리가 그런 반응을 받을 만한 행동이나 판단은 하지 못했지만, 한나는 권위 있는 엘리의 직분을 깍듯이 존중했다. 그저 자신이 악한 여자가 아니라고 알리는 선에서 그쳤다.

사실 당시는 오히려 엘리의 행동이 문제였다. 엘리가 정죄받아 마땅했다. 그러나 한나는 엘리의 행동을 문제 삼지 않고 자기 행동에 집중했다. 한나는 진정 여호와를 경외하는 여자였다. 지도자에게 잘못이 있다면 그 문제는 하나님이 다루실 것이다. 이런 참된 복종과 겸손이 우리에게도 참으로 절실하다.

마침내 한나를 대하는 엘리의 반응이 바뀌었다.

엘리가 대답하여 이르되 평안히 가라 이스라엘의 하나님이 네가 기도하여 구한 것을 허락하시기를 원하노라 하니 이르되 당신의 여종이 당신께 은혜 입기를 원하나이다 하고 가서 먹고 얼굴에 다시는 근심 빛이 없더라(삼상 1:17-18).

한나는 엘리에게 여전한 마음으로 복종한다. 한나는 엘리를 하나님의 사람으로 공경했고 그가 한 축복에 감사하기까지 한다. 그 후에 어떤 일이 일어났는가? "그들이 아침에 일찍이 일어나 여호와 앞에 경배하고 돌아가 라마의 자기 집에 이르니라 엘가나가 그의 아내 한나와 동침하매 여호와께서 그를 생각하신지라 한나가 임신하고 때가 이르매 아들을 낳아"(삼상 1:19-20).

엘리는 비록 둔감하고 세속적인 제사장이었지만 하나님은 그를 사용하여 약속의 말씀을 주셨다. 사실, 하나님은 그 일이 있은 직후에 서슬 퍼런 선포를 하셨다. "엘리 집의 죄악은 제물로나 예물로나 영원히 속죄함을 받지 못하리라"(삼상 3:14). 자신이나 자신의 가족을 향해 이런 저주를 내리시는 하나님의 음성을 듣고 싶은 사람은 세상 어디에도 없을 것이다. 자비롭고 은혜로운 동시에 공정하신 하나님은 엘리와 그 가족에게 다른 저주도 내리셨다. "내가 네 팔과 네 조상의 집 팔을 끊어 네 집에 노인이 하나도 없게 하는 날이 이를지라 이스라엘에게 모든 복을 내리는 중에 너는 내 처소의 환난을 볼 것이요 네 집에 영원토록 노인이 없을 것이며"(삼상 2:31-32). 그만큼 엘리는 경건한 영적 리더와는 거리가 멀어도 한참 먼 자였다.

이듬해, 닫힌 태가 열리고 어둠 속에서 생명이 태어났다. 한나의 품에는 어린 사무엘이 있었다. 잉태되기 전부터 구별된 이 아이는 장차 이스라엘에 부흥을 가져온다. 한나가 오랜 세월 동안 바라고 기도하던 소원이 언제 이루어졌는가? 바로 자신을 모욕한 둔감한 선지자를 공경한 순간이었다. 한나의 소원 성취와 엘리 선지자의 행동은 전혀 상관이 없었다. 다만 권위 있는 자를 진정으로 공경하고 그에게 복종한 한나의 신실함이 그녀의 소원을 이룬 열쇠였다.

의롭게 판단하실 하나님을 믿다

이 이야기에서 얻을 수 있는 놀라운 원리가 있다. 하나님이 권위를 두신 사람이라면 그 사람이 사적으로 어떻게 행동하든 그 사람에게서 받을 것이 있다는 사실이다. 겉모습 너머에 있는 것을 보며, 그 사람을 하나님이 보내신 사람으로 공경한다면 말이다.

예수님은 한나처럼 다른 많은 사람들이 타락한 사역자들에게 받을 것이 있음을 말씀하셨다. "그 날에 많은 사람이 나더러 이르되 주여 주여 우리가 주의 이름으로 선지자 노릇 하며 주의 이름으로 귀신을 쫓아내며 주의 이름으로 많은 권능을 행하지 아니하였나이까 하리니 그때에 내가 그들에게 밝히 말하되 내가 너희를 도무지 알지 못하니 불법을 행하는 자들아 내게서 떠나가라 하리라"(마 7:22-23).

이 말씀을 읽으면서 우리는 예수님의 이름으로 기적을 행했지만 결국은 예수님한테 외면당한 많은 이들에게 집중할 때가 많다. 이것은 정말로 심각하고 두려운 일이지만, 반대로 뒤집어보면 이 불법의 사역자들을 통해 진정한 섬김을 받은 사람들이 있다. 한나처럼 그 사역자들을 통해 하나님께 나아갔기 때문이다. 여기서 예수님이 모른다 하신 사람들은 엘리와 비슷한 사람들이다. 하나님은 엘리의 집을 영원히 심판하셨다.

지금 나는 타락한 지도자들이 아니라 권위 아래 있는 사람들을 위해 이 책을 쓴다. 성경은 타락한 권위와 경건한 권위가 있다는 것을 분명히 말한다. 권위 아래 있는 사람이 심판의 멍에를 자기 어깨에 멘다면 그것은 더는 기성 권위에 복종하지 않고 자신을 높여 지도자의 심판자가 되겠다는 것이다. 그렇게 하면 마음이 교만해져 하나님이 자기 위에 두신 사람들 위에 올라선다. 하나님의 명령과 말씀보다 더 위에 있으려 한다. 자기도 모르는 사이에 하나님께 이렇게 말하는 셈이다. "하나님이 제대로 심판을 안 하시니 제 손으로 직접 하겠습니다."

그러나 한나는 엘리의 권위를 인정하고 공경했다. 엘리는 한나를 판단하고 모욕했으나 한나는 엘리를 공경했다. 만일 한나가 눈에 보이고 귀에 들리는 대로 살았다면 엘리의 행동을 문제 삼았을 것이다. 그러나 한나는 본능적인 논리로 살지 않고 여호와와 영적 권위를 경외하는 마음으로 살았다. 의롭게 판단하실 하나님을 믿었다.

예수님은 이렇게 말씀하셨다. "내가 진실로 진실로 너희에게 이르노니 내가 보낸 자를 영접하는 자는 나를 영접하는 것이요 나를 영접하는 자는 나를 보내신 이를 영접하는 것이니라"(요 13:20). 절대 잊지 말라. 예수님은 가룟 유다에게도 기적을 행하고 귀신 쫓는 권세를 주어 내보내셨다. 그러나 예수님은 가룟 유다가 결국 악한 자라는 것이 드러나리라는 것도 아셨다. "내가 너희 열둘을 택하지 아니하였느냐 그러나 너희 중의 한 사람은 마귀니라"(요 6:70). 예수님은 가룟 유다의 죄가 드러나기 전부터 그 일을 이미 아셨다. 여호와를 경외하는 마음이 있었기에 그렇게 분별할 수 있으셨다.

가룟 유다도 다른 제자들과 함께 기적을 행했고, 귀신들이 예수님의 이름으로 자기에게 굴복한 것을 함께 기뻐하며 돌아왔다(막 6:7-13; 눅 10:17). 사람들은 가룟 유다의 사역에서 유익을 얻었는가? 돈궤에서 도적질한 바로 그 손에서? 물론이다.

리더를 떠나야 할 때

중요한 사실이 하나 있다. 교회에서 권위 있는 사람이 노골적인 타락이나 죄 가운데 있다는 것이 드러난다면 더러운 그 사람의 샘에서 더는 물을 길어 마시지 말아야 한다. 성경은 그런 경우에는 그 사람에게서 떠나라고 무척 단호하게 가르친다. 지도자가 간음이나 동성애나 착취나 절도나 이단이나 그 밖에 죄에 빠진 것을 당신이 알고 있는데도(혹은 사람들에게 폭로되었는데도) 그 지도자가 회개하지 않는다면 그 사람에게서 떠나라. 그런 사람과는 함께 먹지도 말라고 했다(고전 5:9-11). 엘리의 경우, 한나가 엘리와 그 아들들의 타락한 행위를 잘 알고 있었는지 분명치 않다. 하지만 가룟 유다의 사역 대상이었던 사람 대부분이 그가 도둑이며 장차 배반자가 되리라는 것을 몰랐던 것은 분명하다.

교회 지도자에 관해 바울은 이렇게 말한다. "어떤 사람들의 죄는 밝히 드러나[만인의 눈에 훤히 보여] 먼저 심판[대]에 나아가고 어떤 사람들의 죄는 그 뒤를 따르나니[범죄자를 뒤따라 심판대에 나아가 거기서야 보이게 되나니]"(딤전 5:24).

결론은 이렇다. 타락한 삶을 사는 지도자를 하나님이 아직 심판하지 않으셨다 해도 이생에서든 내생에서든 그 사람은 반드시 심판받을 것이다. 사람이 심판하지 않아도 된다. 분명하지 않은 일을 폭로하지 않아도 된다. 그런데 심증만으로 마구 행동하는 이들이 많다. 그런 이들은 대개 정확하지도 않은 판단으로 자기와 동료들에게 큰 해를 입힌다. 긴가민가한 의혹을 사실인 듯이 흘린다. 자기 생각이 영적 분별인 양 정당화한다. 안수받은 지도자에게 다른 교인들도 아무것도 못 받게 하며, 그 바람에 하나님이 주시려는 것을 놓치는 사람이 많다. 그래서 하나님은 "장로에 대한 고발은 두세 증인이 없으면 받지 말 것"(딤전 5:19)이라고 경고하신다. 증인이란 풍문이 아니라 증거를 제시할 수 있는 사람이다.

하나님은 때를 따라 매사를 심판하신다. 하나님이 회개하지 않은 지도자의 과오를 드러내셔야 하거나 때가 되었다고 생각하시면 사람도 분명 그것을 알게 될 것이고 그때가 그에게서 떠날 때다. 바울은 "범죄한[계속 그렇게 사는] 자[지도자]들을 모든 사람 앞에서 꾸짖어 나머지 사람들로 두려워하게 하라"(딤전 5:20)고 못 박았다. 그들의 죄에 동참하지 말라고 경고하신다. 그들이 진정으로 회개하지 않으면 그 권위에게서 떠나라.

나도 훗날 노골적인 죄상이 밝혀진 지도자를 섬긴 적이 있다. 사건이 일어났을 때 나는 그곳에 없었다(내가 다른 교회 청소년부 담당목사로 섬기게 되면서 우리 가족이 다른 주로 이미 이사한 뒤였다). 우리가 떠나고 나서 몇 년 후 그 목사는 교인들 앞에서 아내와 이혼하겠다는 뜻을 밝혔다. 더는 아내와 살고 싶지 않은 것이 이유였고, 얼마 후 그 목사는 다른 젊은 여자와 결혼하겠다고 했다. 사모는 성적인 부정이 없고 전혀 죄가 없었지만, 그 목사는 무조건 다른 여자를 원했다.

그 시점에서 교인 수천 명이 교회를 떠났다. 떠날 만했다. 남은 사람들은 위험 지대에 있는 셈이었다. 교리와 가르침이 지도자와 새 아내의 뜻대로 점점 변질되었기 때문이다. 교회를 떠나서도 그 목사를 비방하지 않은 사람들은 잘 살아갔다(나는 그런 사람들을 많이 알고 있다). 하지만 그 목사를 공격한 사람들은 고난을 겪었다.

몇 년 뒤 우리 가족은 또 다른 유명한 교회에 다녔다. 그런데 그곳의 목사는 뻔뻔스러운 죄를 범하며 살고 있었지만 하나님은 한동안 그 죄를 묻어 두셨다. 본론에서 좀 벗어난 이야기이지만, 하나님은 오래 참으시는 분이다. 하나님은 그가 죄에서 돌아서기를 기다리셨다. 하나님은 그를 정말 사랑해서 회개할 시간을 주셨다. 하지만 결국 하나님의 인내는 끝이 났고 그 목사의 죄상은 만천하에 드러났다. 알고 보니 그는 꾸준히 남창을 찾고 불법 마약에도 손을 댔다. 그는 약 5만 개 교회가 모여 구성한 미국복음주의교회협의회(National Association of Evangelical Churches)의 리더였기 때문에 그 소식은 훨씬 더 참담하고 충격적이었다.

하지만 이 비극은 이전 상황과는 꽤 다르게 마무리되었다. 다른 교회들에서 온 목사들이 감독들이 되어 재빨리 상처를 봉합하고 목사에게 사과 편지를 쓰게 하고 사임 의사를 발표하도록 했다. 안심한 교인들은 대부분 교회를 떠나지 않았다. 곧 새 목사가 임명되었고, 나중에 그 교회는 이전 목사 아래서보다 훨씬 크게 부흥했다.

35년간 사역을 하면서 이런 비극적인 상황을 참으로 많이 목격했다. 하지만 이런 타락한 리더 아래에서도 우리는 경건하게 반응해야 하고 이는 매우 중요하다. 이 부분에서 다윗이야말로 적합한 행동의 모본이다. 다윗은 악신의 부림을 받는 사울에게서 쫓겨난 후에도 끝까지 사울을 공경했다. 다윗은 사울이 여호와가 기름 부으신 종이라는 것을 알았다. 그 목사가 한 선택의 파장을 생각하면 가슴이 아프지만 지금도 나는 그를 공경하려 노력한다(그를 공경한다고 해서 그의 교리나 사역이 안전하거나 건전하다고 생각하는 건 아니다).

한때 나는 그 목사의 사역을 통해 풍성히 받았다. 내가 그 목사 밑에서 배우던 시절부터 이미 그가 잘못을 범하고 있었다는 것은 나중에서야 알았다. 그때도 막연한 조짐은 있었지만 분명히 드러난 사실은 없었다. 하나님은 당시 내 비판적 태도를 꾸짖으셨다(여기에 대해서는 다음 장에서 이야기할 것이다). 어쩌면 하나님은 지금도 그 사람을 돌이키려 하실 수 있다. 그 일은 당시 내가 할 일이 아니었다. 하나님은 나를 그 사람의 권위 아래 두셨다. 그 사람이 나를 가르칠 자격이 있는 사람인지 판단하는 것은 내 몫이 아니었다. 한나가 엘리에게서 받은 것처럼 당시 많은 사람들이 그 목사에게 받았다.

영적 권위의 질서

다시 예수님의 말씀으로 돌아가자. 이번에는 엘리 같은 사람 말고 경건한 지도자인 예수님의 삶을 통해 이 말씀을 살펴보자. 마태복음에서 예수님은 이렇게 말씀하신다.

너희를 맞아들이는 사람은 나를 맞아들이는 것이요, 나를 맞아들이는 사람은 나를 보내신 분을 맞아들이는 것이다. 예언자[선지자]를 예언자[선지자]로 맞아들이는 사람은, 예언자[선지자]가 받을 상을 받을 것이요, 의인을 의인이라고 해서 맞아들이는 사람은, 의인이 받을 상을 받을 것이다. 내가 진정으로 너희에게 말한다. 이 작은 사람들 가운데 하나에게, 내 제자라고 해서 냉수 한 그릇이라도 주는 사람은, 절대로 자기가 받을 상을 잃지 않을 것이다 (마 10:40-42, 새번역).

여기서 예수님은 두 가지를 말씀하신다. 우선, 하나님 아버지로 시작해 모든 권위에는 순서가 있다. 하나님 아버지는 예수님을 보내신 분이요, 예수님에게 모든 권세를 주신 분이다. 예수님은 친히 "하늘과 땅의 모든 권세를 내게 주셨으니"(마 28:18)라고 말씀하셨다. 예수님은 교회의 머리시다. 예수님이 모든 원수를 그 발 아래 두신 후 하나님 아버지께 나라를 드릴 날이 올 것이다(고전 15:24-26).

그다음 권위는 선지자(예언자)다. 선지자는 성경이 여호와의 대언자로 지칭하는 사람이다(출 4:16; 7:1). 죽은 이들 가운데서 부활하신 예수님이 교회에 주신 다섯 가지 사역의 은사 가운데 하나가 선지자다(엡 4:8-13; 그들은 교회의 대언자다). 사역의 은사는 주님이 주신다. 권위를 위임받은 선지자라는 직분을 통해 주님이 친히 주시는 것이다.

예수님은 다음으로는 의인을 언급하셨고, 의인 중에서 작은 사람들(어린아이)도 배제하지 않으셨다. 나는 아주 어린 신자들에게 잘해 준 덕분에 복을 받은 비신자들을 꽤 보았다. 그들은 주님을 섬기지는 않되 그분께 경의를 표한 것이다. 신자들을 맞아들이는 것은 궁극적으로는 그들의 주인을 맞아들이는 것이다. 제자들은 하나님이 보내신 예수님을 머리로 하는 이 다섯 권위에 복종하며, 제자에는 어린 신자도 포함된다. 따라서 비신자는 그리스도 안에 있는 어린아이의 아래다. 하나님 나라에서는 작은 사람이 비신자보다 더 큰 영적 권위를 가지기 때문이다. 예수님의 말씀은 분명한 권위의 순서를 보여 준다.

영적 권위를 받아들임으로써 받는 보상

이 말씀에서 예수님이 말씀하시는 것 또 하나는, 이 종들을 궁극적으로 하나님이 보내신 이로 영접하면 그에 상응하는 상을 얻는다는 것이다. 예수님의 사역 가운데 예가 있다.

유독 어느 마을 사람들이 예수님의 사역을 받아들이지 않았다. 메시아의 존재를 설교해 왔으며, 지금이 그분이 오실 때임을 성경을 통해 알고 있었으면서도 말이다. 예수님은 "선지자가 자기 고향과 자기 친척과 자기 집 외에서는 존경을 받지 못함이 없느니라"(막 6:4-5)라고 말씀하신 뒤 거기서는 아무 권능도 행하실 수 없어 병자 몇 명만 안수하여 고치셨을 뿐이다.

어떤 이를 하나님이 보내신 이로 영접한다는 것은 곧 그의 직위나 직분을 공경한다는 것이다. 하나님은 모세를 통해 백성에게 "내가 그들의 형제 중에서 너와 같은 선지자 하나를 그들을 위하여 일으키겠다"고 말씀하셨다(신 18:18). 그러나 그 백성은 예수님을 아버지께서 보내신 대언자나 메시아로 공경하지 않았다. 그들은 왜 예수님을 받아들이지 않았는가? 예수님이 자기들이 원하던 모습으로 오지 않으셨기 때문이다. 그들이 기대한 모습과 예수님의 실제 모습은 크게 달랐다. 그들은 이사야서에서 이런 예언을 읽었다.

이는 한 아기가 우리에게 났고 한 아들을 우리에게 주신 바 되었는데 그의
어깨에는 정사를 메었고 …… 그 정사와 평강의 더함이 무궁하며 또 다윗의
왕좌와 그의 나라에 군림하여 그 나라를 굳게 세우고(사 9:6-7).

그래서 그들은 자기들을 로마의 압제에서 해방하여 예루살렘에 왕국
을 세울 정복자 왕이 오기를 기다렸다. 그러나 실제로 그분은 목수의 아들
로 오셨고, 어부들과 세리들을 거느리고 다니셨다. 사람들은 "우리가 바라
거나 기대한 메시아가 아니다" 하고 수군거렸다.

마가복음 6장 말씀 중에 주목할 부분이 있다. 성경은 예수님이 이적을
'행하실 수 없었다'고 한다. '행하지 않으셨다'가 아니다(만일 그랬다면 그것은 그
분 의지에 달려 있었다는 이야기다). 성경은 '행하실 수 없었다'고 한다. 그분이 제
지당하셨다는 뜻이다. 생각해 보라. 하나님의 성령을 한량없이 받으신 하
나님의 아들이 외부의 제지를 받으셨다. 왜? 대답은 두 가지다. 첫째, 예수
님이 자기들이 원하던 방식대로 오지 않으셨다고 해서 사람들이 그분을 영
접하지도 공경하지도 않았기 때문이다. 둘째, 사람들이 그분을 너무 잘 알
고 있었기 때문이다.

회당에서 가르치시니 많은 사람이 듣고 놀라 이르되 이 사람이 어디서 이런
것을 얻었느냐 이 사람이 받은 지혜와 그 손으로 이루어지는 이런 권능이 어
찌됨이냐 이 사람이 마리아의 아들 목수가 아니냐 야고보와 요셉과 유다와
시몬의 형제가 아니냐 그 누이들이 우리와 함께 여기 있지 아니하냐 하고 예

수를 배척한지라 예수께서 그들에게 이르시되 선지자가 자기 고향과 자기 친척과 자기 집 외에서는 존경을 받지 못함이 없느니라(막 6:2-4).

선지자가 어디에서 존경을 얻지 못하는가? 고향과 친척에게 존경받지 못하는 경우가 많다. 다윗도 가족들을 축복하러 집에 돌아왔을 때 그런 일을 겪었다. 거리에서는 다윗의 승리를 축하하고 있었지만, 정작 다윗의 지붕 아래에는 멸시가 있었다. 그 결과 다윗의 아내 미갈은 하나님이 자기를 위해 예비하신 복을 잃었다(삼하 6장). 다윗은 자기 집을 축복할 권한이 있었다. 그렇다면 예수님께도 자기 고향 사람들과 친척을 축복할 능력이 당연히 있었을 것이다. 무한한 축복의 권능이 있었는데도 예수님은 그들을 위해 아무것도 할 수 없으셨다.

겸손히 배우려는 마음, 갈망하는 마음으로 하나님을 좇는 이들만 예수님에게서 하나님의 손을 볼 수 있으며, 그분을 통해 받을 수 있었다. 예수님은 친히 검이 되셔서 자기 백성을 둘로 가르셨다. 진정 하나님을 좇는 자들의 심령과, 경건의 모양은 있지만 반항심으로 눈먼 자들의 심령을 가르신 것이다. 시므온은 예수님의 어머니 마리아에게 이렇게 말했다. "이는 이스라엘 중 많은 사람을 패하거나 흥하게 하며 비방을 받는 표적이 되기 위하여 세움을 받았고 또 칼이 네 마음을 찌르듯 하리니 이는 여러 사람의 마음의 생각을 드러내려 함이니라"(눅 2:34-35).

요한복음 1장 11-12절에도 둘로 나뉜 집단이 나온다. "자기 땅에 오매 자기 백성이 영접하지 아니하였으나 영접하는 자 곧 그 이름을 믿는 자들에게는 하나님의 자녀가 되는 권세를 주셨으니." 여기 모든 이를 위한 근본 진리가 담겨 있다. 하나님은 우리에게 필요한 것을 우리가 원치 않는 꾸러미에 담아 보내실 때가 많다. 바로 그 방법으로 우리 마음의 실상이 드러나게 마련이다. 우리가 그분 권위에 복종하는지 반항하는지 그 상황을 통해 나타나는 것이다.

예수님은 "너희는 나를 알지 못하고 내 아버지도 알지 못하는도다 나를 알았더라면 내 아버지도 알았으리라"(요 8:19)라고 하셨다. 하나님 아버지를 아는 사람은 그분이 보내시는 사람들 속에 나타나는 권위도 알아차린다. 굳이 설명하거나 가르치거나 입증해 보일 필요가 없다.

어떤 사역자가 아프리카에 가면 눈먼 자가 앞을 보고 걸을 수 없었던 이가 일어나 걷고 들을 수 없었던 이가 듣는 기적이 나타나는데, 미국에 오면 두통이나 요통의 치유밖에 나타나지 않는 까닭이 그것이다. 예를 들자면 한이 없다. 아프리카에서는 외모나 포장에 상관없이 모든 사역자를 하나님이 보내신 사람으로 영접한다. 그렇게 영접하고 공경하기에 수많은 아프리카 사람들이 하나님의 능력과 임재라는 복을 받는다. 미국에서는 포장이 그럴듯하지 않으면 공경도 하지 않는다. 겉포장과 공경이 비례 관계다. 사역자를 하나님이 보내신 사람으로 영접하고 공경하는 만큼 그 사람을 통해 하나님께 받을 것이다. 반면에 우습게 여기면 그렇게 받는다. 극진히 공경하면 당신에게도 공경이 돌아온다.

친구가 되어 달라고?

청소년부를 맡았던 시절에 만난 팀이라는 열다섯 살 소년과 이런 일이 있었다. 팀은 전임(前任) 청소년부 목사 밑에서 열심히 활동했다. 그 목사는 친목 활동과 외부 행사와 스포츠 중심으로 부서를 이끌었다. 아이들 사이에 반항, 임신, 여러 도덕적인 문제 등 골치 아픈 일들이 꼬리를 물고 일어났다. 담임목사는 그 목사를 내보낼 수밖에 없었고, 그 자리에 내가 들어갔다. 전임 목사는 거기서 조금 떨어진 곳에서 아이 몇 명과 함께 자기 교회를 시작했다. 팀은 그를 따라가지 않은 아이였다.

아이들 대다수가 남기는 했지만 나는 기초를 새로 쌓아야 했다. 주님은 내게 처음 여섯 달 동안은 설교와 기도와 예배 외에는 아무것도 하지 말라고 지시하셨다. 그 기간에 나는 친교 활동은 전혀 계획하지 않았다. 당연히 나는 많은 아이들이 기대하지 않은 꾸러미였다. 그 결과 주님의 검이 한차례 청소년부 사이를 지나갔다. 떠난 아이들도 있고, 호기심에 남은 아이들도 있고, 뜨겁게 반응한 아이들도 있었다(그렇게 뜨겁게 반응한 아이 가운데 다수가 지금 사역을 하고 있다).

그 부서를 맡은 지 넉 달쯤 되었을 무렵, 예배 후 팀과 이야기를 나누었다. 팀은 진지하게 물었다.

"목사님, 제 친구가 되어 주실래요? 지난번 목사님도 그랬거든요."

나는 그가 바라던 포장이 아니었기에 가볍게 넘길 질문이 아니었다. 잠시 주님의 음성에 귀 기울였다. 답이 즉시 질문의 형태로 생각났다.

"팀, 예수님은 '예언자[선지자]를 예언자[선지자]로 맞아들이는 사람은 예언자[선지자]가 받을 상을 받을 것'(마 10:41, 새번역)이라고 하셨단다. 목사에게도 그대로 적용되는 말씀이지. 네가 목사를 목사로 맞아들이면 너는 목사가 받을 상을 받을 거야. 팀, 넌 친구가 많지?"

"예."

"하지만 청소년부 목사는 딱 한 명이지?"

"예."

"친구의 상과 청소년부 목사의 상 가운데 너는 어느 것을 받고 싶니? 네가 나를 어떻게 받아들이느냐에 따라 네가 하나님께 무엇을 받을지 결정되거든."

팀은 금세 뭔가를 깨닫는 것 같았다. 나는 아이의 눈에서 계시의 표정을 보았다. 팀은 금세 이렇게 대답했다. "저는 목사의 상을 원해요. 무슨 말씀인지 알아요." 그 후로 팀은 잘 자랐다. 몇 년 후 이사를 갔지만 내가 그 아이가 이사 간 지역을 지날 때마다 나를 만나러 나왔다.

내 사역의 근거, 내 능력이 아니라 주님의 선택이었다

나는 이 주제 하나만으로 책 한 권을 썼다. 《존중》(Honor's Reward, 두란노 역간)이라는 책이다. 나는 사람들이 하나님의 종들을 영접하고 공경하지 않아서 결국은 하나님께 아무것도 못 받는 것을 볼 때마다 마음이 무너진다. 사역을 하는 중에 그런 일을 수없이 보았다. 사역자들이 가장 다가가기 힘든 사람은 하나님의 종을 당연하게 여기는 사람이다. 미국에 있는 많은 교회와 기독교 학교에서 그런 사람들을 자주 보았다. 그런 사람들은 끊임없이 찾아오는 사역이라는 뷔페에 질리고 배가 불렀다. 그런 사람들에게 나는 그저 한 가지 요리일 뿐이다.

아무래도 권위의 생리를 잘 아는 군인에게 설교하는 것이 가장 쉽다. 그다음은 죄수나 개발도상국 사람이다. 그들은 절박하고 굶주려 있기 때문이다. 하나님도 에스겔에게 비슷한 말씀을 하셨다.

너를 언어가 다르거나 말이 어려운 백성에게 보내는 것이 아니요 이스라엘 족속에게 보내는 것이라 …… 내가 너를 그들에게 보냈다면 그들은 정녕 네 말을 들었으리라 그러나 이스라엘 족속은 이마가 굳고 마음이 굳어 네 말을 듣고자 아니하리니 이는 내 말을 듣고자 아니함이니라(겔 3:5-7).

이스라엘에게 에스겔은 또 다른 선지자에 불과했다. 게다가 다른 선지자들은 백성에게 듣기 좋은 말만 했지만 에스겔은 엄했다. 그래서 이스라엘은 에스겔을 영접하지 않았다.

하나님은 어느 날 이런 선포로 나를 어리둥절하게 하셨다.

"너를 영접하지 않을 곳으로 너를 보내겠다."

"잠깐만요, 그들이 제 말을 받아들이지 않을 것을 아시면서 저를 보내시겠다니 왜 그렇게 하십니까?"

"내가 그들에게 기회를 주지 않았다는 말을 그들이 절대 할 수 없도록 하기 위해서다."

나는 그런 곳으로 갔다. 그런 곳에 있을 때면 이런 생각이 들었다. '이 사람들은 왜 나를 불렀지? 내가 안 왔으면 좋았겠다는 식으로 행동하잖아.'

하지만 그렇지 않은 곳에도 갔다. 공항에 마중 나온 순간부터 다시 공항에 데려다 주는 순간까지 흥분으로 맞이하며 친절과 공경으로 대접했다. 호텔에 가면 과일과 간식이 가득 담긴 예쁜 바구니가 나를 반겨 주었다. 연신 나는 "뭐 필요하신 것 있습니까?" 하는 질문을 들었다. 마치 내가 "좋습니다, 좋습니다"만 반복하는 고장난 레코드가 된 듯한 생각이 한두 번 든 게 아니었다. 되돌아보면 각 사람과 교회들이 가장 놀랍게 변한 곳은 바로 그런 곳이었다.

처음에는 극진한 대접을 받거나 강사 소개 때 넘치도록 박수를 받는 것이 불편했다. '나도 여러분과 똑같은 사람입니다. 이러지 마십시오' 하는 생각이 들었다. 그러나 곧 그것이 나와 상관있는 문제가 아니라는 것을 깨달았다.

조금씩 조금씩 하나님은 내게 보여 주셨다. "그들이 너를 공경하게 그냥 두어라. 너를 위해서가 아니라 그들을 위해서다." 그들이 내가 아니라 내 삶에 주신 하나님의 선물을 공경한다는 것을 깨닫자 한결 쉬웠다. 예수님은 존 비비어라는 그릇을 사용하셔서 그들에게 주실 것이 있었다. 그들은 긍정적으로 반응함으로 마음이 열려 그것을 받을 수 있었다. 교만은 커녕 내 안에 점차 더 깊은 겸손과 하나님을 향한 의존이 싹트는 것을 느꼈다. 내 사역의 근거는 내 능력이 아니라 주님의 선택임을 알았다. 나는 그 사람들이 보이는 공경을 주님께 돌리며 즉시 그분을 의지하는 마음을 고백했다. 공경을 보인 사람들은 쉽게 받았다. 공경이 없는 사람일수록 다가가기 더 어려웠다.

"배나 존경할 자"

바울은 "잘 다스리는 장로들은 배나 존경할 자로 알되 말씀과 가르침에 수고하는 이들에게는 더욱 그리할 것이니라"(딤전 5:17)라고 가르쳤다. 배나 존경하라고 표현했다. 다시 말해 세상 권위의 자리에 있는 사람에게 하는 공경의 갑절로 공경하라는 뜻이다.

이 말씀의 문맥을 보면 공경에는 사역자들을 재정적으로 공경하는 방식도 들어 있다. 바울은 이어서 말한다. "일꾼이 그 삯을 받는 것은 마땅하다"(딤전 5:18). 다른 번역에도 이 점은 분명하다. "잘 다스리는 장로들을 [충분한 재정 지원과 함께] 존경하고 특히 말씀과 가르치는 일에 수고하는 분들을 더욱더 존경하기 바랍니다. 성경에도 …… '일꾼이 자기 품삯을 받는 것이 마땅하다' 하였습니다"(딤전 5:17-18, 현대인의성경). NLT 성경은 이 구절을 이렇게 번역한다. "자기 일을 잘하는 장로들은 존경을 받고 두둑한 품삯을 받아 마땅하다."

이것은 변하지 않는 원리다. 교인들이 자기들을 섬기는 목사들과 지도자들을 잘 챙기면, 사업하는 이들이며 다른 교인들이 번창하는 복을 받는다. 그들은 하늘의 경제를 누린다. 그러나 인색한 교인들 사이에는 절도와 궁핍, 현세의 열악한 경제 환경에 대한 불평이 들끓는 것을 자주 보았다.

특히 미국의 사역자들이 이 진리를 남용했다. 쉬지 않고 돈 이야기만 꺼내는 목사들을 보면 마음이 아프다. 그들이 하는 말도 일리는 있으나, 그들은 사역에서 중요한 것을 잃은 채 돈벌이를 하는 길로 빗나갔다. 바리새인들의 삶이 그랬다. 진리를 남용하는 바리새인들을 보고 공경의 원리를 저버린 사람들이 많았다. 공경의 원리가 하나님이 바라시는 삶의 길이었는데도 말이다. 교인들에게는 건전하게 진리를 제시해야 하는데, 목사들은 진리를 왜곡해 적용함으로써 자기 영향 아래 있는 이들에게 상처를 입히고 있다.

순회 사역 첫해에 그런 피해를 직접 목격했다. 교인이 100명 조금 넘는 교회에 갔다. 집회는 순조로웠고 사람들도 좋았다. 그 교회 담임목사와 함께 지내면서 그 집 사정이 안 좋다는 것을 알았다. 사모는 비행기 승무원으로 일하느라 마음껏 교인들을 섬길 수 없었다. 그러면서도 목사 사레비가 교회에 너무 부담이 될 것 같아 차마 일을 그만둘 엄두를 못 냈다. 나는 그들의 영적인 성장 배경을 잘 알았다. 그 목사와 나는 앞서 언급한 교회에서 함께 사역했다. 그런데 우리가 함께 사역한 교회에서 담임목사는 재정과 헌금 부분을 지나치게 가르쳤다. 우리 둘은 그 담임목사처럼 되고 싶지 않아 조심했고, 그러다 보니 우리도 모르는 사이에 그 반대편으로 심하게 갔다. 그러나 하나님은 어느 쪽이든 극단은 좋지 않다고 가르치셨다. 그분은 참된 균형을 원하신다.

집회는 주일 아침부터 수요일 밤까지 했다. 처음 세 번 집회는 좋았으나 무언가가 교회의 발목을 꽉 붙잡고 있는 것 같았다. 화요일에 하루 종일 주님은 그 교회의 재정 처리 방식과 그 목사에 대해 내 마음을 다루셨다. 나는 그 생각을 떨칠 수 없으면서도, 내가 어떻게 해야 할지 막막했다. 그날 밤 집회 직전, 목사는 내게 내 사역 단체인 메신저 인터내셔널을 위해 헌금하는 시간이 있으면 좋겠다고 했다. 그는 순서를 나에게 넘겨주면서 정확히 이렇게 말했다. "헌금에 대해서 자유롭게 이야기하십시오."

나는 기뻤다. 하나님이 나를 다뤄 오신 일을 비로소 행동으로 옮길 수 있는 문을 열어 주신 것을 알았다. 그날 밤 나는 앞에서 말한 내용을 중심으로 말씀을 전했다. 디모데전서를 읽었다. 목사 부부가 재정적으로 제대로 대우를 받지 못하고 있다고 했다. 가족을 부양하기 위해 사모가 매주 사나흘씩 비행기를 타는 것이 바람직하지 않은 시기가 되었다고 교회 앞에서 분명히 밝혔다. 담임목사님이 내게 헌금에 대해 자유롭게 하라고 했지만 오늘 밤 헌금은 우리 사역 단체를 위한 헌금이 아니라고 말했다. 나는 그 헌금이 담임목사님 가정에 돌아가기를 원한다고 밝혔다. 교인들은 자기 목사를 축복할 수 있는 기회에 정말 감격했고 그것은 곧 뜨거운 반응으로 나타났다. 그날 헌금은 그때까지 그 교회에서 가장 많이 나온 헌금의 무려 세 배에 달하는 액수였다. 사모는 눈물을 흘렸고 목사는 할 말을 잊었다.

그러고 나서 24시간 동안 일어난 모든 사건을 다 적는다면 누구든 놀랄 것이다. 한 가정은 이튿날 1만 달러짜리 수표를 받았다. 어느 교인의 문간에는 1,500달러짜리 수표가 든 봉투가 끼여 있었다. 그것은 시작일 뿐이었다. 다음 주일 아침까지 간증이 너무 많고 놀라워 목사가 설교를 할 수 없을 정도였다. 그 주에 하나님이 사업이나 개인에게 재정적으로 주신 복을 교인들이 간증하고 듣다 보니 예배 시간이 다 흘러가 버렸다. 목사는 계획에 없던 그 예배 실황 테이프를 나중에 내게 보내 주었다.

이후 2년 동안 교회는 폭발적으로 성장했다. 새 건물을 샀고, 교인도 500명으로 늘었다. 몇 년째 계속 100명 선을 맴돌던 교회였다. 이 밖에도 다른 수많은 예를 통해 하나님은 우리가 우리를 위해 수고하는 사람들을 공경하기를 바라신다는 것을 배웠다.

나는 거의 30년간 전 세계를 돌면서 이 성경 원칙에서 벗어난 예외 상황을 단 한 번도 본 적이 없다. 목사들에게 심하게 적은 사례비를 주는 교회를 숱하게 방문해 봤다. 그 교회들은 목사 사례비를 줄이면 그만큼 선교와 구제에 많은 돈을 쓸 수 있다는 핑계를 댔다. 물론 이 교회들은 실제로 해마다 선교비로 수만 달러를 쓴다.

나는 목사들에게 후한 사례비를 주는 교회의 설교단에도 수없이 서 봤다. 그런데 이 교회들은 매년 선교비로 수백만 달러를 쓴다. 자, 이제 문자. 어느 교회들이 선교와 구제를 더 많이 하는가? 답은 명백하다. 목사들에게 후한 사례비를 주는 교회들이다. 그 이유는 무엇일까? 이 교회들은 하나님의 말씀이 지시하는 대로 순종하는 반면, 다른 교회들은 자신들이 하나님보다 더 지혜롭다고 믿기 때문이다.

나는 개발도상국들을 돌면서 교회가 나를 대접하는 모습에 눈물을 흘린 적이 많다. 미국을 기준으로 보면 금전적으로는 초라했을 것이다. 미국의 냉담한 일부 교회에서도 그보다 헌금을 훨씬 많이 받았으니 말이다. 그러나 나는 무엇보다 감사하는 이들의 헌금 뒤에 있는 사랑에 감동했다. 액수는 가장 적었지만 누구보다 가장 많은 것을 드렸다고 예수님이 말씀하신 과부와 마찬가지였다. 과부는 헌금으로 하나님을 공경했다. 개도국에서 만난 수많은 성도들도 하나님이 보내신 종들을 공경하며 고마워했다. 그런 태도가 마음에도 배어들어야 한다. 하나님 말씀 가운데 수고하는 일꾼들을 힘써 공경하라.

리더가 임명한 사람들 존중하기

예수님의 말씀을 다시 보자. "내가 진실로 진실로 너희에게 이르노니 내가 보낸 자를 영접하는 자는 나를 영접하는 것이요"(요 13:20). 하나님 아버지는 예수님을 보내셨고, 예수님은 다섯 부류의 사역자를 보내신다. 마태복음 10장 40-42절에서 예수님은 사실상 그 명령 체계를 말씀하신 것이다. 그분이 임명하신 사역자들을 받아들이는 것은 예수님을 받아들이는 것이고, 예수님을 받아들이는 것은 아버지 하나님을 받아들이는 것이다.

명령 체계는 다섯 부류의 사역자에서 끝나지 않고, 각 사역자가 임명한 사람들에게로 이어진다. 미국 남부에서 설교하면서 내가 한 말을 나는 두고두고 잊지 못할 것이다. 그 교회 목사는 무척 훌륭했다. 권위를 잘 행사하며 교인들을 보살폈고 교인들은 목사를 존경했다. 하지만 그 존경이 다른 사역자와 일꾼들에게 내려오지는 않았다. 담임목사가 임명한 안내 위원, 주차 위원, 환영 위원, 사무직원, 부목사, 전도사 같은 이들을 공경하지 않는 사람들이 보였다.

나는 선지자로서 말씀을 전하고 있었다. 그렇게 설교하다 보면 예정하지 않았던 말이 나올 때가 많다. 교회의 한 일꾼을 가리켜 보이며 교인들에게 엄하게 말했다. "여러분은 이분을 대하는 방식으로 목사님을 대합니다. 그리고 목사님을 대하는 방식으로 예수님을 대합니다."

몇몇 교인의 눈빛이 달라지는 듯했다. 계시의 빛이 그들의 태도를 드러낸 것이다. 건강한 교회답게 교인들은 그 지적을 달게 받았다. 그 말씀은 사실 내게도 은혜가 되었다. 다른 교회에서 말씀을 전할 때든 우리 교회 예배에 참석할 때든 나는 섬기는 사람들을 공경한다. 그들은 목사가 임명했고, 목사는 예수님이 임명하셨고, 예수님은 하나님 아버지가 임명하셨다. 만나는 사람들 안에서 하나님의 권위를 보는 것, 바로 그것이 핵심이다.

아람 군대 장관인 나아만 이야기가 좋은 예다. 그는 나병에 걸려 나을 가망이 없었다. 그런데 집에 있는 히브리인 여종이 여호와 하나님의 이름으로 병을 고칠 수 있는 선지자가 이스라엘에 있다고 말했다.

아람 왕은 승낙하며 나아만을 이스라엘 왕에게 보냈고, 이스라엘 왕은 나아만을 엘리사 집으로 보냈다. "나아만이 이에 말들과 병거들을 거느리고 이르러 엘리사의 집 문에 서니 엘리사가 사자를 그에게 보내 이르되 너는 가서 요단강에 몸을 일곱 번 씻으라 네 살이 회복되어 깨끗하리라 하는지라"(왕하 5:9-10).

나아만은 이 말을 듣고 분노했다. "내 생각에는 그가 내게로 나와 서서 그의 하나님 여호와의 이름을 부르고 그의 손을 그 부위 위에 흔들어 나병을 고칠까 하였도다"(왕하 5:11).

나아만은 엉뚱한 기대 때문에 하마터면 하나님이 하시려던 치유를 거절할 뻔했다. 엘리사가 직접 나왔다면 나아만은 흔쾌히 영접했을 것이다. 하지만 사자나 사환 정도로는 어림없는 일이었다. 나아만은 요직에 있는 인물이 아닌가. 엘리사가 자기를 직접 만나지 않자 굴욕감을 느꼈다. 하지만 군대 장관인 나아만은 위임된 권위를 이해했어야 했다. 다행히 종들이 설득하여 나아만은 요단강에 가서 일곱 번 몸을 씻고 완치되었다. 정확히 엘리사의 사자가 말한 대로 된 것이다. 그 사자는 사실 하나님이 주신 권위가 있는 사람을 대변하는 사람이었다.

담임목사가 자리를 비우면 예배에 참석하는 사람 수가 줄어드는 교회가 있다는 이야기를 들으면 안타깝다. 사람들이 참된 권위를 이해하지 못해서 생기는 일이다. 마음이 바로 서 있다면 교인들은 부목사한테든 전도사한테든 외부 강사한테든 똑같이 잘 받을 수 있다. 그 사람들도 담임목사가 임명하여 세운 사람들이기 때문이다. 목사는 예수님을 대신하여 선 사람이다. 이것은 성품 경연 대회가 아니라 그 사람이 받은 권위의 문제이며, 그 권위를 거슬러 올라가면 예수님께 닿는다. 하나님 나라의 권위를 이해하면 얼마든지 납득할 수 있는 이야기다.

정부 지도자와 직장의 사장과 학교의 교사와 그 외 임명된 이들을 공경해야 한다. 부모와 남편을 공경해야 한다. 그럴 때 보상을 약속하셨다. 또한 사역으로 섬기는 사람들 특히 하나님의 말씀을 가르치고 전하는 일로 수고하는 사람들을 배나 존경해야 한다.

11장

순종하는 속마음, 복종하는 태도

순종 못 할 순간에도
'복종하는 태도'를
잃지 말라

권력에 굶주린 인간이 아니라
하나님이 복종을 명하셨다.

아마도 신자들 사이에 복종만큼 오해를 많이 불러일으키는 문제도 없을 것이다. 지금부터 석 장에 걸쳐 그런 난해한 이슈를 다룰 것이다. 보호 아래 거하는 삶을 가르치면서 나는 이런 질문을 수없이 들었다.

ㅇ 어떤 상황에서도 순종해야 하는가?

ㅇ 지도자의 결정에 동의하지 않을 때는 어떻게 해야 하는가?

○ 권위가 잘못 결정했을 때는 어떻게 해야 하는가?

○ 권위가 내게 잘못된 일을 명할 때는 어떻게 해야 하는가?

○ 어디에 한계를 두어야 하는가?

권위에 자신 있게 복종하려면 반드시 답해야 하는 중요한 질문들이다. 히브리서 기자는 이렇게 말한다.

너희를 인도하는 자들에게 순종하고 복종하라 그들은 너희 영혼을 위하여 경성하기를 자신들이 청산할 자인 것같이 하느니라 그들로 하여금 즐거움으로 이것을 하게 하고 근심으로 하게 하지 말라 그렇지 않으면 너희에게 유익이 없느니라(히 13:17).

여기서 기자가 분명히 권하는 일은 두 가지다. 우리를 인도하는 사람들에게 순종하는 것과 복종하는 것이다. 이 둘은 서로 다른 명령이지만 이 둘을 혼동하는 사람이 많다. 우리는 순종하지만 그것이 반드시 복종은 아닐 수도 있다.

공급이 사라지다

나는 공학 계통 직장을 잠시 다니다가 미국 남부에 있는 큰 교회에서 담임목사 전담 직원으로 4년 반 동안 일했다. 목사 부부의 개인적인 용무를 처리하고 그 자녀들을 돌보는 일로, 배울 것이 많은 좋은 자리였다. 첫

해는 하나님이 나를 하나님 나라의 이 자리에서 일하게 해 주신 사실에 내내 감격하며 살았다. '이 일을 하게 해 주신 하나님께 보답해야 하지 않을까?' 하는 생각을 했던 일이 떠오른다. 한번은 목사 가족에게 필요한 식료품을 사고 나서 슈퍼마켓 주차장에 앉아 감격의 눈물을 흘렸던 적도 있다. '나 같은 자가 어찌 이런 특권을 받았단 말인가!'

그러나 이런 달콤한 시기는 1년쯤 계속되다 차츰 사라졌다. 처음에는 서서히 진행되었으나 나중에는 급격하게 사라졌다. 목사 가정에 가까이 갈수록 흠이 많이 보였다. 신선함과 감격도 더는 흠을 가리지 못했다. 내가 목격한 일들을 머릿속에서 떨치기가 힘들었다. 곧 그런 장면이 나를 사로잡기 시작했다. 일을 진행하는 방식, 문제 처리 방식, 거기서 내리는 결정 등 수긍할 수 없는 것들이 많았다.

일반 회사에서 듣는 신랄한 비판과 다를 바 없는 말들이 난무했다. 어떤 직원이 거론되는 경우, 그가 해임이나 권고사직을 당하는 건 시간문제임을 알았다. 그들은 번번이 (내가 보기에) 유창한 말솜씨로 사람을 홀리는 사람들에게 자리를 내주고 떠나야 했다. 새로 들어온 사람들 대부분은 관리직이나 다른 중요한 자리로 쉽게 옮겨 가는 듯했고, 담임목사는 경건한 사람들보다 그런 사람들과 함께 어울리기를 더 즐기는 것 같았다. 담임목사는 그 사람들이 음담패설을 말할 때는 낄낄대고 웃으면서도, 신실한 성도들과 같이 있을 때는 마음이 딴 데 있는 듯 무심하게 행동했다. 담임목사의 그런 행동이 너무 당혹스러웠고, 내 안에서는 비판적인 생각이 끊이지 않았다.

그 부분에서만 겉과 속이 다른 것이 아니었다. 이번에는 전국에 잘 알려진 한 국제 사역이었다. 모든 사역을 계속 유지하려면 많은 인력과 재정이 필요했다. 직원만 해도 250명이 넘었고 모든 시설도 최첨단이었다. 기존 사역과 향후 사업 구상에 필요한 자금을 확보하는 데 도움을 얻으려고 컨설턴트들을 초빙했다. 그들을 접대하는 일이 내 임무여서 우리 목사가 그들과 회의하는 자리에 나도 늘 같이했다. 그때마다 '이것이 대기업인가, 사역인가?' 하는 의문이 절로 생겼다. 들으면 들을수록 '이건 기만이다. 이들이 정말 영혼을 생각하는 사람들인가? 아니면 그저 돈이나 벌려는 사람들인가? 우리 목사님은 왜 저런 사람들을 주위에 두지?' 하는 생각을 떨칠 수 없었다.

그즈음 내 주위에는 나처럼 비판적인 친구들이 늘 있었다. 어느 집에서 저녁을 먹던 일이 생생하게 떠오른다. 그 집주인과 나는 둘 다 담임목사 부부 직속 직원이었다. 담임목사의 사역에서 더는 받을 것이 없다는 말이 나왔다. 내가 한 말이 기억난다. "지난 여섯 달 동안 설교에서 아무것도 얻은 게 없어." 다들 맞장구쳤다. 유독 내 아내만 가만히 있었다.

"더는 우리한테 공급해 주는 것이 없다"는 말이 연달아 나왔다. 그 목사 밑에서 일할 날도 다 끝났다고 입을 모았다. 우리 자신이 아주 영적인 듯이 느껴졌고, 하나님이 우리를 그분이 친히 예비하신 사역으로 곧 인도해 주시리라는 확신이 있었다. 지금 있는 곳에서 일하는 것이 곧 끝나고 머잖아 더 좋은 자리로 가리라는 믿음이 있었다.

내가 문제였다

며칠 후 기도하는 중에 자비의 하나님께서 우리가 그 집에서 이야기한 문제들을 떠오르게 하셨다. '공급이 없다'는 말이 그날 저녁에만 나온 말이 아니었는데도 유독 그 말이 확대되어 계속 머릿속에서 떠나지 않았다. 예배 시간에 담임목사의 설교를 듣고 있을 때도 마찬가지였다. 공급이 없어 메마른 내 상태를 생각하고 있으니 성령께서 단호히 깨우쳐 주셨다.

"문제는 네 목사가 아니다. 문제는 너한테 있다!"

나는 기가 막히고 믿을 수 없었다. 이것이 정말 하나님이 내게 하시는 말씀인가? 예전에 나는 그런 지적을 받을 때마다 잠시 주저하며 내가 들은 말이 정확한지 따져 보았다. 이런 의문이 생겼다. "하나님, 다른 사람이 아니라 저한테 하시는 말씀 맞습니까?" 성숙할수록 이런 의문은 점점 덜 생긴다. 내가 아는 것이 얼마나 적고 내가 얼마나 더 성장해야 하는지를 깨닫게 되기 때문이다. 나는 큰 소리로 물었다. "왜 저한테 문제가 있다고 하시는 겁니까?"

"너는 계속 공급이 없다는 타령을 하지만 이사야서에 '너희가 즐겨 순종하면 땅의 아름다운 소산을 먹을 것이요 너희가 거절하여 배반하면 칼에 삼켜지리라 여호와의 입의 말씀이니라'(사 1:19-20)라는 말씀이 있다."

나도 잘 아는 말씀이었다. '그동안 아주 잘 순종했는데' 하는 생각이 들었으나 성령은 계속 말씀하셨다. "너는 이 사역에서 시키는 일은 다 순종하고 있다. 하지만 나는 '너희가 순종하면 땅의 아름다운 소산을 먹을 것'이라 말하지 않았다. 나는 '너희가 즐겨 순종하면'이라고 했다. 즐겨 순종한다는 것은 곧 네 태도다. 지금 네 태도는 불손하다!"

그때 성령께서 고등학교 시절에 있었던 일을 생각나게 하셨다. 거듭나기 전에 수요일마다 나는 〈바레타〉(Baretta)라는 탐정 드라마를 제일 재미있게 보았다. 그런데 바레타가 사건을 해결하는 데 필요한 결정적인 단서를 얻는 클라이맥스 순간만 되면 꼭 어머니가 들어와 방해를 했다. 목요일은 쓰레기를 버리는 날이었는데 쓰레기차는 새벽에 왔다. 그래서 전날인 수요일 밤이면 쓰레기를 내다놓아야 했고, 그것은 내 일이었다.

"존, 쓰레기 내놓았니?"

어머니는 꼭 드라마가 한창 재미있을 때만 들어와서 물으시는 것 같았다. 내 대답은 늘 같았다.

"아직요."

"지금 당장 일어나서 버리고 와."

"예, 엄마."

나는 늘 이렇게 대답하며 일어났다. 누군가 내 행동을 봤다면 말 잘 듣는다고 생각했을지 모른다. 맞는 말이다. 그러나 속에서는 불만이 끓어올랐다. '도대체 엄마는 왜 항상 〈바레타〉가 한창 재미있을 때만 그 일을 시키시지? 10분만 있으면 끝나는데, 조금만 기다렸다 시키시면 안 되나?'

성령께서 말씀하셨다. "너는 순종했지만 즐겨 순종하지는 않았다. 어머니께 너는 바르게 행동하지 않았다. 이 교회에서 네게 공급이 없는(내 나라의 아름다운 소산을 먹지 못하는) 이유는 네가 순종하긴 하지만 즐겨 하는 태도가 없기 때문이다!"

나는 하나님의 것을 받지 못했을 뿐 아니라 위험 지대로 가고 있었다. 목사에 대한 태도 때문에 그 지경에 이르렀음을 깨달았다. 히브리서 13장 17절은 이렇게 끝난다. "그렇지 않으면 너희에게 유익이 없느니라."

눈이 번쩍 뜨였다. 즉시 회개했다. 다음 주일 같은 교회에 나가 같은 자리에 앉아 같은 목사에게 같은 시리즈 설교를 들었다. 그러나 그 아침에는 모든 것이 달랐다. 천국이 열렸다. 나는 하나님이 목사의 가르침을 통해 내게 주시는 계시에 크게 놀랐다. 하나님은 나를 그 목사의 권위 아래 두셨는데, 그 권위에 내가 보인 나쁜 태도 때문에 지난 여섯 달 동안 놓친 것들을 생각하니 눈물이 날 것만 같았다. 목사와 교회 운영 방식을 불평하며 마음으로 반항한 탓에 여섯 달 동안 내 상황이 잘 풀리지 않은 것이었다.

하나님이 권위를 위임하신 이들에게 복종하지 않는 것은 하나님의 권위에 반항하는 것이다. 하나님이 그들을 세우셨기 때문이다. 하나님은 우리 위에 권위를 두시고, 그 권위를 통해 우리에게 잔칫상을 차려 주신다. 우리가 그 잔치를 마음껏 누리며 유익을 얻기를 바라신다.

순종이 권위에 반응하는 행동의 문제라면 복종은 권위에 대한 태도의 문제다. 그런데 안타깝게도 우리 대부분은 이 점을 놓친다. 하나님은 겉으로 보이는 행동과 마음에 숨은 태도를 함께 보신다. 다윗은 아들 솔로몬에게 권좌를 물려주면서 당부했다. "내 아들 솔로몬아 너는 네 아버지의 하나님을 알고 온전한 마음과 기쁜 뜻으로 섬길지어다 여호와께서는 모든 마음을 감찰하사 모든 의도를 아시나니 네가 만일 그를 찾으면 만날 것이요 만일 네가 그를 버리면 그가 너를 영원히 버리시리라"(대상 28:9).

그래서 히브리서 기자는 우리를 인도하는 사람들에게 순종할 뿐 아니라 복종하라고 가르친다. "각 사람은 위에 있는 권세들에게 복종하라"(롬 13:1)는 바울의 말에도 순종과 기뻐하는 태도가 함께 들어 있다.

태도는 복종, 행동은 불순종

히브리서 말씀을 다른 번역으로 읽어 보자. "너희 지도자들에게 순종하고 그들의 권위에 복종하라"(13:17, NIV). 복종하는 태도 없이 행동으로만 순종하는 예는 이미 살펴보았다. 그러나 반대 경우도 있을 수 있다. 복종하는 태도는 보이나 행동으로는 순종하지 않을 수도 있다. 이 책 3장에서 말한 두 아들 비유가 좋은 예다. 한 아들은 기쁜 태도로 "예, 아버지. 가서 아버지의 포도원에서 일하겠습니다"라고 대답했다. 그러나 순종하지 않았다. 예수님은 그 아들의 태도가 훌륭하고 마음으로는 아버지의 요청을 합당하게 여겼지만 결국 아버지의 뜻대로 행하지는 않았다는 점을 분명히 지적하셨다.

오늘날 교회에도 이런 일이 많다. 우리는 흔쾌히 고개를 끄덕이고 웃으면서 자기 위에 있는 사람들에게 "예, 하겠습니다!" 한다. 그러고는 하지 않는다. 자기한테 중요한 일이 아니기 때문이다. 나는 이것을 귀여운 거역이라 부르고 싶다. 하지만 속지 말라. 귀여운 거역도 노골적 거역 못지않게 독소적인 태도다. 하나님 나라에서는 둘 다 환영받지 못한다.

요한계시록에 나오는 일곱 교회에게 예수님이 준엄하게 하신 말씀이 그것을 확증한다. 예수님은 "내가 네 행위를 아노라", "내가 네 사업을 아노라" 하는 말로 각 교회를 문안하신다(계 2-3장). 교회들의 의도는 좋았다. 그런데 살아 있다고 자처했으나, 불순종한 행위 때문에 죽었다고 말씀하신 교회도 있었다. 예수님이 "각 사람에게 그 행한 대로 보응하시는" 분임을 잊어서는 안 된다(롬 2:6). 좋은 취지만으로는 하나님의 심판을 견디지 못한다. 심판을 견디는 것은 온전한 마음으로 기쁘게 순종함으로써 드러나는 참믿음뿐이다.

하나님의 명령을 다시 읽어 보자. "너희를 인도하는 자들에게 순종하고 복종하라"(히 13:17).

사람들은 정말 진지하게 이렇게 묻는다. "어디에 선을 그어야 합니까? 권위 있는 사람이 무슨 일을 시키든 무조건 순종하는 게 정말 하나님이 바라시는 겁니까? 나한테 죄를 범하게 하면 어떻게 해야 합니까?" 성경은 권위에 무조건 복종하라고 가르친다. 그러나 성경은 무조건 순종하라고 가르치지는 않는다. 복종은 태도의 문제고 순종은 명령을 수행하는 문제임을 잊지 말라.

유일하게 권위에 순종하지 말아야 하는 경우가 있다. 유일한 예외다. 바로 하나님이 말씀에 명시하신 것과 정면으로 충돌하는 일을 권위가 우리에게 시키는 경우다. 다시 말해 지도자들이 우리에게 죄를 지으라고 명하면 순종할 책임에서 벗어난다. 그러나 그런 경우라도 겸손히 복종하는 태도를 잃지 말아야 한다.

바벨론 왕 느부갓네살은 잔인하여 이스라엘 백성을 많이 죽이고 이스라엘을 유린했다. 그런데도 하나님은 느부갓네살을 그분의 종이라 부르셨다(렘 25:9; 27:5-7). 사람에게 권위를 주시는 분은 하나님이심을 다시 한 번 확증하는 대목이다. 느부갓네살은 남아 있는 이스라엘 백성을 바벨론에 포로로 잡아 왔다. 그중에 다니엘, 하나냐(사드락), 미사엘(메삭), 아사랴(아벳느고)가 있었다.

왕은 악기 소리가 들리면 금 신상 앞에 엎드려 절하라고 모든 백성에게 명령했다. 명령을 거역하면 풀무에 던져지는 대가를 치러야 했다. 히브리 신하들은 풀무보다 하나님을 더 두려워했기에 그 명령에 순종하지 않았다. 하나님이 모세를 통해 주신 둘째 계명에 정면으로 어긋나기 때문이었다. 그들은 하나님의 명령에 순종하기 위해 인간의 명령에 불순종했다.

이 불순종이 느부갓네살 귀에 들어가는 것은 시간문제였다. 다니엘의 세 친구에게 격노한 느부갓네살은 그들을 잡아와 심문했다. 이들의 대답을 들어 보라. "느부갓네살이여 우리가 이 일에 대하여 왕에게 대답할 필요가 없나이다 왕이여 우리가 섬기는 하나님이 계시다면 우리를 맹렬히 타는 풀무불 가운데에서 능히 건져내시겠고 왕의 손에서도 건져내시리이다 그렇게 하지 아니하실지라도 왕이여 우리가 왕의 신들을 섬기지도 아니하고 왕이 세우신 금 신상에게 절하지도 아니할 줄을 아옵소서"(단 3:16-18).

이렇게 전혀 굽힘 없이 하나님의 명령에 순종하면서도 왕에게 예우를 갖춰 말했다. 느부갓네살을 "왕"이라고 불렀다. "이 한심한 양반아, 우리는 절대 당신 말대로 못해!" 하지 않았다. 그렇게 불경하게 말했다면 반역이다. 이처럼 권위의 명령에 불순종해야 할 때도 권위에 복종해야 한다.

베드로가 아내 된 이들에게 준 가르침에도 그 점이 나와 있다. "아내들아 이와 같이 자기 남편에게 순종하라 이는 혹 말씀을 순종하지 않는 자라도 말로 말미암지 않고 그 아내의 행실로 말미암아 구원을 받게 하려 함이니 너희의 두려워하며[공경하며] 정결한 행실을 봄이라"(벧전 3:1-2). 아내는 남편에게 순종할 뿐만 아니라(딛 2:5) 복종하는 태도로 남편을 공경해야 한다.

베드로 역시 순종하는 행동과 복종하는 태도를 병행해야 한다고 강조한다. 거기에 정결함과 남편을 공경하는 생활방식도 더해야 한다. 베드로는 남편의 권위를 공경하는 태도를 지키라고 가르친다. 남편이 신자가 아니라도 마찬가지다. 물론 아내는 남편이 죄를 지으라고 시키는데도 순종해서는 안 된다. 그러나 남편의 권위에 무조건 복종하는 태도로 그 권위를 공경하는 것이 아내의 소명이다.

신자인 아내가 전화를 받았는데 비신자인 남편이 상대와 통화하고 싶지 않아서 "나 없다고 해요"라고 말하는 경우가 좋은 예다. 그럴 때는 "여보, 거짓말은 안 할게요. 지금은 당신이 전화를 받을 수 없으니 나중에 전화하겠다고 말하거나 그냥 당신이 전화를 받고 싶지 않다고 솔직히 말할게요" 하고 대답하면 적절하겠다. 아내는 남편의 권위를 공경하는 태도를 지키면서도 거짓말하라는 요청에는 불순종한 것이다.

베드로는 계속해서 이렇게 말한다.

너희의 단장은 머리를 꾸미고 금을 차고 아름다운 옷을 입는 외모로 하지 말고 오직 마음에 숨은 사람을 온유하고 안정한 심령의 썩지 아니할 것으로 하라 이는 하나님 앞에 값진 것이니라 전에 하나님께 소망을 두었던 거룩한 부녀들도 이와 같이 자기 남편에게 순종함으로 자기를 단장하였나니 사라가 아브라함을 주라 칭하여 순종한 것같이 너희는 선을 행하고 아무 두려운 일에도 놀라지 아니하면 그의 딸이 된 것이니라(벧전 3:3-6).

사라는 아브라함을 "주"로 높이며 순종함으로써 그를 공경하는 마음을 나타냈다. "주"라는 명칭에는 복종하는 태도가 담겨 있다. 또한 그와 같은 순종은 사라가 두려움 때문에 굴복한 것이 아님을 보여 준다. 두려움은 가혹한 주인과 같다. 두려움은 이렇게 비아냥거린다. "나는 하나님만 믿어. 남편이나 다른 권위에 복종할 수는 없어. 나는 내가 지켜야 돼!"

권력에 굶주린 인간이 아니라 하나님이 복종을 명하셨다는 것을 잊지 말라. 우리가 그분께 순종하면 그분의 보호하심이 우리 것이 된다.

명령을 곡해한 사례들

나는 무조건 복종하라는 명령을 무조건 순종하라는 의미로 잘못 적용한 여성들 이야기를 들을 때마다 비통해진다. 신자인 남편이 성적 흥분을 위해 아내에게 음란 비디오를 보게 했다는 해괴한 사례도 들었다. 그런데도 그 아내는 성경적으로 반대할 만한 구실이 없다는 이유로 그대로 따랐다는 것이다. 남편이 자신을 위해 아내에게 정직하지 않은 일을 시킨 경우도 알고 있다. 물론 그 사람 아내도 그대로 따랐다. 남편이 아내에게 교회를 못 다니게 했다는 이야기도 들었다. 그 아내 역시 정말로 교회에 발길을 끊었다. 이런 요구에는 순종해서는 안 된다. 성경에 어긋나기 때문이다.

좀 더 깊이 들어가 보자. 남편이 자녀나 아내를 때리는데도 아내가 그것을 덮어 주는 경우가 있다. 자녀가 남편한테 성폭행을 당하는데도 아내가 모른 척하는 경우도 있다. 남편의 그런 행위는 하나님이 세우신 권위의 기반을 송두리째 짓밟는 일이다. 이런 상황에 있는 아내들이 반드시 알아야 할 일이 있다. 하나님은 아내들이 그런 경우에 속수무책으로 가만히 뒤로 물러나 있기를 절대로 원치 않으신다는 것이다. 남편이 생명을 위협하는 행동을 한다면 아이를 데리고 남편 곁에서 떠나야 한다. 남편이 철저히 회개한 것이 확실하기 전에는 돌아가지 말아야 한다.

힘센 전사인 다윗도 사울이 단창을 던지자 왕궁에서 떠나 광야로 가서 살았다. 그러면서도 사울의 권위를 공경하는 태도는 잃지 않았다. 사울을 피해 사울이 진정으로 회개하거나 하나님이 의롭게 심판하시기를 기다리는 중에도 다윗은 변함없이 사울의 권위에 복종했다.

더 높은 법에 순종한 사람들, 결단의 열매

성경에는 권위에 불순종한 다른 사례도 나온다. 바로는 히브리 산파에게 히브리 여자들이 사내아이를 낳으면 아이를 죽이라고 명했다. 그러나 성경은 "산파들이 하나님을 두려워하여 애굽 왕의 명령을 어기고 남자 아기들을 살린지라"(출 1:17)라고 한다. 하나님은 그들의 행동을 기뻐하셨다. "산파들은 하나님을 경외하였으므로 하나님이 그들의 집안을 흥왕하게 하신지라"(출 1:21). 하나님은 죄지으라는 명령에 불순종한 산파들에게 상을 베푸셨다.

산헤드린 공회는 "도무지 예수의 이름으로 말하지도 말고 가르치지도 말라"고 경고했으나 베드로와 요한은 "하나님 앞에서 너희의 말을 듣는 것이 하나님의 말씀을 듣는 것보다 옳은가 판단하라 우리는 보고 들은 것을 말하지 아니할 수 없다"라고 답했다(행 4:18-20). 이미 예수님이 "너희는 온 천하에 다니며 만민에게 복음을 전파하라"(막 16:15) 하셨는데 어떻게 산헤드린의 말에 순종할 수 있겠는가?

그럴 수 없었다. 산헤드린은 제자들에게 예수님의 명령에 어긋나는 일을 시켰고, 제자들은 공손히 거부했다. 그런 결단의 열매가 성경에 나온다. "사도들이 큰 권능으로 주 예수의 부활을 증언하니 무리가 큰 은혜를 받아"(행 4:33). 하나님을 경외하는 제자들의 마음이 큰 복과 능력을 가져왔다.

그렇지만 동일한 산헤드린을 향한 바울의 반응에서 공경하고 복종하는 제자의 태도를 볼 수 있다. 그들 앞에 불려 나간 바울은 이런 말로 자기변호를 시작한다. "오늘까지 나는 범사에 양심을 따라 하나님을 섬겼노라"(행 23:1). 이 말을 들은 대제사장 아나니아는 바울 곁에 선 사람들을 시

커 그 입을 치게 했다. 그러자 바울이 말했다. "회칠한 담이여 하나님이 너를 치시리로다"(행 23:3). 곁에 선 사람들이 "하나님의 대제사장을 네가 욕하느냐?" 하고 말하자, 바울은 이렇게 대답한다. "형제들아 나는 그가 대제사장인 줄 알지 못하였노라 기록하였으되 너의 백성의 관리를 비방하지 말라 하였느니라"(행 23:4-5).

아나니아가 권위 있는 인물임을 알고 나서는 바울은 자기 태도와 말을 뉘우쳤다. 제자들은 성경에 어긋나는 명령에는 순종하지 않았지만 복종하는 태도는 지켰다. "모든 권세는 다 하나님께서 정하신 바"라는 것을 알았기 때문이다.

다니엘 시대에 왕을 제외한 다른 신이나 사람에게 기도하는 사람은 사자 굴에 던져 넣는다는 법령이 통과되었다. 다니엘을 시기하는 다른 총리들이 다니엘을 없애려고 생각해 낸 법이었다. 타락한 지도자들은 다리오왕을 부추겨 법령에 왕의 도장을 찍게 했다. 다니엘은 그 법령에 따를 생각조차 없었다. 하나님께 순종하기로 정했기 때문이다. 시편 기자처럼 말이다. "저녁과 아침과 정오에 내가 근심하여 탄식하리니 여호와께서 내 소리를 들으시리로다"(시 55:17).

다니엘 이야기를 읽어 보라. "다니엘이 이 조서에 왕의 도장이 찍힌 것을 알고도 자기 집에 돌아가서는 윗방에 올라가 예루살렘으로 향한 창문을 열고 전에 하던 대로 하루 세 번씩 무릎을 꿇고 기도하며 그의 하나님께 감사하였더라"(단 6:10).

다니엘의 불순종을 왕에게 보고했고 왕은 다니엘을 사자 굴에 던질 수밖에 없었다. 그러나 이런 불의 앞에서도 다니엘의 복종하는 태도는 전혀 흔들림이 없었다. 하나님은 굶주린 사자의 입을 막아 다니엘을 구원하셨다. 다니엘은 조금도 상하지 않고 심지어 잠까지 잘 수 있었다. 이 사실을 알고 나서 다리오왕은 다니엘을 모함한 자들을 굶주린 사자들 앞에 던지게 했고 사자들은 마치 기다렸다는 듯이 그들을 잡아먹었다.

언제나 결과가 좋은 것은 아니다

하나님은 이처럼 성도들을 구원하셨다. 그러나 항상 그런 경우만 있는 것은 아니다. 히브리서에 보면 지도자들에게 혹독하고 부당한 대우를 받은 사람들 이야기가 나온다.

어떤 이들은 더 좋은 부활을 얻고자 하여 심한 고문을 받되 구차히 풀려나기를 원하지 아니하였으며 또 어떤 이들은 조롱과 채찍질뿐 아니라 결박과 옥에 갇히는 시련도 받았으며 돌로 치는 것과 톱으로 켜는 것과 시험과 칼로 죽임을 당하고 양과 염소의 가죽을 입고 유리하여 궁핍과 환난과 학대를 받았으니 (이런 사람은 세상이 감당하지 못하느니라)(히 11:35-38).

초대 교회의 스승 테르툴리아누스는 로마의 지도자들과 시민들에게 가하는 핍박이 오히려 기독교의 교세를 더 강하게 할 뿐임을 일깨워 주었다. "당신들이 우리를 잘라 낼수록 우리는 그만큼 수가 많아집니다. 그리스도인들의 피는 씨앗입니다."[1]

어느 로마인은 핍박받는 신자들을 가리켜 이렇게 썼다.

그들에게 조국이란 나그네의 처소일 뿐이다. 그들은 육신을 입었으나 육신을 따라 살지 않는다. 그들은 지상에서 하루하루를 살아가지만 천국 시민이다. 그들은 정해진 법률을 준수하지만 동시에 그들의 삶은 법률을 능가한다. 그들을 미워하는 자들은 미워할 이유를 전혀 댈 수 없다.[2]

신자들은 순종하고 복종했으나 그들의 공경과 복종의 행위는 단순한 순종을 넘어섰다. 베드로가 권고한 것처럼, 신자들이 부당한 지도자들을 향해 그런 행동으로 반응하자 지도자들은 당황했고 주님께 돌아오는 이들도 생겼다.

애매한 회색 지대는 없다

권위의 영역이 정부든, 가정이든, 교회든, 사회든 하나님은 복종하고 공경하는 태도를 지니라고 명령하신다. 권위가 성경에서 명백히 죄라고 하는 일을 시키지 않는 한 행동으로 순종해야 한다. '명백히'라는 말을 강조한다. 신자들은 그리스도를 부인하라든지 사람을 죽이라든지 다른 신을 섬기라든지 하는 예수님의 명령을 정면으로 거스르라는 명령에는 순종하지 않았다. 그런 지시는 이도 저도 아니게 애매한 회색 지대나 판단의 재량 문제가 아니었다.

교회 직원들에게 들은 회색 지대의 예들을 보자.

"우리 목사님은 근무 시간 중에 사람들과 상담하거나 사람들을 위해 기도하지 못하게 합니다. 하지만 그것은 하나님을 사랑하는 처사가 아니며, 사랑으로 행하지 않는 것은 죄입니다. 그래서 저는 제 생각대로 밀고 나갈 수밖에 없습니다."

이것은 권위 아래 있는 사람들의 주관적 판단이다. 자기 해석이다. 목사는 하나님의 말씀을 어기라고 하지 않았다. 게다가 그들이 보수를 받는 것은 타이핑이나 서류 정리, 데이터 처리, 기타 이런저런 업무를 하기 때문이지 기도를 하기 때문은 아니다.

본질상 이들은 불복종 때문에 도둑질을 면할 수 없다. 정말 남을 위해 기도하고 싶거든, 목사의 허락을 받아 업무가 끝난 후(즉 자기 시간에) 기도가 필요한 사람들에게 전화를 걸어야 한다. 어쩌면 목사는 그것조차 달가워하지 않을 수 있다. 어쩌면 목사는 교회로 전화해 도움을 청하는 교인들을 상담하는 훈련을 직원들이 제대로 받지 못했다고 생각할 수도 있다. 목사의 그런 결정이 틀렸다면 하나님이 직접 책임을 물으실 것이다. 이 일은 그 목사의 권위 아래 있는 이들이 판단할 일이 결코 아니다. 이것은 수많은 예 가운데 하나일 뿐이지만 요지는 늘 같다. 기록된 하나님의 말씀에 명백히 어긋날 때만 권위에 불복해야 한다는 것이다.

"하지만 내가 동의할 수 없는 일을 시키면 어떻게 하나? 누가 보기에도 어리석은 일을 내게 시킨다면? 기도 중에 하나님이 내게 보여 주신 것과 반대인 일을 시키면 어떻게 하나?" 아직도 그런 의문이 있을 수 있다. 다음 장에서 그런 의문에 성경이 내놓은 답을 제시하겠다.

12장

권위를 인정하고 복종하는 능력

지도자의 마음을
주관하시는
하나님 손을 의지하라

하나님만 사람의 마음을
그분 뜻대로 바꾸실 수 있다.

지도자에게 만족하지 않는 사람들은 어디에나 있다. 그런 이들은 지도자가 제시하는 비효율적 방법, 현명하지 못한 결정, 지도자가 자기 삶에 미친 부정적 영향 등을 하소연한다. 지도자가 뭔가를 약속만 해 놓고 감감무소식이라 아직도 기다리고 있다며 불평한다. 사실 상황은 점점 나빠지는 것 같다. 목사가 뭔가를 못 보고 있다고 확신하며 이제 목사의 권위와 하나님의 권위가 별개라고 생각한다. 이런 논리는 불평을 불러들이며, 불평은 결국 불복종으로 이어진다. 이제 미혹에 맞장구치다 결국 속아 넘어가 권위를 등지는 것은 시간문제다. 하나님이 그들을 성장시키고 보호하시려고 그 권위를 그들 위에 두신 건데도 말이다.

당신이 없을 때가 더 좋았어!

이스라엘 백성이 그런 길을 갔다. 그들은 모세의 리더십이 비효율적이며 심지어 자기들에게 해롭다고 여기기도 했다. 그러나 처음부터 그런 것은 아니다. 광야를 지나 애굽에 돌아온 모세는 바로를 만나기 전에 이스라엘 지도자들을 만났다. 모세는 여호와께서 자기를 보내 그 백성을 인도하여 "아름답고 광대한 땅, 젖과 꿀이 흐르는 땅"(출 3:8)으로 들어가게 하셨음을 알렸다. 이 반가운 소식을 들은 지도자들은 모세를 믿고 하나님을 경배했다. 자기들을 노예 생활에서 건져 줄, 하나님이 약속하신 지도자를 보며 기뻐 어쩔 줄 몰랐다.

모세는 지도자들을 만난 후 바로에게 가서 호렙산에서 하나님이 자기에게 주신 메시지를 정확히 선포했다.

"이스라엘의 하나님 여호와께서 '내 백성을 보내라'고 하셨소."

바로는 대답했다.

"여호와가 누구이기에 내가 그의 목소리를 듣고 이스라엘을 보내겠느냐 나는 여호와를 알지 못하니 이스라엘을 보내지 아니하리라 …… 너희가 어찌하여 백성의 노역을 쉬게 하려느냐"(출 5: 2, 4).

그날부터 바로는 이스라엘 백성들을 더 괴롭혔다. 노한 바로는 노예 감독들에게 소리쳤다. "그 사람들의 노동을 무겁게 함으로 수고롭게 하라"(출 5:9).

그러잖아도 매일 만들어야 할 벽돌이 너무 많아서 등골이 휠 지경인데, 지금껏 제공받던 짚마저 이제는 직접 주워다 써야 했다. 그래서 밤에도 쉬지 못하고 짚을 주워야 했다. 감독자들은 그러면서도 하루에 만들어야 하는 벽돌 개수를 줄이지 않았다. 이스라엘 백성은 짚을 구하러 온 땅에 흩어졌고, 잔인한 노예 감독들은 그들에게 채찍을 휘두르며 무섭게 다그쳤다. "너희는 짚을 줄 때와 같이 그날 할 일을 그날에 마치라!"

감독들은 작업반을 맡은 이스라엘 패장들을 때리며 으르렁거렸다. "어제도 그렇고 오늘도 그렇고, 왜 예전만큼 벽돌을 안 만드느냐?"

이스라엘 패장들은 바로에게 가서 호소하고 애원했다. "왕이시여, 어찌하여 종들에게 이같이 하십니까? 종들에게 짚을 주지 아니하고 예전만큼 벽돌을 만들라고 합니다. 종들이 매를 맞으니 이는 왕의 백성의 잘못입니다."

"너희는 게으르다, 게으르다. 그러니 '우리가 가서 여호와께 희생을 드리자' 하는 것 아니냐. 이제 가서 일하라! 짚을 받지 못하더라도 벽돌은 예전만큼 만들어서 바쳐야 한다!"

바로가 요구를 철회하지 않자 이스라엘 패장들은 자기들이 심각한 난관에 처했다는 것을 알았다. 바로의 궁에서 나온 패장들은 밖에서 기다리던 모세와 아론과 마주치자 이렇게 말했다. "너희가 우리를 바로의 눈과 그의 신하의 눈에 미운 것이 되게 하고 그들의 손에 칼을 주어 우리를 죽이게 하는도다 여호와는 너희를 살피시고 판단[심판]하시기를 원하노라"(출 5:1-21).

이스라엘 백성은 이제 모세의 리더십에 반발했다. 모세의 설교와 지시 때문에 고통과 고생을 겪게 되었다. 이제 그들은 모세의 권위와 하나님의 권위를 분리하기 시작했다. 그런 태도가 모세와 아론에게 하나님의 심판이 임하기를 원한다는 말로 나타났다.

다 모세 잘못이었다. 모세가 가만히 있었다면 바로가 자기들을 그렇게 혹독하게 대하지 않았을 거라는 생각이 들었다. 그들에게는 (마귀나 줏대 없는 지도자가 아니라) 하나님이 사건을 지휘하신다는 사실이 보이지 않았다. 그러나 하나님의 종합 계획 없이 그분 모르게 일어난 일은 하나도 없었다. 모세에게 명하여 바로에게 가서 말하라고 하신 분은 하나님이다. 바로의 마음을 완악하게 하신 것도 하나님이지 마귀나 모세가 아니었다. 성경에 분명히 나와 있다. "여호와께서 바로의 마음을 완악하게 하셨으므로 그가 이스라엘 자손을 그 나라에서 보내지 아니하였더라"(출 11:10/ 출 9:12; 10:1, 20, 27 참조). 바로의 마음이 완악해질수록 아브라함 자손들의 삶은 더 비참해졌다.

많은 고통과 고생 끝에 이스라엘 백성은 애굽에서 벗어났으나 이번에는 끝없는 광야를 헤매야 했다. 물도 없고 음식도 떨어져 가자 이스라엘은 다시 의심하기 시작했다. "모세는 우리에게 자유와 풍요를 약속하지 않았나? '아름답고 광대한 땅, 젖과 꿀이 흐르는 땅'이라 했지? 과연 광대하긴 광대하군. 하지만 전혀 아름답지는 않잖아. 젖과 꿀은 보이지도 않고 말야. 그리고 보면 자유든, 풍요든 다 모세가 지어낸 생각 아닌가? 진짜 하나님이 보내신 사람 맞아?"

사흘을 물 없이 지낸 후 모세는 이스라엘을 '마라'라는 곳으로 데려갔고, 거기 물이 있었다. '좋아. 이제야 제대로 되어 가는 것 같군.' 그렇게들 생각했을지 모른다. 그러나 그 물은 너무 써서 마실 수 없었다. 기가 막혔다. 모세를 따르던 사람들 사이에 불신의 소리가 커졌다. 서로, 그리고 모세에게 투덜거리는 사이 비난은 점점 신랄해졌다. 불만은 마치 전염병처럼 온 회중 사이로 퍼져 나갔다. 모세는 백성을 인도해 낼 줄 만 알았지 새 땅으로 데리고 들어갈 줄을 모르는 것 같았다.

백성은 모세와 아론을 원망했다. "우리가 애굽 땅에서 고기 가마 곁에 앉아 있던 때와 떡을 배불리 먹던 때에 여호와의 손에 죽었더라면 좋았을 것을 너희가 이 광야로 우리를 인도해 내어 이 온 회중이 주려 죽게 하는도다"(출 16:3).

그들은 질렸다. 모세의 리더십은 여러모로 무용지물임이 드러났다. 모세의 권위 아래 있기 전이 더 살 만하지 않았나. 모세가 애굽에 와서 설교한 후로 자기들이 겪은 것은 혹독한 시련과 고생뿐이었다.

과연 끝은 있는 것인가? 한 가지 고생이 끝났다 싶으면 다른 고생이 덮쳤다. 지도자 모세는 젖과 꿀이 흐르는 땅을 약속했지만, 눈에 보이는 것은 갈라진 땅과 사막의 뱀과 전갈뿐이었다. 모세가 어디서 길을 잃었는지도 모른다. 악한 사람인지도 모른다. 애굽에서 바로 아래서 살 때는 음식이라도 있었다. 하지만 모세는 괴로움과 굶주림만 주는 사람 같았다. 애굽에서 살 때가 더 좋았다. "우리가 한 지휘관을 세우고 애굽으로 돌아가자"(민 14:4)는 말이 오갈 정도로 불평이 심해졌다.

그러나 하나님이 세우신 지도자에 질려 버린 이스라엘 백성에게 모세가 무슨 말을 하는가. "여호와께서 자기를 향하여 너희가 원망하는 그 말을 들으셨음이라 우리가 누구냐 너희의 원망은 우리를 향하여 함이 아니요 여호와를 향하여 함이로다"(출 16:8).

백성들은 자기들이 모세에게만 불복종하는 줄 알았지, 그 불복종이 어떤 식으로든 하나님과 관계있는 줄은 몰랐다. 자기들이 모세와 하나님을 보기 좋게 갈라놓은 줄 알았다. 순종의 원리가 아니라 인간의 논리를 따라 살았다. 시각과 환경에서 나오는 제한적인 논리대로 사는 사람들은 이미 미련한 길에 들어선 사람들이다. 그런 사람들은 자신의 삶에 하나님이 주신 소명을 이룰 수 없다. 반면 권위를 인정하고 순종하는 사람들은 여호수아와 갈렙처럼 결국 약속을 누린다.

내 분별과 다르다면?

'나는 지도자가 내린 결정의 가시적 결과만 보고 판단한 이스라엘 백성보다는 지혜롭다'고 생각할지 모른다. '나는 그들보다 영적인 사람이다'라고 여길지 모른다. '나라면 모세가 옳다는 것을 바로 분별했을 것이다. 나라면 이스라엘 백성처럼 반응하지 않았다. 나는 여호수아처럼 옳게 행동했을 것이다.'

물론 이 모든 생각이 사실일 수 있다. 그러나 그렇게 가정하기 전에 주의해야 한다. 바리새인들은 "만일 우리가 조상 때에 있었더라면 우리는 그들이 선지자의 피를 흘리는 데 참여하지 아니하였으리라"(마 23:30) 하고 열변을 토했다. 하지만 예수님은 바리새인들은 조상과 마음이 똑같다고 말씀하셨다. 사건이 모두 마무리되고 기록으로 남은 뒤에는 옳고 그름을 가려내기가 쉬운 법이다. 분별력이 아니라 참권위를 인정하고 복종할 줄 아는 능력이 있었다는 점에서 여호수아는 다른 동료들과 달랐다. 참된 분별은 거기서 나왔다.

자신은 분별력이 있다 주장하면서 사실은 불순종하는 마음을 지닌 수많은 이들의 반대 소리가 귀에 들리는 듯하다. 이 책을 쓰는 중에도 자신의 분별력을 내세우며 '내 뜻과 같아야 순종한다'는 태도가 담긴 편지를 받았다. 이런 식으로 생각하는 이들은 참된 복종을 하는 확실한 길이 있다고 착각한다.

누가 그를 그 자리에 두었는가

'지도자의 선택이 바람직하지 않을 때는 어떻게 해야 하는가? 지도자가 불행을 자초하고 있다는 것을 알면서도 순종해야 하는가?' 하는 의문이 생길 수 있다. 과거 사역을 되돌아보면 나도 그런 좌절을 느낀 적이 많다. "저들은 지금 잘못된 결정을 내리고 있어. 하나님을 이해하지 못하고 있어. 부정적인 영향에 끌리고 있어. 도저히 복종할 수 없어." 그러나 깨지지 않은 이런 마음은 내 마음의 독립심을 나타내는 것인 경우가 많다.

1년간 목사의 행정 비서로 섬기던 시절 내가 이의를 느낀 결정이 많았다. 목사가 부서장들에게 전달하는 많은 지시 사항들은 모두 내 책상을 거쳐 갔는데, 목사의 결정이 현명해 보이지 않아서 속으로 얼마나 자주 투덜거렸는지 모른다. 그러던 어느 날 성령께서 내게 물어볼 것이 있다고 하셨다. 나는 하나님이 내게 질문을 던지실 때면 내 어쭙잖은 지혜를 지적해 주시려는 것임을 여러 번 경험했다.

"예, 주님?"

"내가 목사의 자리에 둔 사람이 누구냐? 너냐, 그 사람이냐?"

"목사님입니다."

"맞다. 그러므로 나는 너한테는 보여 주지 않아도 되는 것들을 그 사람한테는 보여 줄 것이다. 그리고 목사의 결정에 담긴 지혜를 너한테는 일부러 보여 주지 않는 경우가 많을 것이다. 그 목사가 나를 따르듯 네가 그 목사를 따르는지 보기 위해서다."

이후 몇 달이 지나 목사의 결정에 담긴 지혜가 드러났다. 그제야 나는 이해할 수 있었다. 그 순간 나는 내가 순종의 원리보다 내 논리를 높여 자가당착에 빠졌다는 것을 새삼스레 깨달았다. 바로 그런 태도가 교회와 가정과 회사를 분열시킨다. 하나님은 지도자의 지혜가 보일 때만, 내 뜻과 맞을 때만, 지도자의 지시가 내 맘에 들 때만 복종하라고 하지 않으신다. 그분은 그저 "순종하라!"고 명하신다.

나중에 주님은 내게 이렇게 말씀하셨다. "존, 모든 성도가 오직 나와 교제하고 기도함으로써 모든 정보와 지혜와 지시를 얻는 것이 내 뜻이라면 나는 애당초 교회 안에 권위를 제정하지 않았을 것이다. 내 자녀들이 자기에게 필요한 것을 기도 생활만으로는 얻을 수 없게 하려고 교회 안에 권위를 두었다. 자녀들은 내가 지도자들을 통해 목소리를 들려주기도 한다는 것을 인정하고 귀 기울이는 법을 배워야 한다."

지도자의 결정을 두고 왈가왈부하고 그 일의 결과를 판단하는 일은 우리 몫이 아니다. 그것은 그 사람을 권위 있는 자리에 두신 분이 하실 일이다. 이스라엘 백성에게 모세의 결정을 판단하라고 했다면 모세는 불리한 평가를 받았을 것이고, 백성은 애굽으로 돌아갔을 것이다.

장차 지도자들도 판단을 받고 우리도 판단을 받는다. 지도자들은 자기가 내린 결정에 대해 우리보다 엄중한 판단을 받는다. 그래서 예수님은 경고하셨다. "무릇 많이 받은 자에게는 많이 요구할 것이요 많이 맡은 자에게는 많이 달라 할 것이니라"(눅 12:48). 야고보도 "내 형제들아 너희는 선생 된 우리가 더 큰 심판을 받을 줄 알고 선생이 많이 되지 말라"(약 3:1)고 경고했다.

반면 우리는 복종과 관련하여 판단받는다. 권위는 하나님에게서 나오기 때문이다. 하나님이 위임하신 권위를 거역하는 것은 곧 하나님의 권위를 거역하는 것이다. 우리는 지도자가 옳고 그른지 미리 분별하지 말아야 한다. 사후에도 판단하지 말아야 한다. 그것은 하나님이 하실 일이다. 하나님만 사람의 마음을 아시며, 사람의 마음을 그분 뜻대로 바꾸실 수 있다.

지도자의 마음은 하나님 손안에 있다

2장에서 했던 내 간증을 다시 살펴보자. 담임목사가 가정 셀 그룹 사역을 중단하겠다고 발표했을 때 나는 그가 틀렸다고 믿었을 뿐 아니라, 다른 사람의 영향을 받아 나를 반대하는 것이라고 믿었다. 앞에서는 언급하지 않았지만 당시 내 상관인 부서장을 중심으로 돌아가는 기류가 느껴졌기 때문이다. 그 사람은 나를 달가워하지 않았기에 어떻게든 나를 해고할 빌미를 만들려 했다.

그는 나한테는 담임목사를 나쁘게 말하고 담임목사에게는 나를 나쁘게 말해서 우리 사이를 이간질했다. 대부분은 완전히 터무니없는 말이었다. 그뿐만 아니라 그는 전직원들을 대상으로 일종의 쪽지 운동을 진행했다. 물론 표적은 나였다. 역시 직원이었던 아내는 다른 직원들에게 이런 말을 들었다. "그 사람은 왜 쪽지에 당신 남편의 이름을 밝히지 않는 걸까요?" 그 사람이 어떤 일들을 꾸미는지 알면서도 속수무책이었다.

담임목사가 가정 셀 그룹을 중단시키자 내게는 그것이 그 책임자가 뿌린 거짓말과 의혹에서 나온 또 하나의 공격으로 보였다. 나는 내 '분별'이 맞다는 확신이 있었다. 나는 더욱 자기 정당화에 빠졌고 담임목사의 권위에 복종할 마음도 싹 사라졌다. 어디까지나 담임목사가 주변에서 잘못된 영향을 받아 잘못된 결정을 내렸다는 생각이 들었다. 어떻게 하나님이 8개월 동안 한 힘겨운 수고와 수많은 영혼을 구원할 가능성을 모두 하수구로 흘려보내실 수 있단 말인가? 이 모든 이유로 그 회의에서 20분 동안이나 담임목사에게 따졌다. 그렇게 내가 옳고 정당하다고 생각했는데, 집에 돌아와서는 성령의 책망을 들어야 했다. 그때 내가 사람의 권위가 아니라 하나님의 권위를 대하고 있다는 사실을 깨달았다.

얼마 후 주님은 내 마음에 성경 구절을 하나 새겨 주셨다. 비슷한 상황에 처할 때마다 밝은 빛을 비추며 어려울 때 방향을 제시하는 말씀이다.

왕의 마음이 여호와의 손에 있음이 마치 봇물과 같아서 그가 임의로 인도하시느니라(잠 21:1).

이 말씀에서 왕이란 내 위에 있는 권위를 가리킨다. 왕이 경건한 사람이든 잔인한 사람이든 왕의 마음은 늘 하나님 손에 있다. 이 구절은 "선한 왕의 마음이 여호와의 손에 있다"고 하지 않는다. 왕의 마음이 누구에게서 어떤 영향을 받았든 그것은 중요하지 않다. 왕의 마음은 그래도 하나님 손에 있다. "왕이 잘못된 영향을 입지 않는 한 하나님이 그의 마음을 임의로 인도하실 수 있다"고 하지 않았기 때문이다.

잘못된 결정이라는 것이 확실하다면

권위가 결정을 잘못했다는 것을 그저 분별한 정도가 아니라 확신한다면 어떻게 해야 하는가? 지도자가 악한 보고와 이야기들에 영향을 받았다는 증거가 구체적으로 있을 때는? 다른 방법은 없는가? 지도자를 돕기 위해 할 수 있는 일이 없는가?

있다! 에스더가 좋은 예다. 아브라함의 자손들이 바사(페르시아) 통치 아래서 포로로 지낼 때 일이다. 악한 사람 하만이 간계를 꾸몄다. 하만은 왕 아하수에로를 부추겨 모든 유다인을 멸한다는 조서에 인을 치게 했다.

왕비 에스더는 아브라함의 후손이었지만 삼촌 모르드개의 명을 따라 그 사실을 왕에게 말하지 않았다. 그러나 이제 모르드개는 에스더를 찾아가 민족을 위해 왕 앞에 나아가라고 부탁했다. 왕비가 그렇게 왕에게 가면 죽을 수도 있다는 것을 모르드개는 알고 있었다. 에스더에게는 결코 득이 될 것이 없고, 오히려 자칫하면 모든 것을 잃을 수 있는 상황이었다. 에스더는 왕비였고 신분의 비밀이 새 나갈 일도 없었기 때문에 굳이 나서서 스스로 출생을 밝히지 않아도 되었다.

그러나 에스더는 왕에게 진언하기로 결심했다. 사흘간 금식한 후 에스더는 아하수에로왕의 왕궁 안뜰로 갔고, 하나님은 왕의 눈에 에스더가 사랑스러워 보이게 하셨다. 왕이 소원을 묻자 에스더는 자기가 왕과 하만을 위해 베풀 잔치에 와 달라고 했다. 왕은 초청을 받아들였고, 하만과 함께 잔치에 갔다.

그 밤에 왕은 잠이 오지 않았다. 왕은 신하들에게 역대 일기를 읽으라고 했다. 기록을 듣다가 왕은 모르드개라는 유다인이 자기 목숨을 구해 주었는데, 그에게 아무런 상도 내리지 않은 사실을 알았다. 왕은 그를 높여 줄 방법을 궁리하다가 하만의 의견을 물었다. 왕이 높여 주고 싶어 하는 사람이 자기라고 착각한 하만은 아직 정체불명인 그 사람을 높여 줄 거창한 방법을 늘어놓았다. 그러자 왕은 그 사람이 모르드개라는 것을 밝힌 뒤 하만에게 그 일을 실행에 옮기라고 명했다. 당연히 하만은 몹시 불쾌했다. 이렇게 하나님은 에스더가 잔치석상에서 진언할 말이 결실을 맺도록 왕의 마음을 미리 준비하셨다.

다음 날 에스더의 잔치에 하만과 함께 간 왕은 에스더에게 원하는 것이 무엇인지 다시 물었다. 그러자 에스더는 대답한다.

> 왕이여 내가 만일 왕의 목전에서 은혜를 입었으며 왕이 좋게 여기시면 내 소청대로 내 생명을 내게 주시고 내 요구대로 내 민족을 내게 주소서 나와 내 민족이 팔려서 죽임과 도륙함과 진멸함을 당하게 되었나이다 만일 우리가 노비로 팔렸더라면 내가 잠잠하였으리이다 그래도 대적이 왕의 손해를 보충하지 못하였으리이다(에 7:3-4).

여기서 두 가지 눈여겨볼 것이 있다. 첫째, 왕이 정확한 정보를 갖지 못한 채 끔찍한 결정을 내렸던 것임에도 에스더는 여전히 복종하는 마음을 잃지 않고 공경하는 태도로 왕에게 말했다. 둘째, 에스더는 자기만 아니라 왕의 유익을 생각하면서 극히 겸손한 자세로 자기 지혜를 말했다. 간

청하기는 했지만 최종 결정은 왕에게 맡겼다. "어리석은 남편이여, 살인자의 말에 넘어갔군요. 당신이 내린 명령 때문에 당신한테 얼마나 큰 손해가 있을지 모른단 말이에요?"라고 말하지 않았다.

에스더는 하나님이 왕의 마음을 바꾸시리라는 것을 믿었고, 하나님은 과연 왕의 결심을 바꾸셨다. 왕은 악한 하만을 목매달았고 유다 민족은 죽음을 면했다.

에스더는 지도자가 진상을 모른다는 구체적인 증거를 갖고 있었다. 단지 분별한 정도가 아니었다. 그런데도 에스더는 겸손히 왕에게 나아가 왕의 결정권을 존중하면서 자기 의견을 알렸다. 왕을 비하하거나 강요하거나 조종하지 않았다. 다만 왕의 마음을 움직이실 성령의 능력을 믿었다.

공경하는 태도로 정보를 제시하라

이렇게 지도자가 잘못된 영향을 받은 경우 외에도, 모든 상황을 파악하거나 내막을 제대로 듣기 전에 결정을 내리는 경우가 있다. 바로 다윗과 사울왕의 예다. 블레셋의 거인 골리앗은 40일 동안 계속 하나님의 군대를 모욕했다. 골리앗은 싸울 장수를 보내라며 이스라엘에게 도전장을 보냈다. 단판 승부로 끝내자는 이야기였다. 다윗은 모든 군인이 벌벌 떨며 거인의 위협에 대꾸도 못하는 모습을 보았다. 하나님은 다윗에게 싸울 마음을 주셨다. 그러나 사울은 이렇게 말했다. "말도 안 된다. 너는 한낱 소년이 아니냐. 네가 가서 지면 우리는 모두 저들의 종이 되어야 한다."

이 말에도 다윗은 왕에게 논박하지 않고 간청한다.

주의 종이 아버지의 양을 지킬 때에 사자나 곰이 와서 양 떼에서 새끼를 물어가면 내가 따라가서 그것을 치고 그 입에서 새끼를 건져내었고 그것이 일어나 나를 해하고자 하면 내가 그 수염을 잡고 그것을 쳐 죽였나이다 주의 종이 사자와 곰도 쳤은즉 살아 계시는 하나님의 군대를 모욕한 이 할례 받지 않은 블레셋 사람이리이까 그가 그 짐승의 하나와 같이 되리이다 또 다윗이 이르되 여호와께서 나를 사자의 발톱과 곰의 발톱에서 건져 내셨은즉 나를 이 블레셋 사람의 손에서도 건져 내시리이다(삼상 17:34-37).

다윗은 권위에 있는 사람에게 공경하는 태도로 정보를 제시했다. 왕의 첫 결정에서 무엇이 미흡했는지 알렸다. 그러고는 지도자의 마음을 바꾸실 하나님의 능력을 믿었다. 그는 하나님이 자기 마음에 심으신 생각이 왕의 결정을 꿰뚫으리라 믿었다. 겸손하고 복종하는 태도를 잃지 않음으로써 다윗은 하나님이 적극적으로 개입하시게 했다. 여호와께서 사울의 마음을 바꿔 주시자 그는 "가라 여호와께서 너와 함께 계시기를 원하노라"(삼상 17:37)라고 말했다.

참된 중재

이미 지도자가 결정을 내렸는데 지도자에게 탄원한 예를 성경에 나오는 아비가일에게서 찾아볼 수 있다. 아비가일은 완고하고 악한 나발이라는 부자의 아내였다. 사울이 계속 다윗의 목숨을 노렸으므로 다윗은 식량이 필요했고, 사람을 보내 나발에게 지원을 요청했다. 그때가 양털 깎는

철이라 나발의 사정이 넉넉하다는 것을 다윗은 알았다. 다윗은 전에 나발의 종들을 지켜 주었으며 나발 소유를 결코 침해한 적이 없었다.

한데 나발은 다윗의 청을 거절한 정도가 아니라 그를 모욕했다. 나발의 행동에 화가 머리끝까지 난 다윗은 그에게 복수하려고 부하 400명을 모았다. 나발과 나발의 소유를 모두 멸할 참이었다. 그 소식이 나발의 아내 아비가일의 귀에 들어갔다. 아비가일은 급히 빵과 포도주와 고기와 곡식과 건포도와 무화과를 예물로 준비했다. 그러고는 다윗이 오는 쪽으로 나귀를 타고 가 중간에서 다윗 일행을 맞이했다. 다윗 일행을 보고 아비가일은 급히 내려 얼굴을 땅에 대고 다윗 앞에 엎드렸다. 그리고 이렇게 애원했다.

"내 주여 원하건대 이 죄악을 나 곧 내게로 돌리시고 여종에게 주의 귀에 말하게 하시고 이 여종의 말을 들으소서 원하옵나니 내 주는 이 불량한 사람 나발을 개의치 마옵소서 그의 이름이 그에게 적당하니 그의 이름이 나발이라 그는 미련한 자니이다 여종은 내 주께서 보내신 소년들을 보지 못하였나이다 내 주여 여호와께서 살아 계심을 두고 맹세하노니 내 주도 살아 계시거니와 내 주의 손으로 피를 흘려 친히 보복하시는 일을 여호와께서 막으셨으니 내 주의 원수들과 내 주를 해하려 하는 자들은 나발과 같이 되기를 원하나이다 여종이 내 주께 가져온 이 예물을 내 주를 따르는 이 소년들에게 주게 하시고 주의 여종의 허물을 용서하여 주옵소서 여호와께서 반드시 내 주를 위하여 든든한 집을 세우시리니 이는 내 주께서 여호와의 싸움을 싸우심이요 내 주의 일생에 내 주에게서 악한 일을 찾을 수 없음이니이다 …… 다만 여호와께서 내 주를 후대하실 때에 원하건대 내 주의 여종을 생각하소서"(삼상 25:24-31).

이 여자가 자기 남편과 자기 집안과 다윗을 위해 한 일을 자세히 살펴보자.

- 자신을 거듭 다윗의 종이라 부르며 극진한 예우로 말했다.
- 다윗 일행이 평안하기를 바란다는 표시로 후한 예물을 들고 갔다.
- 책임을 자기에게 돌려 집안을 위해 중재했다. 이 여자는 실제로 그 일이 자기 허물이라고 했다.
- 그런 피 흘림이 죄가 된다는 것을 다윗에게 두렵고 떨림으로 지적했다.
- 하나님이 원수를 갚으시리라는 것과 이전에 하신 약속을 지키시리라는 것을 다윗이 기억하게 했다.
- 다윗에게 후에 잘되면 자기를 기억해 달라고 부탁했다.

그렇다면 이 여자가 자기 남편은 어떻게 공경했을까? 아비가일은 남편의 목숨을 구했다. 나발은 사람들과 여호와의 기름 부음 받은 사람에게 죄를 지었다. 남편의 행동을 정당화했다면 다윗에게 복수의 구실만 더해 주는 셈이었을 것이다. 오히려 불난 집에 부채질하여 남편의 비운을 재촉했을 것이다. 결국 남편을 죽게 하는 공경이라면, 표면상으로만 하는 그런 공경이 무슨 의미가 있겠는가?

아비가일이 정말 남편을 공경하지 않았다면 애초에 이렇게 말했을 것이다. "바보 같은 남편은 이런 일을 당해도 마땅하지. 나라도 얼른 피하자." 다윗 앞에 나아가서는 이렇게 말했을 것이다. "보세요. 저는 이 일과 아무 상관없답니다. 저라면 당신한테 필요한 것을 드렸을 거예요. 제 철없는 남편이 어떤 행동을 했는지 다 들었어요. 그래서 저라도 당신 일행에게 드리려고 이렇게 먹을 것을 가져왔어요. 하지만 가서서 계획대로 그 사람을 죽이세요. 그 사람은 바보 멍청이에다 불한당이거든요. 당신이 어떻게 하시든 그 사람은 그런 일은 당해도 싸요."

이런 행동이야말로 남편을 욕되게 하는 일일 것이다. 누군가를 위해 중재하려고 나선다는 것은 그 사람의 잘못을 모르는 체한다는 뜻이 아니다. 잘못을 인정하는 것이다. 그러고는 그가 받을 심판 자리에 자신이 대신 올라서는 것이다. 본질적으로 이렇게 말하는 셈이다. "그 사람이 마땅히 심판받아야 한다는 것은 알지만, 제가 이렇게 자비를 구합니다. 그 사람 대신 제가 심판을 받겠습니다."

아비가일이 바로 그런 일을 했다. 다윗은 심판을 행하러 왔고 아비가일은 자비를 구하러 왔다. 아비가일의 표현에 이 사실이 그대로 나타난다. "주의 여종의 허물을 사하여 주옵소서."

아비가일이 그런 식으로 말했기에 다윗은 자기 손으로 복수하는 죄를 범하지 않을 수 있었다. 하나님은 "원수를 갚지 말며 동포를 원망하지 말라"고 명하신다(레 19:18). 아비가일은 중간에 서서 자비를 구했다. 그리고 다윗을 위해 의를 구했다.

"글쎄 제 남편은 불한당이에요. 여태까지 살면서 그렇게 형편없는 사람은 처음 봤어요." 아비가일은 동네 사람들이나 친구들한테 그렇게 험담하고 다니지 않았다. 다윗에게 말할 때도 남편을 멸시하거나 혐오, 무시하거나 그에게 무언가를 복수하려는 기미는 없었다. 대신 여러 생명을 구하려고 말했다. 아비가일의 중재가 어떻게 마무리되었는가?

다윗이 아비가일에게 이르되 오늘 너를 보내어 나를 영접하게 하신 이스라엘의 하나님 여호와를 찬송할지로다 또 네 지혜를 칭찬할지며 또 네게 복이 있을지로다 오늘 내가 피를 흘릴 것과 친히 복수하는 것을 네가 막았느니라 나를 막아 너를 해하지 않게 하신 이스라엘의 하나님 여호와의 살아 계심을 두고 맹세하노니 네가 급히 와서 나를 영접하지 아니하였더면 밝는 아침에는 과연 나발에게 한 남자도 남겨 두지 아니하였으리라 하니라 다윗이 그가 가져온 것을 그의 손에서 받고 그에게 이르되 네 집으로 평안히 올라가라 내가 네 말을 듣고 네 청을 허락하노라(삼상 25:32-35).

아비가일이 집에 돌아오자 남편은 혼자 잔치를 벌이고 있었다. 하마터면 목숨을 잃을 뻔했다는 것을 알 턱이 없었다. 아비가일은 그날 저녁에는 남편한테 아무 말도 않기로 했다. 이튿날 아침에 남편에게 목숨을 건진 경위를 이야기하자 나발의 마음은 돌처럼 굳어졌고, 열흘 후 여호와께서 나발을 죽게 하셨다. 악한 자에게 복수를 행한 것은 다윗이나 아비가일의 손이 아니라 하나님의 손이었다.

결정을 번복하신 하나님

모세도 권위의 결정에 이의를 제기하지 않을 수 없는 상황에 처한 적이 있다. 다만 이번에는 그 권위가 하나님이었다. 그런 일이 꼭 한 번 있던 것은 아니다. 첫 번째 기사를 보자. 이스라엘은 금송아지를 만들어 숭배하는 죄를 범했다. 하나님은 진노하여 모세에게 그들을 다 멸하고 모세를 통해 다시 나라를 이루시겠다고 말씀하셨다. 모세가 어떻게 간청했는지 들어 보자.

> 여호와여 어찌하여 그 큰 권능과 강한 손으로 애굽 땅에서 인도하여 내신 주의 백성에게 진노하시나이까 어찌하여 애굽 사람들이 이르기를 여호와가 자기의 백성을 산에서 죽이고 지면에서 진멸하려는 악한 의도로 인도해 내었다고 말하게 하시려 하나이까 주의 맹렬한 노를 그치시고 뜻을 돌이키사 주의 백성에게 이 화를 내리지 마옵소서 주의 종 아브라함과 이삭과 이스라엘을 기억하소서 주께서 그들을 위하여 주를 가리켜 맹세하여 이르시기를 내가 너희의 자손을 하늘의 별처럼 많게 하고 내가 허락한 이 온 땅을 너희의 자손에게 주어 영원한 기업이 되게 하리라 하셨나이다(출 32:11-13).

몇 가지 짚을 것이 있다. 첫째, 모세는 철저히 복종하는 자세로 두렵고 떨림으로 말했다. 둘째, 모세는 하나님께 간절히 애원하고 간청했지 하나님께 명령하지 않았다. 셋째, 모세는 무엇보다 백성이 아니라 하나님을 위해 말했다. 모세가 한 말의 핵심은 이것이다. "400년이나 걸려 쌓으신 하나님의 명예는 어떻게 됩니까? 지금 하나님의 이름은 온 세상에 알려져 있습니다. 하지만 시작한 일을 이루지 못하신다면 그 이름이 더럽혀질 것입니다."

일차적으로 하나님을 위해 말했기 때문에 모세는 하나님의 결정에 이의를 제기할 수 있었다. 자기나 다른 사람들을 위한 것이 아니었다.

지도자에게 이견을 제시할 때 그것이 일차적으로 누구를 위한 일인지 스스로에게 먼저 물어보아야 한다. 모세가 하나님이 아브라함에게 하신 약속을 기억하시게 한 것도 일차적으로 하나님을 위해서였다. 모세는 하나님께 그분 말씀의 중요성을 일깨워 드렸다. 모세는 초점을 바로 맞추었다. 그 마음이 옳았기 때문이다. 모세는 하나님의 종이었다. 그래서 자기나 이스라엘 백성보다 먼저 하나님을 생각했다. 하나님은 어떻게 반응하셨는가. "여호와께서 뜻을 돌이키사 말씀하신 화를 그 백성에게 내리지 아니하시니라"(출 32:14).

하나님이 마음을 바꾸셨다. 결정을 번복하셨다. 여기서 중요한 점을 하나 더 짚고 넘어가고 싶다. 모세가 하나님께 그렇게 직언할 수 있었던 것은 그때까지 계속 자신이 충성된 종임을 보여 드렸기 때문이다. 이 원리를 지금 상황에 적용해 보자. 메신저 인터내셔널 직원 중에는 오랜 세월 우리 부부에게 신실함을 보여 준 사람들이 있다. 신입 직원들보다 그들은 우리의 신임을 더 크게 얻고 있다. 그래서 어쩌면 그만큼 더 신속하게 우리에게 이견을 말할 수 있다. 지도자에게 직언할 수 있는 권한은 자기 하기 나름이다. 충성과 성실과 신실함으로 그런 권리를 얻을 수 있다. 아무나 지도자에게 그런 식으로 말할 수 있는 것은 아니다.

중요한 점 또 하나는 모세가 하나님의 결정에 대해 다른 사람들에게 말하지 않고 직접 하나님께 말씀 드렸다는 것이다. 이스라엘 백성이 하나님의 방식에 이의를 제기하며 자기들끼리 끊임없이 수군거릴 때마다 하나님은 노하셨다. 하나님이 싫어하시는 불평을 일삼았기 때문이다. 불평은 절대로 하지 말아야 하는 아주 위험한 행동이다. 권위 있는 사람이 내린 결정을 불평하며 끼리끼리 쑥덕인다면 불화와 반역을 심는 것이다. 앞으로 살펴볼 테지만, 여기에는 분명히 심판이 임한다.

나는 내 밑에서 일하는 사람들과 합의한 것이 하나 있다. 내가 충분한 정보 없이 결정하는 것처럼 보이면 우선 내게 재고를 건의하기로 했다. 혹 결정에 도움이 될 사실이 드러나면 내게 재차 재고를 건의할 수 있다. 건의할 때는 사안을 신중히 검토한 후에 자신이 전달하려는 것을 내가 알 수 있도록 제시해야 한다. 그런 과정에서 나는 새로운 정보를 접한 뒤 결정을 바꾼 일이 많다.

그러나 그들이 건의했는데도 내가 본래 내린 결정을 고수하면 우리는 힘을 합쳐 일을 진행한다. 연합하여 일을 진행했는데 내 결정이 틀린 경우에도 하나님은 계속 우리를 지켜 주신다. 우리가 순전한 마음으로 행하면 하나님은 내 밑에 있는 사람들과 나를 모두 지켜 주실 것이다. 다윗은 "내가 주를 바라오니 성실과 정직으로 나를 보호하소서"(시 25:21)라고 말했다.

리더의 의견이 하나님이 내게 보여 주신 것과 어긋난다면

그래도 의문이 있을 수 있다. "권위 있는 사람이 하라는 일이 내가 기도로 받은 것과 정반대라면 어떻게 하나?" 꼭 짚고 넘어가야 할 좋은 질문이다. 2장에서 이야기한 청소년부 파티 사역 이야기로 다시 돌아가 답하고자 한다. 그 사역 프로그램을 시작하기 전에 나는 간절히 주님을 구하며 기도했고, 그분이 그 일을 하도록 인도하셨다고 확신했다. 지금도 나는 하나님이 그때 내게 가정 셀 그룹을 하라고 말씀하셨다고 온전히 믿는다.

사건 전체가 하나님이 내가 권위에 순종하는지를 보려 하신 시험(test)이었다는 것이 드러났기 때문이다. 성경에는 하나님이 그 백성을 시험하시는 예가 많다. 하나님이 아브라함을 명하여 이삭을 번제로 바치라고 하셨을 때 성경은 "하나님이 아브라함을 시험하시려고"(창 22:1) 그리하셨다고 기록한다. 하나님은 아브라함으로 하여금 이삭을 죽이게 하실 뜻이 전혀 없었다. 그런데도 하나님은 아브라함이 사흘 동안 산길을 오르게 하셨고, 칼을 들 때도 말리지 않으셨다. 하나님은 순종하는 행위를 통해 아브라함의 흔들리지 않는 신실함을 보셨다. 하나님이 지금 우리에게도 그렇게 하시는가?

사도 바울은 고린도 교회에게 보낸 첫 편지에서 명한 일을 둘째 편지에서는 바꾸었다. 교회에 하는 명령을 바꾸면서 바울은 놀라운 말을 했다.

> 내가 그 [첫] 편지를 쓴 것은, 여러분이 모든 일에 [내 명령을 따라, AMP] 순종하는지를 시험하여 알아보려는 것이었습니다(고후 2:9, 새번역).

바울이 그들에게 그 명령을 한 목적은 하나였다. 고린도 교회가 권위에 복종하는지 보려는 것이었다. 내게는 수년 동안 목회를 한 아주 지혜로운 친구가 있다. 그 친구는 내게 자기 일꾼들에게 불순종하는 마음이 있는지 알아보는 좋은 방법은 완전히 말도 안 되는 지시를 내리는 것이라고 했다. "존, 거역하는 사람들에게서는 금방 불평과 원망이 들려오지. 나는 그런 태도를 바로잡아 준 뒤 정상적으로 지시를 바꾼다네."

바울은 그들이 "모든 일에" 자기 지시에 따르는지 보려고 명령을 했다. "모든 일에"라는 말이 핵심이다. 바울의 명령은 어려운 것이었지만, 그렇게 명령한 데는 목적이 있었다. 만일 그 명령을 따른다면 다른 모든 명령도 따르리라는 것이다. 그것을 시험하는 것이 목적이었다.

하나님이 아브라함에게 하신 일이 바로 그것이다. 그분은 아브라함이 가장 복종하기 힘든 일을 찾아내셨다. 그것은 25년을 기다려 이루어진 약속, 자기 인생에서 가장 소중한 것을 포기하는 것이었다. 이삭은 아브라함이 계획해서 생긴 아들이 아니었다. 기도 중에 하나님이 약속하신 아들이었다. 아브라함에게는 차라리 자기가 제단에 올라가는 것이 쉬웠을 것이다. 그러나 하나님은 가장 소중한 것을 원하셨다. 아브라함이 만일 이 일에 순종한다면 다른 모든 일에 순종하리라는 것은 보나마나한 일이었다.

담임목사는 당시 내게 가장 포기하기 힘든 것을 포기하라고 했다. 내가 그 일에 8개월이나 매달렸다는 것을 누구나 알았다. 내가 보기에 그 일은 길 잃은 영혼들을 하나님 나라에 들어가게 할 약속과도 같았다. 내 청소년부 목회의 성패가 달린 열쇠이기도 했다. 내 입으로 그것이 하나님의 뜻이라고 사람들에게 말했기 때문에 내 평판도 우스워질 것이 뻔했다. 나역시 (아브라함처럼) 기도 중에 그 사역을 밀고 나가라는 말씀을 들었다. 나는 그것이 시험인 줄 몰랐다. 하나님의 시험은 모든 상황이 끝날 때까지 모르기 마련이다. 시험은 언제나 우리의 숨은 심령을 드러내기 때문이다.

고집을 부려 파티 사역을 실행했다면 많은 영혼이 하나님 나라에 들어갔을지 모른다. 그러나 하나님은 우리의 방법으로 그분의 일을 이루는 것보다 하나님의 권위가 우리 심령에 새겨지는 데 더 관심이 크시다. 그분은 하나님이시다. 길 잃은 영혼들을 구원하는 길이라면 그분한테는 다른 참신한 구상이 많다. 그러나 한 인간의 심령에 필요한 복종의 원리만은 절대 다른 것으로 대치할 수 없다. 복종이 없으면 아무도 하나님 나라에 들어갈 수 없기 때문이다. 복종하지 않는 마음에는 아무 대안이 없다.

가슴에 꼭 새겨 둬야 할 중요하고도 어려운 원리가 하나 있다. 하나님은 일단 사람에게 권위를 위임하시면 절대 그 권위를 무시하지 않으신다. 지도자가 하나님 말씀을 정면으로 위반하는 경우만 예외다. 하나님은 친히 위임하여 세우신 권위를 짓밟지 않으신다. 하나님이 위임하신 권위는 무시한 채 하나님께만 복종한다고 주장할 수는 없다. 모세는 이스라엘 각 지파 대표들에게 이 원리를 가르쳤다.

여호와의 명령이 이러하니라 …… 또 여자가 만일 어려서 그 아버지 집에 있을 때에 여호와께 서원한 일이나 스스로 결심하려고 한 일이 있다고 하자 그의 아버지가 그의 서원이나 그가 결심한 서약을 듣고도 그에게 아무 말이 없으면 그의 모든 서원을 행할 것이요 그가 결심한 서약을 지킬 것이니라 그러나 그의 아버지가 그것을 듣는 날에 허락하지 아니하면 그의 서원과 결심한 서약을 이루지 못할 것이니 그의 아버지가 허락하지 아니하였은즉 여호와께서 사하시리라(민 30:1-5).

모세는 계속 이 원리를 아내와 남편 관계에도 적용하여 규정했다. 하나님이 위임하신 권위가 있는 사람이 승낙한 일은 가장 궁극적인 권위이신 하나님이 지지하신다. 아울러 권위 있는 사람이 취소한 일은 그분도 폐기하신다. 하나님은 자신이 위임하신 권위를 존중하신다.

젊은 여자는 아버지의 권위 아래 있고, 아내는 남편의 권위 아래 있기 때문에 하나님은 아버지나 남편을 다루시고 여자를 놓아주신다. 이 원리는 성경 전체에 나타나는 가르침이다. 가족 내에서만 아니라 다른 영역에서 하나님이 위임하신 권위에도 동일하게 적용된다. 다시 강조하지만 권위 있는 사람이 하나님의 명령에 명백히 어긋나는 일을 시킬 때만 예외적으로 순종하지 않아도 된다.

사역하는 사람들에게 이런 말을 들을 때면 마음이 아프다. "우리 목사님은 나한테 이 일을 못하게 하지만 그것은 하나님의 음성을 듣고 한 말이 아닙니다. 표시 안 나게 방법만 바꿔서 계속할 겁니다."

당신이 기도 중에 어떤 음성을 들었다고 믿든 그것은 중요하지 않다. 다만 그 내용이 권위 있는 사람의 지시에 어긋난다면 당신은 하나님의 권위를 거역하는 것이다.

소개할 수 있는 예는 끝이 없다. 나는 계시의 지식이 마음에 불타오르면 많은 의문이 답을 얻고 무수한 문제가 풀린다는 것을 발견했다. 이 책에 그런 사례와 설명을 다 담을 수는 없다. 우리가 찾아야 할 것은 권위의 계시다. 권위의 계시란 곧 하나님 자신의 계시다. 그분과 그분이 세우신 권위는 떼려야 뗄 수 없는 관계이기 때문이다. 하나님을 향해 간절히 부르짖으라. 이 책을 읽는 동안 당신 마음에 경건한 복종의 원리가 불타오르게 해 달라고 기도하라. 그렇게 되지 않는다면 결국 당신은 처음보다 의문만 더 많아질 것이다.

다음 장에서는 부당한 대우를 어떻게 다루고 가혹한 권위자에게 어떻게 반응할지에 관해서 살펴보자. 이런 상황에서도 우리를 향한 하나님의 영광스러운 계획이 있음을 발견할 것이다.

13장

판단하시는 분은 하나님

'이런 사람'에게도
순종해야 하나

주님은 우리가 새로운 차원에 올라갈 때마다
다시 때에 맞는 깨짐의 과정을 시작하신다.

하나님 우리 아버지께는 각 사람의 삶에서 이루시려는 분명한 목표가 있다. 미리 경고하지만 그 목표는 즐겁고 누구나 좋아하며 아픔이 없는 길이 아닐 수도 있다. 하지만 그것이 우리에게는 가장 좋은 길이다. 하나님의 뜻은 우리를 깨뜨리는 것이라고 성경은 분명히 말한다.

주께서는 제사를 기뻐하지 아니하시나니 그렇지 아니하면 내가 드렸을 것이라 주는 번제를 기뻐하지 아니하시나이다 하나님께서 구하시는 제사는 상한[깨진, NIV] 심령이라 하나님이여 상하고 통회하는 마음을 주께서 멸시하지 아니하시리이다(시 51:16-17).

여호와는 마음이 상한[깨진, NIV] 자를 가까이하시고 충심으로 통회하는 자를 구원하시는도다(시 34:18).

주님과 친해지려면 우선 상한(깨진) 심령이 있어야 한다. 그 과정이 즐겁지 않더라도 그분의 친밀한 임재하심은 거기에 따르는 고생에 비할 수 없다. 다윗은 이것을 어려서부터 배웠다. 다윗의 깨진 심령과 거기서 비롯된 삶을 다윗의 수많은 시에서 엿볼 수 있다. 깨진 심령은 희생적 삶이나 제사가 아니라 순종으로 얻을 수 있다.

때에 맞는 깨짐의 과정

군마는 자기 뜻이 꺾이기 전에는 전쟁터에 나갈 수 없다. 마구간에서 가장 세고, 빠르고, 재주가 많더라도 일단 깨지기 전에는 싸울 수 없기에 결국 그 말은 마구간에 남고 재주가 덜한 다른 말들이 전쟁터에 나간다. 깨지는 것은 약해지는 것이 아니요, 권위에 대한 복종과 상관있다.

말의 주인은 그 말을 타는 사람이다. 제대로 깨지고 훈련된 말이라면 어떤 상황에서도 믿을 수 있다. 총알과 화살이 빗발치듯 날아오는 싸움터에서도 그 말은 꽁무니를 빼지 않는다. 적들이 칼과 도끼를 휘둘러도 뒷걸

음질치지 않는다. 총탄이 날아들고 대포를 쏴도 주인의 뜻을 거역하지 않는다. 주인이 누구든 한마음으로 복종할 뿐이다. 절대로 자기를 지키거나 몸을 사리지 않는다. 주인의 명령을 수행하기 위해서다.

이 깨짐의 과정은 주님의 처방에 따라 사람마다 독특하다. 그 과정을 제대로 수료하면 주님이 그 사람을 통해 하시려는 섬김을 할 준비가 된 셈이다. 그 때는 그분만 아신다. 주님은 우리가 새로운 차원에 올라갈 때마다 다시 때에 맞는 깨짐의 과정을 시작하신다.

지난날 내가 겪은 과정들이 기억에 생생하다. 내가 다음 차원의 섬김을 할 준비가 되었다고 철석같이 믿은 때가 정말 많았다. 실제로 준비되려면 아직 멀었는데 말이다. 나는 자신 있게 외쳤다. "저는 주님의 권위에 온전히 복종합니다! 주님이 부르신 사역을 할 준비가 되었습니다!"

그러나 주변에 있는 성숙한 신자들은 내가 깨지려면 아직 멀었다는 것을 알았다. 아니나 다를까 나는 어느새 또다시 내 권리를 찾으려고 발버둥을 쳤다.

까다로운 지도자에게도

우리가 깨지는 과정도 군마처럼 권위에 맞서 나타내는 반응과 상관있다. 하나님은 각 사람을 위해 맞춤식으로 완벽한 과정을 짜시는데, 그 과정에는 늘 일종의 권위가 개입된다. 그래서 베드로는 말한다.

인간의 모든 제도를 주를 위하여 순종하되 …… 사환들아 범사에 두려워함으로 주인들에게 순종하되 선하고 관용하는 자들에게만 아니라 또한 까다로운 자들에게도 그리하라(벧전 2:13, 18).

이것을 우리 시대 말로 풀어 보자. "사환"이란 직원, 학생, 교인, 시민일 수 있다. "주인"이란 고용주, 교사, 교회 지도자, 정부 지도자일 수 있다. 우리 대부분은 선하고 관용하는 지도자들을 만났고 그런 이들을 좋아했다. 그런 이들에게 복종하기는 쉽다. 그러나 하나님은 선하고 관용하는 사람들만 아니라 까다로운 사람들에게도 복종하라고 명하신다.

여기서 '까다롭다'는 헬라어로 '스콜리오스'(skolios)다. 테이어 헬라어 사전은 이 말을 "비뚤어지다, 괴팍하다, 악하다, 불공평하다, 주제넘다"로 풀이한다. 바인 사전은 "포악하거나 불의한 주인"과 관련하여 정의한다. 주님은 이런 지도자들에게도 복종하라고 하시는가?

다른 번역을 몇 개 더 살펴보자. NCV 성경에는 "선하고 친절한 이들뿐 아니라 부정직한 이들에게도"라고 한다. CEV 성경에서는 "친절하고 자상한 이들에게만 아니라 가혹한 이들에게도 그렇게 하라"라고 한다. NASB에는 "선하고 관용하는 이들에게만 아니라 터무니없는 이들에게도"라고 한다. 절대 모른 체할 수 없는 명령이다.

그 안에 담긴 하나님의 지혜를 찾아보자. 사실 베드로의 말은 더 쉬워지기는커녕 갈수록 힘들어진다. 계속해서 베드로는 "부당하게 고난을[부당한 대우를] 받아도 하나님을 생각함으로 슬픔을 참으면 이는 아름답다"고 한다(벧전 2:19).

방금 읽은 내용을 잠시 멈춰서 생각해 보라. 우리 모두는 하나님을 기쁘시게 하기를 원한다. 이는 하나님의 참된 아들딸의 한결같은 바람이다.

그렇다면 언제 우리 아버지가 기뻐하시는가? 우리가 부당한 대우를 받고도 올바로 반응할 때다.

아내와 우리 아들아이 사이에 있었던 일이 생각난다. 형 몫이 자기보다 많은 것을 보고 부당하다는 생각이 든 아이는 항변했다.

"엄마, 불공평해요!"

아내는 가만히 대답했다.

"얘, 인생이란 원래 불공평한 거야!"

아들은 '엄마가 어떻게 그런 말을 할 수 있어요?' 하는 눈으로 엄마를 쳐다봤다. 아내가 아이에게 물었다.

"아무 죄도 없는 예수님이 우리 대신 벌을 받고 십자가에서 죽으신 것이 공평한 일이니?"

아들은 알아들었다는 눈빛으로 입을 다물었다.

자기를 변호하지 않으신 예수님

베드로는 이어서 이렇게 말한다. "이를 위하여 너희가 부르심을 받았으니"(벤전 2:21). 이 말씀으로 설교할 때마다 나는 사람들에게 직접 성경을 찾아보라고 한 다음에 이렇게 힘주어 말한다. "모두들 따라해 보십시오. '이것이 내 부르심이다!'"

우리는 늘 인생의 소명을 이야기한다. 그중 하나가 이것이다. 베드로의 말을 들어 보라. "이를 위하여 너희가 부르심을 받았으니[즉 너희 소명과 뗄 수 없는 부분이니] 그리스도도 너희를 위하여 고난을 받으사 너희에게 [친히 본을 끼쳐 그 자취를 따라오게 하려 하셨느니라"(벧전 2:21).

그분은 어떻게 고난을 받으셨는가? 앞 절에서 베드로가 설명했다. 그분은 하나님이 권위를 위임하신 사람들에게 애매한 고난 즉 부당한 대우를 받으셨다. 때로 하나님은 우리가 권위 있는 사람에게 어처구니없는 대우를 받는 상황에 놓이게 하신다. 다윗과 요셉과 다니엘과 사도 바울과 다른 많은 이들에게 하신 것처럼 말이다. 거기에 바르게 대처하는 것이 우리의 소명이다. 예수님은 그 방법을 친히 모본으로 남겨 주셨다.

"지도자들의 가혹한 대우를 견뎌서 얻을 것이 무엇인가?" 하는 의문이 생길 수 있다. 물론 이것은 우리의 본성적 사고와 어긋나는 개념이다. 논리상 모순으로 보이니 말이다. 그러나 하나님의 지혜는 이런 대우를 통해 세 가지 방식으로 복종하는 마음을 빚으신다. 첫째, 하나님의 의로운 심판의 여지를 남겨 둔다. 둘째, 우리 안에 그리스도의 성품을 길러 준다. 셋째, 그런 대우 밑에서 우리가 복종할 때 하나님이 영광을 받으신다.

바울은 위에 있는 권세들에 대한 복종을 말하기 전에 이런 서두를 달았다. "내 사랑하는 자들아 너희가 친히 원수를 갚지 말고 하나님의 진노하심에 맡기라 기록되었으되 원수 갚는 것이 내게 있으니 내가 갚으리라고 주께서 말씀하시니라"(롬 12:19). 변호든 징계든 심지어 복수라 해도 이에 합당한 반응은 사람이 아니라 하나님의 손에서 나와야 한다. 자기 힘으로 복수하는 사람은 그리스도의 겸손이 없는 사람이다.

이 땅에서 예수님보다 권세가 많은 사람은 아무도 없다. 그런데도 그분은 한 번도 '하나님이 권위를 위임하신 사람들' 앞에서 자신을 변호하지 않으셨다. 베드로가 언급한 그 상황으로 가 보자. 예수님이 재판을 받으시는 장면이다. "대제사장들이 여러 가지로 고발하는지라 …… 예수께서 다시 아무 말씀으로도 대답하지 아니하시니"(막 15:3-5).

법정을 머릿속에 그려 보라. 그냥 법정이 아니라 모두가 예수님께 불리한 증언을 쏟아 내는 이스라엘 최고 법정. 증언하는 사람들은 이스라엘의 정치·종교 지도자들이었다. 모두 영향력 있는 사람이라 그들의 발언은 비중이 컸다. 그러나 그 말에는 한 가닥도 진실이 없었다. 완벽한 거짓말로 자기를 고소하는 사람들 앞에서 예수님은 침묵하셨다. 자기 변호를 하지 않으셨다. "빌라도가 또 물어 이르되 아무 대답도 없느냐 그들이 얼마나 많은 것으로 너를 고발하는가 보라 하되 예수께서 다시 아무 말씀으로도 대답하지 아니하시니 빌라도가 놀랍게 여기더라"(막 15:4-5).

빌라도는 이스라엘의 최고 재판관이었다. 법정에 선 사람들이 유죄 판결을 피하려고 있는 힘을 다해 자기 변호를 하는 것을 수없이 보았다. 일단 유죄가 확정되면 옥에 갇히거나 추방당하거나 처형되었다. 항소할 더 높은 법원은 없었다. 그래서 지금껏 고소당한 사람이 말없이 서 있는 모습은 본 적이 없었다. 빌라도는 유대 지도자들이 시기심 때문에 예수님을 재판에 넘긴 것, 그리고 가장 혹독한 벌인 십자가형을 바란다는 것을 알았다. 한편 빌라도는 예수님이 그 사람들이 주장하는 그런 분이 아니라는 것도 알았다. 그런데도 예수님은 한사코 자신을 변호하지 않으셨다.

총독 빌라도는 의연한 예수님의 행동이 그저 신기할 뿐이었다. 예수님은 왜 자기를 변호하지 않으셨는가? 하나님 아버지의 심판 아래, 그리하여 그분의 보호하심 아래 남기 위해서였다. 베드로는 말했다. "욕을 당하시되 맞대어 욕하지 아니하시고 고난을 당하시되 위협하지 아니하시고 오직 공의로 심판하시는 이[하나님]에게 부탁하시며"(벧전 2:23).

자기 변호에 나서지 않으면 하나님의 은혜와 심판의 손 아래 숨을 수 있다. 그보다 안전한 곳은 없다. "누가 능히 하나님께서 택하신 자들을 고발하리요 의롭다 하신 이는 하나님이시니"(롬 8:33).

반면 자기를 변호하는 사람들은 자기를 고소하는 사람들과 함께 심판 아래 놓이며 따라서 하나님의 간섭하심을 누리지 못한다. 내가 권위에 맞서 자기 변호를 하던 상황이 떠오른다. 하나님은 나중에 내게 짤막한 장면을 보여 주셨다. 내 곁에 뒷짐 지고 서 계신 주님의 모습이었다. 그분은 내게 필요한 도움을 베푸실 수 없었다. 그러다 내가 자기 변호를 멈추자 나를 위해 나서서 일하셨다.

예수님은 궁극적으로 심판하실 분을 한 번도 잊지 않으셨다. 하나님이 위임하신 권위가 있는 사람 앞에 계실 때도 마찬가지였다. 왕의 마음이 하나님의 손에 있다는 사실을 잊지 말라. 자기 변호를 거두심으로 예수님은 모든 과정에서 하나님의 변호 아래 남으셨다. 자기를 정당화하고 변호하는 순간, 당신은 자신을 고소하는 사람을 심판자라고 인정하고 그 사람에게 무릎을 꿇는 것이다. 영적인 보호를 받을 권리를 잃는 것이다. 비난에 반응하는 사이 영적인 영역에서 그 사람이 당신 위에 군림하기 때문이다. 무죄를 입증하려다 결국은 고소하는 이의 처분에 운명을 맡기게 되고 만다. 그래서 예수님은 이렇게 타이르신다.

너를 고발하는 자와 함께 길에 있을 때에 급히 사화하라 그 고발하는 자가 너를 재판관에게 내어 주고 재판관이 옥리에게 내어 주어 옥에 가둘까 염려하라 진실로 네게 이르노니 네가 한 푼이라도 남김이 없이 다 갚기 전에는 결코 거기서 나오지 못하리라(마 5:25-26).

이 비유에 따르면 고소하는 사람이 요구하는 것을 반드시 치러야 한다. 당신에게 맞서는 감정이 클수록 상대의 자비는 작아질 것이다. 공평하든 공평하지 않든 상대는 자기가 받을 것을 마지막 한 푼까지 정확히 챙겨 갈 것이다.

"그 선생님은 맨날 나만 혼내요"

첫째 아이 애디슨이 3학년 때 일이다. 하루는 애디슨이 저녁을 먹으면서 학교에서 있었던 일을 털어놓았다. 아이는 자기가 어느 선생님에게 소위 '찍혔다'고 생각했다. 애디슨은 그 선생님이 자기를 싫어하며, 아이들이 떠들거나 장난을 쳤다 하면 무조건 자기만 혼낸다고 생각했다. 그런 일이 꽤 오랫동안 계속되었다. 드디어 선생님은 애디슨에게 불리한 기록으로 남을 가정통신문을 보냈다. 예민한 아이인 애디슨은 자기 기록이 나쁘게 남는다는 것을 생각만 해도 견딜 수 없었다. 좌절과 두려움을 털어놓으면서 아이는 하염없이 눈물을 흘렸다.

아이는 투덜대며 말했다. "그 선생님은 맨날 나만 혼내요. 여러 명이 같이 했어도 다 내 잘못이래요. 어떤 때는 하지도 않았는데도 혼나요. 오늘도 내 옆에 앉은 애들 둘이 웃고 낄낄대고 있었고 나는 조용했어요. 그런데도 선생님은 나를 보면서 나한테 고함을 질렀어요."

억울함을 이기지 못하고 아이 입술이 떨렸다. 아홉 살 난 아이에게 그것은 절망의 위기였다. 지금껏 다른 선생님들은 애디슨의 품행이 좋다고들 하셨기에 우리 부부는 이 일이 일시적 상황이라는 것을 알았다. 아내가 아이를 달래는 동안 물었다. "오늘 선생님이 너를 혼내실 때 너는 뭐라고 말했니?"

"떠든 건 내가 아니라 저 두 애들이라고 말했어요."

"선생님한테 혼날 때마다 그런 식으로 대답하니?"

"내 잘못이 아니라는 걸 알면요."

"그래서 문제가 생기는 거야. 너는 권위 앞에서 너를 정당화하고 있거든. 네가 너를 변호하면 하나님은 너를 변호해 주지 않으신단다."

그러면서 앞에서 소개한 성경 구절을 애디슨에게 말해 주었다. 그리고 아이가 이해하도록 12장에서 말한 부서장과 관련해 겪은 다음 시련을 아이에게 들려주었다.

나를 해치려고 작정한 상관

그 부서장의 아들이 청소년부에 있었다. 그즈음 나는 거룩함, 기도, 예수님의 주 되심에 대해 강력한 메시지를 전했고 감사하게도 많은 아이들이 변화되었다. 어느 날 부서장의 아들이 울면서 내 아내를 찾아와 집에서 온갖 경건치 못한 행동이 계속되는데 어떻게 순결하고 거룩한 삶을 살 수 있느냐고 물었다. 그러면서 아이는 자초지종을 털어놓았다. 그제야 그 아이의 아버지가 나를 대적하는 이유를 알 것 같았다.

몇 달 후 아이들 네 명이 찾아와 내가 곧 해임될 거라는 말을 들었다면서 서운해했다. 아마도 부서장의 아들이 전했을 것이다. 그 아이는 자기 아버지한테 들었다고 말했다. 나는 무거운 마음으로 부서장을 찾아갔다.

부서장은 사실을 시인하면서도 담임목사 탓으로 돌렸다. 나를 내보내는 것이 담임목사의 뜻이라고 했다.

몇 주가 지났고 상황은 더 악화되었다. 교회에 남아 있을지 떠날지 모르는 상태라서 우리 집에는 긴장이 가시지 않았다. 우리는 대출을 받아 집을 산 상태였고, 아내는 임신 중이었다. 돈도 없었고 갈 데도 없었다. 그런 상황에서 다른 일자리를 구하려고 이력서를 쓸 마음은 없었다. 우리를 그 교회로 인도하신 분이 하나님이라 믿었기에 아무 대안 없이 잠자코 있었다. 아내는 불안해하고 걱정하며 내게 길을 찾아보라고 했다. "여보, 다들 당신이 곧 해임될 거래요."

아내 말이 맞았고, 담임목사는 결국 나를 해임하는 안건에 찬성했다. 어느 주일 예배 때 청소년부에 중대 변화가 있을 것이라고 광고했다. 나하고 개인적으로는 아직 아무 이야기도 하지 않은 상태였다. 다음 날 담임목사와 그 부서장을 한자리에서 만나기로 했는데, 하나님은 내게 자기 변호를 하지 말라고 하셨다.

이튿날 담임목사 사무실에 들어가니 담임목사 혼자 있었다. 그는 "하나님이 이곳에 보내신 비비어 목사님을 내가 내보낼 수는 없습니다"라고 말했다. 하나님은 마지막 순간에 나를 지키셨다. 담임목사는 이어 이렇게 물었다. "부서장은 왜 목사님을 해임하고 싶어 했을까요?" 나는 모른다고 했다. 담임목사는 그 사람과 화해하라고 당부했고, 나는 노력하겠노라 대답했다.

우연찮게도 그 만남 직후 그 부서장이 내린 결정과 관련 있는 문서가 내 손에 들어왔다. 거기에 그 사람이 왜 그런 일을 했는지 동기가 드러나 있었다. 나는 그것을 담임목사에게 가지고 가서 담임목사 모르게 일어난 일을 알리고 싶었다. 하지만 마음이 어찌나 불편하던지 그 감정을 떨쳐 보려 45분 동안이나 방에서 왔다갔다하며 기도했다. "하나님, 이 사람은 부정직했습니다. 그 사실을 알려야 합니다. 그는 이 교회 사역을 망치고 있습니다. 그 사람의 실상을 담임목사님에게 알려야 합니다!"

나는 사실을 알려야 한다는 의도를 한층 정당화했다. "제가 보고할 내용은 전부 사실이며 입증할 자료가 있습니다. 제가 단순히 감정적으로 이러는 게 아닙니다. 그 사람을 막지 않으면 그 사람의 타락한 행동이 교회 전체에 스며들 것입니다."

한참을 그러다 마침내 풀이 죽은 내 입에서 불쑥 이런 말이 나왔다. "하나님은 제가 진상을 폭로하는 것을 원치 않으십니다. 그렇지요?"

그 순간 하나님의 평강이 내 마음에 흘러들었다. 하나님은 내가 아무 행동도 하지 않기를 원하셨다. 그것을 알았기에 나는 그 증거물을 폐기해 버렸다. 나중에 그 상황을 객관적으로 돌아볼 수 있게 되었을 때에야 나는 그때 내가 정말 원한 것은 다른 사람을 보호하는 것이 아니라 나를 변호하고 복수하는 것이었음을 깨달았다. 이기적인 동기로 그러는 것이 아니라고 자신을 세뇌했을 뿐이다. 정보는 정확했지만 동기는 불순했다.

시간이 흘러 어느 날 내가 업무 시간 전에 교회 뜰에서 기도하는데 그 사람 차가 들어왔다. 하나님은 그 사람에게 가서 겸손한 자세를 보이라고 하셨다. 나는 즉시 반대했다.

"그럴 수는 없습니다, 주님. 저 사람이 저한테 와야지요. 모든 문제를 일으킨 쪽은 저 사람입니다."

기도를 계속했으나 하나님은 침묵하셨다. 20분 정도 지났을 때 주님은 다시 나를 떠미셨다. 즉시 그에게 가 겸손한 태도를 보이라 하셨다.

먼저 잠시 들르겠노라 전화부터 하고 나서 그 사람 사무실로 갔다. 이후 내 입에서 나온 말과 말투는 하나님이 나를 다루시지 않았다면 터져 나왔을 것과는 완전히 딴판이었다. 나는 진심으로 그에게 용서를 구했다. 매사에 그를 판단했고 그에게 비판적이었다고 인정했다. 그는 마음이 누그러졌고 우리는 그렇게 한동안 이야기를 나누었다.

그날부터 그는 나를 공격하는 일을 멈췄다. 여섯 달 뒤, 내가 다른 곳에 가 있는 동안 담임목사가 그 사람이 한 모든 잘못을 알았다. 그 사람이 저지른 일은 내가 알던 것보다 훨씬 심했고, 그 사람은 곧바로 해임되었다.

심판은 왔으나 내 손을 통해 오지는 않았다. 그 사람은 내게 하려던 일을 자기가 당했다. 그러나 그에게 닥친 일에 나는 기쁘지 않았다. 그 사람과 가족을 생각하니 마음이 아팠다. 그 사람 때문에 나도 그런 상황에 처해 봤기 때문에 그 고통을 이해할 수 있었다. 이미 그를 놓아주었기 때문에 나는 그 사람을 사랑했고, 그 사람이 그런 상황에 처하기를 바라지 않았다.

이후로도 나는 그 교회에 11년이나 더 있었고 여러 차례 사역자로 청빙도 받았다. 부서장이 내 이름에 입힌 수치는 사라지고 영예로 바뀌었다. 돌아보면 그 힘겨운 시기에 나는 성장했음을 깨닫는다. 나중에 하나님은 나에 대한 수많은 거짓 보고를 들은 사람들 앞에서 나를 높이셨다. 자기 변호를 기꺼이 포기하고 순종하신 예수님을 크게 높이신 것처럼, 하나님 아버지는 예수님이 보이신 본을 따르는 자녀들을 높이신다.

애디슨의 선택

성경 구절과 이 사건을 애디슨에게 들려주고 나서 이렇게 말했다. "네가 택하기 나름이야. 계속 자신을 변호하며 선생님의 심판 밑에 머물 수도 있고, 지금껏 네가 선생님의 비난에 경건하게 반응하지 않았다는 걸 깨달을 수도 있어. 둘째 방안을 선택하겠다면 선생님한테 가서 겸손하게 그간 선생님의 권위를 존중하지 않고 반항한 것을 사과할 수 있겠지. 그러면 하나님이 개입하실 거야."

"그럼 잘못도 없이 혼날 때는 어떻게 해요?"

"하나님이 너를 변호하시게 해 보렴. 네가 널 변호하려던 게 잘 통했니?"

"아니요, 하나님이 저를 변호해 주시면 좋겠어요."

다음 날 아이는 선생님한테 가서 겸손한 태도를 보였다. 아이는 선생님이 지적하실 때 따지고 든 자신의 행동에 용서를 구했고, 선생님은 아이를 용서했다. 그리고 다음 주, 애디슨은 자기 반에서 '금주의 학생'으로 뽑혔다. 그 후 아이에게는 다시는 그런 문제가 없었다. 학년을 마칠 때 선생님은 애디슨에게 '올해의 학생상'을 주었다.

아홉 살 난 아이가 위기 속에서 자신을 낮추고 하나님의 말씀을 입증할 수 있다면 우리는 더욱 그래야 할 것이다. "그러므로 누구든지 이 어린 아이와 같이 자기를 낮추는 사람이 천국에서 큰 자니라"(마 18:4). 예수님이 이렇게 말씀하신 이유가 그 사건에 잘 나타나 있다.

애디슨은 이새의 아들 다윗과 같은 것을 배웠다. 하나님은 의로운 심판자시다. 우리가 권위 있는 이에게 당하는 부당한 대우를 그분 손에 맡기면 언제나 그분이 공의로 심판하신다. 다윗을 이야기할 때, 다윗을 사울이라는 부당하다 못해 잔인하기까지 한 지도자 밑에 두신 분이 하나님이시지 마귀가 아니라는 사실을 잊지 말아야 한다.

두 사람이 만나기도 전에 이미 이스라엘의 최고 선지자인 사무엘은 다음 왕으로 다윗에게 기름을 부었다. 다윗은 감격을 가누지 못하고 이렇게 생각했을지도 모른다. '사무엘은 지금의 왕에게 기름을 부은 사람이다. 장차 나도 왕이 된다!'

사울은 하나님께 불순종한 결과 악신에게 시달렸는데, 누군가 수금을 타 줄 때에만 평안을 누릴 수 있었다. 그래서 신하들은 왕 앞에 앉아 섬길 청년을 물색하기 시작한다. 이때 왕의 신하 중 하나가 이새의 아들 다윗을 천거하고 사울은 다윗에게 사람을 보내 왕궁에 와 자신의 시중을 들어 달라고 한다. 다윗은 분명 이렇게 생각했을 것이다. '하나님이 선지자를 통해 주신 약속을 벌써 이루시는구나. 이렇게 나를 왕궁으로 들이시다니!'

세월이 흘러 다윗은 블레셋 군대와 싸우는 형들에게 먹을 것을 가져다주는 심부름을 한다. 전쟁터에 갔다가 블레셋 장수 골리앗이 하나님의 군대를 모욕하는 모습을 본다. 심지어 그런 조롱이 무려 40일 동안이나 계속되었음을 알았다. 이 거인을 죽이는 사람에게 왕이 자기 딸을 주겠다 약속한 사실도 들었다. 마침내 다윗은 왕에게 나아가 싸움을 허락해 달라 청한다. 그리고 결국 골리앗을 죽이고 사울의 딸을 얻었다. 이렇게 사울의 은총을 입고 왕의 사위로 내정되었다.

사울의 맏아들 요나단은 다윗과 영원한 우정의 언약을 맺었다. 이후 사울이 다윗에게 무슨 일을 맡겨도 하나님의 손이 함께하심으로 다윗은 형통했다. 왕은 다윗을 왕자들과 함께 왕의 식탁에 앉게 했다. 만사가 순조로웠고 다윗은 가슴이 뛰었다. 왕궁에 살면서 왕의 식탁에서 먹었고, 왕의 딸과 혼인했고, 왕의 맏아들의 절친한 친구였으며, 전쟁에 나갈 때마다 이겼다. 백성의 칭송도 얻었다. 예언의 성취를 향해 가는 항해는 아주 순조로웠다. 사울은 모든 신하들보다 더욱 다윗을 총애하여 군대의 장으로 삼았다. 그런 사울이 다윗을 가르치고 훈련시켜 어느 날 커다란 영광으로 왕위에 앉힐 것은 자명했다. 다윗은 하나님의 선하심과 신실하심을 기뻐했다.

불리하게 돌변한 상황

그러나 하루아침에 모든 것이 달라졌다. 사울과 다윗이 싸움터에서 나란히 돌아오는데 이스라엘 모든 성에서 여자들이 나와 춤추며 노래를 불렀다. "사울이 죽인 자는 천천이요 다윗은 만만이로다." 사울은 심히 노했고 그날부터 다윗을 혐오했다. 급기야 사울은 다윗을 죽일 음모를 꾸몄고 다윗에게 창을 던졌다. 더구나 사울은 하나님이 다윗과 함께하신다는 것을 알고는 다윗을 더 미워했다. 사울은 하나님이 자기를 떠나셨음을 알았던 것이다.

다윗은 목숨을 건지기 위해 달아날 수밖에 없었다. 딱히 갈 데가 없었던 다윗은 광야로 들어간다. 다윗은 생각한다. '어떻게 된 걸까? 순조롭게만 보이던 예언 성취가 모두 물거품이 되다니. 스승이자 지도자인 왕이 나를 죽이려 하다니. 이제 난 어쩌나? 사울은 하나님의 기름 부음을 받은 종이다. 그 사람이 나를 대적하는데 나한테 무슨 가망이 있을까? 그는 왕이요, 하나님의 백성을 다스리는 하나님의 사람이다. 하나님은 왜 이런 일을 허용하시는 걸까?'

이제 사울은 이스라엘 정예 부대 3천 명을 데리고 광야와 동굴을 샅샅이 뒤지며 다윗을 쫓아다닌다. 목표는 하나, 다윗을 죽이는 것이다. 목숨을 부지하려고 도망 다니는 다윗에게 약속은 이제 허울 좋은 이름일 뿐이다. 다윗은 이제는 왕궁에 살지도 않고 왕의 상에서 먹지도 않는다. 축축한 동굴에 숨어 지내면서 동물들이 먹다 남긴 것을 먹었다. 왕 옆에서 나란히 말을 타던 시절은 끝나고, 한때 자기와 함께 싸우던 이들에게 쫓기는 신세가 되었다. 따뜻한 잠자리도 없고, 시중들 신하들도 없고, 왕실의 찬사도 없다. 신부는 다른 남자의 아내가 되었다.

하나님이 다윗 위에 두신 지도자가 어떻게 이런 일을 할 수 있는가? 다윗은 분명 분노와 실망과 환멸 등 복잡한 감정들과 싸웠을 것이다. '왜 하나님은 그냥 보고만 있으시는가? 나한테 관심이 있긴 하신 건가? 약속은 어떻게 된 건가? 하나님은 왜 저런 포악한 사람이 그분의 언약으로 세운 백성을 이끌게 놔두시는가?'

물불 안 가리고 이 젊은이를 죽이기로 작심한 사울은 점점 광기를 더해 갔다. 놉 성읍 제사장들은 다윗을 재워 주었고 먹을 것에 골리앗의 칼까지 주었다. 다윗이 사울을 피해 도망 다닌다는 것은 전혀 몰랐고, 왕의 임무를 수행하는 줄로만 알았기 때문이다. 놉 제사장들은 다윗을 위해 여호와께 물은 뒤 다윗을 그의 길로 보냈다.

이 사실을 안 사울의 분노가 하늘을 찌를 듯했다. 결국 사울은 여호와의 죄 없는 제사장 여든다섯 명을 죽이고, 남녀와 아이들과 갓난아기와 짐승을 가리지 않고 놉 성읍 전체를 칼로 쳐 쑥대밭으로 만들었다. 아말렉 사람들한테 행해야 하는 심판을 무죄한 사람들에게 행했다. 이제 이 지도자를 하나님이 택하셨다는 논리는 설득력이 거의 없어 보인다. 사울은 살인자였다. 어떻게 하나님이 그런 사람에게 한때라도 그분의 신을 머물게 하실 수 있었는가?

사울은 백성이 택했고, 다윗은 하나님이 택하셨다고 말하는 이들이 많다. 하나님이 잔인한 인간도 지도자로 세우신다는 사실을 받아들이지 못하는 사람들이 그런 잘못된 주장을 한다. 백성이 왕을 원한 것은 사실이지만 사울과 다윗 둘 다 하나님이 택하신 사람들이다. 하나님은 "내가 사울을 왕으로 세웠다"(삼상 15:11)고 하셨다.

그러다 사울은 다윗이 엔게디 광야에 있다는 제보를 받고는 병사 3천 명을 거느리고 추적에 나섰다. 가던 중 그들은 마침 다윗이 숨은 동굴에서 잠시 쉬었다. 성경에 보면 사울이 용변을 본 후에 다윗의 사람들이 그에게 이렇게 촉구했다. "여호와께서 당신에게 이르시기를 '내가 원수를 네 손에 넘기리니 네 생각에 좋은 대로 그에게 행하라' 하시더니 지금이 그때입니다"(삼상 24:4).

그러자 다윗은 가만히 다가가 사울의 겉옷 자락을 베었다. 그 후 다윗은 그 일에 양심의 가책을 느꼈다. "[다윗이] 자기 사람들에게 이르되 내가 손을 들어 여호와의 기름 부음을 받은 내 주를 치는 것은 여호와께서 금하시는 것이니 그는 여호와의 기름 부음을 받은 자가 됨이니라 하고 다윗이 이 말로 자기 사람들을 금하여 사울을 해하지 못하게 하니라 사울이 일어나 굴에서 나가 자기 길을 가니라"(삼상 24:6-7).

성경은 '다윗의 마음이 찔렸다'고 밝힌다(삼상 24:5). 다윗은 자기를 그토록 고생시킨 지도자에게 여전히 좋은 마음을 품었다. 분노와 두려움, 좌절이 덮쳐 왔을 테지만 다윗은 끝내 그런 생각들을 굴복시켰다.

다윗은 베어 낸 왕의 옷자락을 사용해 자기 무죄를 입증하기로 했다. 멀리서 다윗은 땅에 엎드려 절한 뒤 사울에게 외쳤다. "내 아버지여 보소서 내 손에 있는 왕의 옷자락을 보소서 …… 내내 손에 악이나 죄과[반역]가 없는 줄을 오늘 아실지니이다 왕은 내 생명을 찾아 해하려 하시나 나는 왕에게 범죄한 일이 없나이다"(삼상 24:11).

다윗은 사울이 자신을 악한 반역자로 보는 것이 마음에 걸렸다. 그래서 다윗은 자기 마음을 살폈을 것이다. '어디서 잘못되었을까? 왕의 마음이 어째서 그처럼 급속도로 내게서 돌아섰을까?' 그래서 이렇게 외쳤다. "어떤 사람이 나를 권하여 왕을 죽이라 하였으나 …… 내가 왕을 죽이지 아니하고 겉옷 자락만 베었은즉 내 손에 악이나 죄과가 없는 줄을 오늘 아실지니이다"(삼상 24:10-11).

다윗은 사울 혼자서 그런 생각을 했으리라고 보지 않았다. 누군가 그런 편견을 심었으리라 생각했다. 그래서 다윗은 사울에 대한 자신의 변함없는 충성심을 입증해 보이고 싶었다. 입증만 하면 사울이 예전의 은총을 되찾아 자신을 다시 후히 대할 것이며 그리하여 예언이 이루어지리라 생각했을지도 모른다.

아버지나 지도자에게 거부당한 적이 있는 사람들은 모든 것을 자기 탓으로 돌리는 경향이 있다. '내가 뭘 잘못했을까? 내 마음이 불순했나?' 하는 괴로운 생각에서 헤어나지 못한다. 끊임없이 자기 무죄를 입증하려는 무거운 부담을 안고 살아간다. 충성심과 진의를 보일 수만 있다면 상대가 나를 다시 받아 주리라 믿으면서 말이다. 그러나 애쓸수록 거부당하는 느낌만 커질 뿐이다.

다윗이 자기를 죽일 수 있었는데도 죽이지 않았다는 것을 알자 사울은 다윗의 선함을 인정했고, 곧 그곳에서 떠났다. 그 일로 다윗은 이렇게 생각했을 것이다. '왕이 나를 곧 복권시킬 테지. 이제는 예언이 성취되겠지. 왕이 내 마음을 분명하게 보았으니 이제는 나를 후히 대할 거야. 이제 왕은 다시 전처럼 선하고 온유한 지도자가 될 거야.'

그러나 이것은 현실과 아주 거리가 먼 생각이었다.

다윗을 위협한 부당한 권위

얼마 안 되어 사람들은 다윗이 하길라산에 있음을 사울에게 보고한다. 사울은 3천 병사를 이끌고 다시 다윗을 찾아 나선다. 사울의 집요한 맹추격에 다윗은 필시 눈앞이 캄캄했을 것이다. 다윗은 그제야 이것이 오해로 일어난 문제가 아니라는 것을, 즉 사울이 아무 근거 없이 다윗 자신의 생명을 노리고 있다는 것을 깨달았다.

사울은 다윗의 마음을 알면서도 다윗을 쫓아다녔다. 다윗은 여태껏 자기가 바라던 것이 모두 사실이 아니라는 것을 알았다. 자신이 상대하는 사울은 악한 왕이었다. 어떻게 하나님이 이런 사람에게 기름을 부으셨단 말인가?

다윗은 요압의 동생 청년 아비새와 함께 사울의 진에 몰래 들어간다. 하나님은 사울과 병사들이 모두 깊은 잠에 빠지게 하셨다. 두 사람은 사울이 자는 곳에 이르렀다. 아비새는 다윗에게 간청한다. "하나님이 오늘 당신의 원수를 당신의 손에 넘기셨나이다 그러므로 청하오니 내가 창으로 그를 찔러서 단번에 땅에 꽂게 하소서 내가 그를 두 번 찌를 것이 없으리이다"(삼상 26:8).

아비새가 보기에 다윗이 사울을 치라고 허락할 이유는 많았다. 첫째, 사울은 무죄한 제사장 여든다섯 명과 그 아내들과 자녀들을 잔인하게 죽였다. 그런 광인이 다스리는 동안 온 나라는 위험에 빠져 있었다. 요즘도 특히 교회 지도자들을 향해 같은 논리를 펴는 사람들이 많다. 지도자가 그런 악행을 저지르지 않았다는 것만 다를 뿐이다.

둘째, 하나님은 사무엘의 말에서 이미 다윗을 이스라엘 다음 왕으로 기름 부으셨다. 이제 다윗이 자신의 왕위 계승권을 주장할 시기다. 예언도 이루지 못한 채 이러다 결국 죽는 셈인가? 나는 환멸에 빠진 교회 일꾼들에게 이런 논리를 수없이 들었다.

셋째, 사울은 3천 병사와 함께 다윗 일행을 죽이려 나왔다. 상대를 죽이지 않으면 내가 죽는 상황이다. 분명 이것은 정당방위다. 아비새는 어떤 법정이라도 자기들의 행동을 지지하리라는 것을 알았다. 물론 지금 시대에는 굳이 이런 논리를 내세울 필요도 없다. 누구나 더 생각할 필요 없이 당연히 하는 행동이다.

넷째, 군대를 깊이 잠들게 해 다윗과 아비새가 사울 옆까지 갈 수 있게 한 분은 하나님 아니신가? 하나님의 뜻을 수행하여 그런 악한 지도자를 없애도록 말이다. 드디어 기회가 왔다. 마지막 기회일 수도 있다. 예언의 성취를 확보할 때였다. 자신들의 지도자가 넘어졌을 때 얼마나 많은 교회의 제직이나 일꾼들이 이런 생각을 했는가. '이런 상황도 하나님이 주신 기회다. 이제 우리는 저 사람을 몰아낼 수 있다.'

모든 이유가 그럴듯하다. 모두 일리가 있으며, 충직한 신하가 부추긴다. 따라서 조금이라도 반역할 뜻이 있다면, 다윗은 얼마든지 그런 논리에 따라 사울을 치라고 명했을 것이고 그것이 철저히 정당하다는 느낌이 들었을 것이다. 그러나 다윗의 대답을 들어 보라. "죽이지 말라 누구든지 손을 들어 여호와의 기름 부음 받은 자를 치면 죄가 없겠느냐"(삼상 26:9). 요즘 말로 하면 이쯤 될 것이다. "말이나 행동으로 그 사람을 건드리지 말라. 자기 지도자를 대적하고도 죄 없을 사람이 누가 있겠느냐?"

사울은 무죄한 사람들을 죽였고 다윗을 죽이려 했지만 다윗은 사울을 죽이지 않았다. 다윗은 자기 손으로 원수를 갚을 생각이 없었다. 다윗은 그 일을 하나님 손에 맡겼다. 차라리 그 자리에서 원수를 갚았다면 더 쉬웠을 것이다. 다윗에게든 이스라엘 백성에게든 그 편이 더 좋았을 것이다. 다윗은 이스라엘이 참목자 없는 양의 신세임을 알았다. 악인 한 사람이 자신의 이기적인 욕망을 채우려고 백성을 강탈하고 있었다. 자기 변호에 나서지 않기도 힘들었지만 사랑하는 백성을 미친 왕에게서 구하지 않는 것은 더 힘들었을 것이다.

다윗은 사울이 지금 오직 자기를 죽이는 일에 몰두해 있음을 뻔히 알면서도 결단했다. 다윗의 순수한 마음은 처음 사울을 살려 주었을 때 이미 입증되었다. 그러나 다윗은 이번에도 사울에게 손대지 않았다. 사울은 자신의 리더이자 하나님이 기름 부으신 종이었기 때문이다. 그래서 다윗은 사울의 심판을 하나님의 손에 맡겼다. 다윗이 인간의 생각대로 하지 않고 그렇게 한 것은 참으로 지혜로운 행동이었다.

그렇다면 하나님은 누구를 시켜 그분의 종 사울을 심판하셨는가? 답은 바로 블레셋 사람들이다. 이렇듯 하나님은 구원받지 않은 사람들이나 세상의 제도를 사용하여 교회의 리더들을 심판하곤 하신다. 결국 사울은 전쟁터에서 자기 아들들과 함께 목숨을 잃었다. 하지만 이 소식을 들은 다윗은 기뻐하지 않았다. 오히려 애통해했다.

사실 다윗을 찾아와 자기가 사울을 죽였다고 거짓말한 사람이 있다. 다윗은 그 사람을 처형했다. 그 사람은 그 소식을 들려주면 다윗의 환심을 살 줄 알았으나 결과는 정반대였다. 다윗은 이렇게 대답했다. "네가 어찌하여 손을 들어 여호와의 기름 부음 받은 자 죽이기를 두려워하지 아니하였느냐"(삼하 1:14). 그 사람을 처형한 후 다윗은 이렇게 말했다. "네 피가 네 머리로 돌아갈지어다 네 입이 네게 대하여 증언하기를 내가 여호와의 기름 부음 받은 자를 죽였노라 함이니라"(삼하 1:16).

이어 다윗은 유다 족속에게 사랑의 노래를 지어 주며 사울과 그 아들들을 기념하여 부르게 했다. 다윗은 적들이 기뻐하지 못하도록 블레셋성에 그 소식을 전하지 못하게 했다. 사울이 죽은 자리에 비가 내리지 않고 수확이 없으리라고 선포했다. 다윗은 온 이스라엘에게 사울을 위해 울라고 했다. 자기 지도자를 공경하지 않고 복수를 하려는 사람의 마음은 정녕 아니었다. 그런 사람이라면 사울이 죽은 것은 자업자득이라고 했을 것이다.

다윗은 거기서 그치지 않았다. 살아 남은 사울 집안사람들을 죽이지 않고 오히려 그들에게 자비를 베풀었다. 그들에게 땅과 식량을 주었고 그 중 후손 한 명은 왕의 식탁에 앉게 했다. 이것이 자기 지도자가 심판받은 것을 고소해하는 사람의 태도인가? 거역하는 마음이 있는 사람들은 영적

지도자가 넘어지면 기뻐한다. 그것을 자업자득이라 생각한다. 대개는 험담이나 상처의 말을 하여 지도자를 더 깊은 심판에 몰아넣는 일을 거든다. 그들에게는 다윗의 마음이 없다. 하나님께 합한 마음이 없다.

복받을 자리

우리가 권위의 손에 부당 대우를 당하는 데는 하나님의 궁극적인 선한 뜻이 있어서다. 그분은 그것을 사용하여 우리를 복받을 자로 빚으신다. 베드로는 계속 권고한다. "악을 악으로, 욕을 욕으로 갚지 말고 도리어 복을 빌라 이를 위하여 너희가 부르심을 받았으니 이는 복을 이어받게 하려 하심이라"(벧전 3:9).

여기 복이란 현실적인 것들로 나타날 때도 많지만 반드시 그렇지 않을 수도 있다. 오히려 복은 그리스도를 닮은 성품, 하나님 나라의 진보, 영원한 상급 등 좀 더 중요한 부분에 찾아온다. 하나님의 권위에 복종하는 한 우리의 영적 상태는 전혀 해를 입을 수 없다. 베드로는 그 점을 분명히 하려고 되묻는다. "또 너희가 열심으로 선을 행하면 누가 너희를 해하리요"(벧전 3:13). 문맥상 이 말은 그리스도의 고난의 모본을 따르라는 것이다.

그리스도를 닮은 성품에 관해 베드로는 이렇게 권면한다. "그리스도께서도 단번에 죄를 위하여 죽으사 의인으로서 불의한 자를 대신하셨으니 …… 그리스도께서 이미 육체의 고난을 받으셨으니 너희도 같은 마음으로 갑옷을 삼으라 이는 육체의 고난을 받은 자는 죄를 그쳤음이니"(벧전 3:18; 4:1).

베드로는 그리스도께서 당하신 것과 비슷한 고난을 당할 때를 대비해 자신을 무장하라고 가르친다. 이 서신의 문맥에서 비슷한 고난이란 바로 권위 있는 이에게 부당한 대우를 받는 것을 가리킨다. 무장 없이 싸우러 가는 군인을 상상할 수 있는가? 총도 총알도 칼도 아무 무기도 없는 군인은 군인이라 할 수 없다. 그런데도 부당한 대우를 당할 때를 대비한 무장은 전혀 하지 않은 신자가 많다. 그러다 비난당하는 처지에 놓이면 너무 놀라 충격과 당황에서 좀체 헤어나지 못한다. 그들은 그렇게 권위의 원리로 행동하지 않고 인간의 논리로 반응한다.

무장한 사람의 예를 하나 더 소개할까 한다. 비행기 조종사 훈련에서 빼놓을 수 없는 과정이 비행 시뮬레이터 조작이다. 시뮬레이터 안에서 조종사는 실제 상황에서 만날 수 있는 비상 상황을 거의 모두 만난다. 조종사는 안전한 시뮬레이터 안에서 모든 상황을 성공적으로 다룰 수 있을 때까지 반응 기술을 다듬는다. 비상 상황에 대비해 무장하는 것이다.

덕분에 실제 비행하는 중에 비상 상황이 일어나도 조종사들은 전혀 당황하지 않고, 익히 받아 온 고강도 훈련을 바탕으로 적절히 대처한다. 승객들은 겁에 질려 충격과 광란에 휩싸이더라도 조종사들은 침착함을 잃지 않고 철저히 상황을 제어한다. 안타깝게 추락한 비행기의 블랙박스 녹음테이프를 조사하는 사람들은 조종사의 침착성에 놀란다. 비행기가 바닥에 부딪치는 순간까지도 조종사의 목소리에는 공포의 기색이 전혀 없다. 바로 그런 사람들이 무장된 사람들이다.

이 책도 비행 훈련 매뉴얼 역할을 할 수 있다. 메시지에 담긴 하나님의 말씀은 당신이 권위와 관련하여 삶에서 만날 역경에 대비해 무장하고 준비하게 해 줄 것이다. 제대로 반응하면 복을 누릴 것이다. 베드로는 그리스도의 고난의 본을 따른 이들은 죄를 그쳤다고 말한다. 얼마나 놀라운 말씀인가! 다시 말해 권위 있는 이가 행하는 부당한 대우를 제대로 당하는 사람은 영적으로 성숙해진다.

이보다 더 큰 약속이 있다. 바울은 역설한다.

미쁘다 이 말이여 우리가 주와 함께 죽었으면 또한 함께 살 것이요 참으면 또한 함께 왕 노릇 할 것이요(딤후 2:11-12).

하나님은 그리스도처럼 고난받는 사람들에게 영적인 권위를 약속하신다. 고난이 클수록 큰 권위를 맡기신다. 다시 말하거니와 부당한 권위를 만나면 하나님이 당신을 복받을 자리에 두셨음을 알아야 한다. 바르게 반응해 복을 받을 것인가, 아니면 분노와 원한을 품을 것인가? 선택은 당신 몫이다. 승자의 길을 택하라. 그것이 생명이다.

14장

생명을 살리는 메시지

지도자의 결점 앞에서
내 심령의 참모습이
드러나다

_____

권위를 공경하는 사람은
큰 권위를 얻으며 존경을 받는다.

모든 사람이 다윗이 하듯 지도자를 대하지는 않는다. 우리는 자기 위
에 있는 사람들의 결점을 보면서 기뻐하고, 그런 결점이 있으니 그 권위를
내려놓는 것이 정당하다고 느낄 때가 정말 많다. 그러나 다른 사람들, 특
히 죄를 범한 지도자들에게 나타내는 반응은 영적 성숙도를 확실하게 보
여 주는 지표 가운데 하나다. 그렇기 때문에 하나님이 우리 위에 있는 권
위의 잘못과 실수를 사용하셔서 우리 심령의 참모습을 드러내실 때가 많

다. 노아의 아들 이야기를 보자.

옳지만 틀렸다

대홍수가 끝나고 노아는 농업을 시작하여 포도나무를 심었다. 어느 날 노아는 포도주에 취해 자기 장막 안으로 들어가 술김에 옷을 다 벗고는 알 몸으로 누웠다. 노아의 막내아들 함이 아버지가 누워 있는 장막에 들어갔 다가 아버지의 벌거벗은 모습을 보고는 밖으로 나와 형 셈과 야벳에게 말 했다. 다행히 '식구들'에게만 말했다. "아버지가 술이 떡이 돼서 홀라당 벗 고 있다"고 말했거나 더 심하게 떠벌렸을지도 모른다. 형제들에게 벌거벗 은 영적 지도자를 보라고 종용했을지도 모른다.

그 이야기를 듣고서 셈과 야벳은 옷을 들고 고개를 돌린 채 뒷걸음으 로 장막 안에 들어가 아버지의 하체를 덮었다. 술에서 깬 노아가 함이 무 슨 짓을 했는지 알고 나서 선포한 말을 들어 보라.

가나안은 저주를 받아 그의 형제의 종들의 종이 되기를 원하노라 …… 셈의 하나님 여호와를 찬송하리로다 가나안은 셈의 종이 되고 하나님이 야벳을 창대하게 하사 셈의 장막에 거하게 하시고 가나안은 그의 종이 되게 하시기 를 원하노라(창 9:25-27).

앞부분에서는 하나님의 권위에 불순종한 결과를 살펴보았다. 고의로 거역하는 이들에게는 저주가 임한다. 함은 이 진리를 어렵게 배웠다. 함은 하나님이 노아에게 위임하신 권위를 욕되게 했고 멸시했다. 그래서 그 후손에게 저주가 임했다. 재미있는 것은 술 취한 노아에게 어떤 일이 일어났는지에 대해서는 아무 기록도 없는데, 잘못한 함에게는 혹독한 결과가 있었다는 점이다.

　노아의 도덕적 실수는 세 아들에게는 시험이었고, 각 사람의 심령이 그대로 드러났다. 한 아들은 반항심이 있고 어리석었다. 두 아들은 아버지를 공경하며 실수를 덮어 줄 줄 알았다. 노아가 술 취한 것은 분명 훌륭한 본이 아니었지만 노아의 행동을 다루는 것은 하나님이 하실 일이지 그 아래 있는 이들이 할 일은 아니었다. 그것을 이해한 두 아들은 계속 아버지를 공경했다. 그러나 함은 그 일이 자기가 할 일이라고 여기고 아버지를 욕되고 수치스럽게 했다. 그리하여 아버지에게 임할 줄로 생각한 그 저주를 자기에게로 돌리고 말았다.

　셈과 야벳은 아버지의 실수를 쳐다보지도 않았다. 아버지의 상태를 보거나 남들(아내와 아이들)에게 보여 줄 마음이 전혀 없었다. 그래서 아버지를 덮어 주었다. 아버지의 위상을 공경하는 마음을 잃지 않았기에 아버지의 위신과 자신들의 심령을 보호했다.

　그러나 함은 다분히 아버지의 지도력에 반기를 들려는 의도로 아버지를 조롱하고 욕되게 했다. 이것은 마음이 내키지 않을 때 아버지에게 순종하지 않을 구실이 되었다. 마음에 불복종이 도사린 이라면 누구에게나 해당하는 사실이다. 그런 이들은 권위의 자격에 이의를 제기하면서 복종하지 않으려 한다. 마음에서 구속을 벗어 버리는 것이다.

　히브리서 11장에 나오는 '하나님의 명예의 전당'을 보면 하나님이 노아의 믿음과 순종은 자랑하시지만 함은 나오지 않는다. 함이 한 말은 맞지 않았나? 노아가 술 취해 벌거벗은 건 사실이 아닌가? 사실이다. 함이 보고한 내용은 100퍼센트 정확했다. 그러나 원리는 틀렸다. 함의 행동은 논리상으로는 정당하다. 본 것만 전했고 또한 '사실'이었다. 그러나 순종과 공경의 원리는 다르게 말한다. 셈과 야벳은 아버지를 공경했고 복을 받았다.

함처럼 지도자에 대해 정확하게 보고하지만 하나님이 보시기에는 잘못된 사람이 많다. 그런 이들은 다른 사람을 욕되게 하고 복을 잃는다. 어쭙잖은 자기 이해와 논리대로 산다. 다윗과 셈과 야벳의 마음이 없다. 사울이 완전히 몰락하자 다윗은 슬퍼하며 이렇게 선포했다.

이 일을 가드에도 알리지 말며 아스글론 거리에도 전파하지 말지어다 블레셋 사람들의 딸들이 즐거워할까, 할례받지 못한 자의 딸들이 개가를 부를까 염려로다 …… 사울과 요나단이 생전에 사랑스럽고 아름다운 자이러니 죽을 때에도 서로 떠나지 아니하였도다 그들은 독수리보다 빠르고 사자보다 강하였도다 이스라엘 딸들아 사울을 슬퍼하여 울지어다 그가 붉은 옷으로 너희에게 화려하게 입혔고 금 노리개를 너희 옷에 채웠도다(삼하 1:20, 23-24).

다윗은 이 지도자 때문에 혹독하게 고생했다. 본능적 이치와 인간의 논리로 하자면 얼마든지 기뻐하며 승리를 선언할 수 있는 상황이었다. 그러나 이번에도 다윗은 권위의 원리대로 사는 사람임을 보여 준다. 다윗의 모본은 그 권위 아래 있는 사람들에게 그대로 전해졌다. 그 결과 다윗은 그 나라에서 위대한 지도자가 되었다. 권위를 공경하는 사람은 큰 권위를 얻으며 존경을 받는다. 늘 하나님의 복을 받는다. 그러나 권위를 욕하거나 경시하는 이들은 결국 자신도 멸시를 받으며 그 결과 심판을 받는 씨앗을 뿌리는 셈이다.

심판을 자초하다

위임된 권위를 다루시는 기본 말씀을 다시 살펴보자.

각 사람은 위에 있는 권세들에게 복종하라 권세는 하나님으로부터 나지 않음이 없나니 모든 권세는 다 하나님께서 정하신 바라 그러므로 권세를 거스르는 자는 하나님의 명을 거스름이니 거스르는 자들은 심판을 자취하리라 (롬 13:1-2).

권위를 거스르는 자들에게는 심판이 온다. 권위를 건드리는 것은 하나님을 건드리는 것이다. 나는 국제 사역 기관 두 곳에서 일하면서 권위에 거역하는 이들에게는 예외 없이 심판이 임하는 모습을 보았다.

심판의 형태는 다양했지만 심판이 임하지 않은 적은 없었다. 이것은 직원들이 해임당할 때 특히 명백하게 드러났다. 아무리 지도자나 상황이 부당하더라도 지도자를 비난하거나 욕하거나 원한을 품은 사람들은 결국은 더 큰 어려움을 겪었다. 재정, 직장, 건강, 자녀, 부부 문제 등으로 고생했다. 영적 지도자를 공경하지 않는 사람은 내내 심히 고생을 했다.

부당하게 해임당했는데도 선한 마음을 잃지 않는 사람도 많이 보았다. 그런 사람은 이전 지도자를 험담하거나 다른 이들의 험담에 귀 기울이지 않았다. 어쩌다 그 일이 화제에 오르면 오히려 그 지도자를 축복하고 공대

했다. 하나님이 자기를 채우고 돌보며 때가 되면 높이실 것을 알았다. 나는 그런 사람이 이전보다 더 좋은 자리로 들어가는 것을 보았다. 12년이 지난 지금도 우연히 만나는데, 여전히 복을 받고 있다.

어떻게 선한 마음을 지킬 수 있는가? 예수님은 그 비결을 가르치셨다. "나는 너희에게 이르노니 너희 원수를 사랑하며 너희를 박해하는 자를 위하여 기도하라"(마 5:44). 그분은 우리를 짓궂게 이용하거나 악용하는 자들을 위해 기도하라고 말씀하셨다. 그렇게 하면 마음이 치유되어 비판적이 되거나 지쳐 무력해지지 않을 수 있다.

은사 vs 권위

권위에 반대하여 말하는 사람들은 반드시 심판받는다는 것을 나는 성경을 통해 배웠고 삶에서도 경험했다. 미리암과 아론을 생각해 보라. "모세가 구스 여자를 취하였더니 그 구스 여자를 취하였으므로 미리암과 아론이 모세를 비방하니라"(민 12:1).

미리암은 모세와 남매지간으로 누나였고 하나님은 미리암을 선지자라 부르셨다(출 15:20). 또한 아론은 모세의 형이자 대제사장이었다. 이렇듯 이 두 사람은 중요한 리더로서 명망 있는 자리에 있었다.

이 두 사람이 구스 여인과 결혼한 모세를 비방했다. 구스 사람은 고대 구스 땅에서 태어났거나 거주하는 사람을 가리킨다. 학자들 대부분은 구스를 현재 동북 아프리카에 있는 에티오피아로 본다. 곧 그 여자는 아브라함의 후손이 아니었다. 아브라함의 언약 바깥에 있는 여자였다.

미리암과 아론은 모세가 이방 여인과 결혼한 것이 죄라고, 적어도 잘 못된 결정이라고 믿었다. 모세가 지도자였기 때문에 특히 그랬다. 그들의 의견은 옳지 않은가? 율법을 보면 옳은 듯하다. 하나님은 이스라엘 백성이 다른 민족과 결혼하지 않기를 바라신다는 것을 명백히 밝히셨다. 이방인 아내들이 백성의 마음을 이방 신에게 향하게 하리라고 경고하셨다. 신명기에 이 같은 명령이 나와 있으므로 모세가 이방 여인과 결혼한다는 것은 모순으로 보였다.

미리암과 아론은 모세가 정말 영향력이 크고 눈에 띄기 때문에 그런 식으로 행동해서는 안 된다고 생각했을 것이다. (주의: 오늘 우리에게 주신 유일한 명령은 삶의 길이 다른 비신자들과 멍에를 함께하지 말라는 것이다. 이제는 타고난 혈통의 문제가 아니라 영적인 문제다. 갈라디아서 3장 28절을 참조하라. 신약 성경에 따르면 출신이 다른 사람과 결혼하는 것은 이제는 결코 문제가 아니다.)

그래서 미리암과 아론은 함처럼 사실을 말했지만 실은 잘못을 범했다. 모세는 지도자였으므로 모세를 비방하는 것은 도리를 벗어난 일이었다. 형과 누나로서 그 문제에 관해 모세와 이야기를 할 수는 있었다. 그러나 자기들끼리 험담을 하거나 회중 가운데서 모세의 행동을 두고 왈가왈부하는 것은 정말 죄였다.

이들에게 지도자를 비방할 거리를 제공한 것은 무엇일까? 다음 구절에 이런 말이 나온다. "그들이 이르되 여호와께서 모세와만 말씀하셨느냐 우리와도 말씀하지 아니하셨느냐 하매"(민 12:2).

하나님이 그들과도 말씀하지 않으셨는가? 물론이다. 하나님은 아론을 모세의 대변인 혹은 선지자로 정하셨다. 아론은 바로에게 하나님의 메시지를 전했다. 미리암을 예언적 시를 짓는 도구로 사용하셨다. 그 시가 지금도 성경에 남아 있다. 그들에게는 분명 영적 은사가 있었다(세 사람 모두 하나님께 긴히 쓰임받았다). 그러나 아론과 미리암은 영적 은사나 능력을 권위보다 높이 보는 과오를 저질렀다. 모세는 죄를 지었고 자기들은 짓지 않았기 때문에 모세에게는 이제 자기들을 주관할 권위가 없다고 생각했다. 이렇게 그들은 자기들의 영적 은사를 내세워 하나님이 자기들 위에 두신 권위 위로 올라섰다.

신약 성경으로 적용해 보면 바울은 "은사는 여러 가지나 성령은 같다"고 했다(고전 12:4). 다른 말씀들을 보아도 은사의 주관자는 성령님임을 알 수 있다. 은사에는 지도력, 가르치는 능력, 구제의 은혜, 예언, 치유의 은사, 영 분별, 기적 행함 등이 있다(고전 12:7-10; 롬 12:6-8).

바울은 계속해서 "직임은 여러 가지나 주는 같다"고 한다(고전 12:5). 여기서 "직임"은 헬라어로 '디아코니아'(diakonia)다. 테이어 헬라어 사전에 따르면 이 말은 "사도와 그 권한, 선지자, 전도자, 장로 등의 직분"을 가리키는 말로 쓰였다. 간단히 말해 교회 내 영적 권위를 가리키는 말이다. 이 구절은 주 예수님이 이 직분들을 관할하신다는 것을 알려 준다. 다른 말씀도 그것을 확증한다. 즉 바울은 예수님이 죽은 자 가운데서 살아나신 뒤 "어떤 사람은 사도로, 어떤 사람 선지자로, 어떤 사람은 복음 전하는 자로, 어떤 사람은 목사와 교사로 삼으셨다"고, "이는 성도를 온전하게 하여 봉사의 일을 하게 하며 그리스도의 몸을 세우려 하심이라"고 말했다(엡 4:11-12).

하나님 나라의 권위는 은사가 아니라 맡은 직분에 따라 내려온다. 부활하신 예수님은 아버지한테 모든 권세를 받으셨다(마 28:18). 예수님은 다시 에베소서에 나온, 사역을 하는 다섯 직분을 주셨다. 이렇듯 그분 권위는 임명된 직분을 따라서 내려온다. 어떤 사람이 목사보다 은사가 많을 수는 있으나 그 은사 많은 사람을 주관하는 것은 권위 있는 직분을 받은 목사라는 사실을 명심해야 한다.

은사 많은 사람이 교만해질 때 얼마나 비극적인 일을 겪었는지 밤새도록 예를 들어 줄 수도 있다. 설교와 가르침에 아주 많은 은사를 받은 한 부목사의 경우가 그러했다. 하나님의 은사가 그 목사의 삶에 명백히 나타났으므로 그가 인도하는 모임은 좌석이 모자랐다. 내내 서 있어야 하는데도 사람들이 몰렸다. 매주 그 목사가 인도하는 기도회에는 사람이 아주 많이 왔다.

인기가 높아질수록 그 목사는 교회의 기존 정책과 담임목사를 비판하는 일을 서슴지 않았다. 그는 담임목사의 정책이 성령의 역사를 제한하고 있다고 했고, 그런 통찰을 사람들에게 알렸다. 비판적 태도는 다른 부목사에게도 전염되었다. 얼마 뒤 이 두 목사는 함께 저녁 기도회를 인도했다. 어느 저녁에 담임목사는 기도회 중에 잠시 들어갔다가 두 목사가 자기가 하지 말라고 한 바로 그 방법으로 기도회를 인도하는 모습을 보았다. 두 목사는 교회와 도시와 길 잃은 영혼들을 위해 중보기도를 하는 것이 아니라 다른 형태의 기도를 하도록 성도들을 유도했고 성도가 꺼림칙해하면 꾸짖었다. 성도들은 혼란에 빠졌다.

둘 다 은사가 많은 사역자였지만 교회의 권위에 복종하지 않았다. 그들의 심각한 잘못은 주님이 그들을 그분 백성을 향한 말씀 사역에 쓰신다는 사실 때문에 가려졌다.

심판을 통해 복종을 배우다

이 사람 모세는 온유[겸손]함이 지면의 모든 사람보다 더하더라 여호와께서 갑자기 모세와 아론과 미리암에게 이르시되 너희 세 사람은 회막으로 나아 오라 하시니 그 세 사람이 나아가매(민 12:3-4).

이 말씀에는 하나님이 훌륭한 지도자에게 요구하시는 성품이 하나 나온다. 바로 겸손이다. 모세는 이 땅에서 가장 겸손한 사람이었다. 그러나 미리암과 아론이라면 모세를 그렇게 묘사하지 않았을 것이다. 그들은 "모세는 약간 건방지다"와 비슷한 뉘앙스로 묘사했을 것이다.

하나님은 세 사람을 회막 밖으로 부르셨다. 성경에 보면 하나님이 갑자기 부르셨다고 한다. 심판은 이렇게 경고 없이 찾아오는 경우가 많다. 셋이 밖으로 나갈 때 미리암은 아론을 보며 이런 뜻을 담은 눈짓을 했을지도 모른다. '준비해. 모세는 이방 여자랑 결혼해서 신세 망쳤어. 하나님이 이제 너를 지도자로 세우실 거야. 네 행동은 아주 옳았으니까.' 권위에 저항하여 미혹에 자신을 내주면 그런 논리가 자연스레 고개를 든다.

물론 실제로는 크게 다른 일이 일어났다. 하나님은 아론과 미리암에게 앞으로 나오라고 하셨다. 그들에게 하나님은 모세에게 그분의 온 집을 맡 겼으며, 또한 이를 모세와 대면하여 명백히 말하셨음을 일깨우셨다. 이어 이런 질문을 던지신다. "너희가 어찌하여 내 종 모세 비방하기를 두려워 아니하느냐"(민 12:8). 권위를 비방하는 것은 하나님을 두려워하는 마음이 없음을 드러내는 것이다. 그래서 무슨 일이 일어났는가? "여호와께서 그들을 향하여 진노하시고 떠나시매 구름이 장막 위에서 떠나갔고 미리암은 나병에 걸려 눈과 같더라"(민 12:9-10).

권위에 대항하는 것은 심판을 자초하는 것이다. 이 심판은 하나님의 임재가 떠나는 것과 아울러 모종의 재앙도 포함한다. 조금 전 이야기한 두 부목사 이야기를 계속해 보자. 두 사람은 머잖아 교회를 떠났다. 한 사람은 해임당했고 다른 사람은 해임당하기 전에 자진 사임했다.

한 사람은 바로 근처에 교회를 개척했으나 교인 수가 아주 적어서 고생했다. 부교역자 시절 600명이 넘는 사람들을 담당했지만, 새로 세운 교회 교인 수는 100명을 넘지 못했다. 또한 교회를 떠나고 곧 집안에 큰 어려움이 있었다. 다른 부목사는 그 도시를 떠나 잠깐 동안 어느 정도 성공을 거두었다. 그의 교회는 수백 명으로 불어났지만 그중 한 사람도 믿지 못해 외톨이처럼 지냈다. 그가 목회하는 20여 년 동안 그 교회는 많은 분열을 겪었고, 그의 목회 방식은 교인들에게 극심한 혼란을 안겨 주었다. 오래전 그는 쉴 새 없이 불려 다니는 인기 많은 강사였다. 다들 그가 국가 전체에 큰 영향을 미치리라 믿어 의심치 않았다. 하지만 안타깝게도 그의 불순종이 그의 삶을 전혀 다른 방향으로 이끌었다.

심판이 임하자 아론은 즉각 자신과 미리암을 위해 회개하며 부르짖었다. 하나님은 그들을 사하셨지만 하나님의 명령에 따라 미리암은 7일 동안 진 밖에 있어야 했다. 왜 하나님이 미리암은 치시고 아론은 치지 않으셨는지를 두고 의견이 분분하다. 미리암이 아론보다 더 심하게 비방했다면 그것도 이유일 수 있다. 어찌 되었든 이 사건은 하나님이 권위의 문제를 얼마나 심각하게 여기시는지 잘 보여 준다.

영적 권위에 도전하다 받는 심판이 결국은 배우고 성장하는 기회가 될 때가 많다. 아슬아슬한 고비를 넘긴 후 회개하는 사람들은 결국 교회에서 가장 신실한 사람들이 된다. 언제나 마음이 악하기 때문에 거역하는 것은 아니다. 오히려 알지 못해서 거역하는 때가 많다. 일단 깨닫고 알게 되면 즉시 회개가 따른다. 가시채를 뒷발질하다가 당하는 고통을 유난히 잘 참는 사람들이 있기 때문에 때로 시간이 오래 걸리는 경우도 있다.

미리암은 분명 그 부끄러운 시간을 평생 잊지 못했을 것이고, 다시는 같은 행동을 하지 않았다. 불복할 마음이 사라졌다. 그러나 모든 사람이 미리암과 아론처럼 되거나 또 경험에서 배우는 것은 아니다. 같은 이스라엘 백성 중에는 나중에 하나님이 세우신 권위에 도전하며 일어난 사람도 있는데, 그들은 끝내 회개하지 않았으며 영원한 심판을 받았다.

어찌하여 스스로 높이느냐

레위 자손인 고라, 르우벤 자손인 다단과 아비람이 이스라엘 백성 중에서 유명한 족장 250명을 규합해 모세와 아론을 거스려 말했다. "너희가 분수에 지나도다 회중이 다 각각 거룩하고 여호와께서도 그들 중에 계시거늘 너희가 어찌하여 여호와의 총회 위에 스스로 높이느냐"(민 16:3).

모세와 아론 아래 있는 지도자이던 이 사람들은 한마디로 이렇게 말한 셈이다. "이보시오. 어찌자고 당신들이 스스로 높이고 우리 지도자 행세를 한단 말이오? 우리는 다 하나님의 백성이오. 당신들이 이래라저래라 하지 않아도 그분께 순종할 수 있단 말이오."

우리도 전에 들어 본 말이다. 정확히 같은 말은 아니지만 분명 그 메시지는 행동으로, 또 비슷한 말로 자주들 이야기한다. 이 모든 말들이 같은 영에서 나왔다. 이런 말일 수 있다. "우리는 다 평등하다." "우리는 다 같이 형제자매다." "우리 모두에게 성령님이 계신데 굳이 저들의 지도를 따라야 하나?" 이런 사람들은 자기들도 주님의 음성을 들을 수 있다고 확신한다.

미국에서 1970년대에 제자 훈련 운동이 도를 벗어나 지도자에 대한 복종이 균형을 잃은 적이 있다. 사람들은 휴가를 떠난다든지, 자동차나 살림 살이를 산다든지, 어느 사람과 결혼을 한다든지 하는 문제도 목사에게 물었다. 나는 그 일을 직접 겪지 않았기 때문에 그런 현상이 실제로 얼마나 극단으로 갔는지는 잘 모른다. 그러나 결국 비성경적인 지점에 이르고 말았다는 말을 들었다.

또 리더십 남용으로 역작용이 일어났다. 영적 권위 남용으로 사람들은 권위를 업신여기기에 이르렀다. 그 결과 극단적 '무소속' 교인을 양산하여 영적 뜨내기들이 이 교회 저 교회, 이 교단 저 교단을 전전했다. 그들은 기도회도 따로 하고, 교회도 따로 세웠다. 자기들이 복종할 만한 목사가 없어 보였기 때문이다. 이런 의식 구조는 바울이 이 시대에 일어나리라 경고한, 불법이라는 은밀한 세력에 유리하게 작용했다.

모세를 거스려 일어난 사람들은 직권을 남용하는 애굽의 왕 바로 아래 있었다. 그런데 모세가 나타나 그들의 삶에 끼어들었다. 의미는 다르지만 모세의 권위도 그들 눈에는 똑같이 극단적인 권위로 보였다. 오히려 바로 밑에서 당한 것보다 더 큰 고생을 모세 아래서 겪기도 했다.

그들은 생각했을 것이다. '우리는 애굽에서 나왔고, 바로는 무대에서 사라졌다. 모세는 자기 역할을 다했다. 모든 사람은 독립된 존재다.' 권위라면 진저리가 났다. 사람은 누구나 자기 힘으로 살아가면 그만이었다. 어디까지나 자기네들은 하나님의 백성이었고 권위는 곧 고생이었다. 그래서 그중 몇이 당을 만들어 모세를 공격했다.

나는 순회 사역을 하면서 이런 시나리오를 수도 없이 보았다. 교회 내 사업가 모임, 중보기도 모임, 제직회, 기타 그룹들이 단결하여 목사에게 대항한다. 자기들은 모두 하나님의 음성을 들었으나 목사만 그것을 못 듣는다는 것이다(그들이 어떤 영이 자기들을 지배하는지 알 수만 있다면 좋을 것이다).

영적 권위는 하나님이 지명하시는 것

서구인들은 왕국인 하나님 나라의 원리를 잘 깨닫지 못한다. 왕국과는 판이한 자유 경쟁의 민주주의 사회에 살고 있기 때문이다. 왕국에는 왕이 있다. 왕의 권위는 태어나면서 주어지며 마땅히 왕이 지도자다. 반면 민주주의는 통치자를 선거로 뽑는다. 이 자유 경쟁 체제에서 지도자 자리는 돈과 능력과 영향력과 재능이 있고 뜻이 있는 사람이라면 누구나 얻을 수 있다. 그러나 하나님 나라의 방식은 그렇지 않다. 하나님 나라에서는 하나님이 친히 지도자를 지명하신다.

예수님은 섬기는 직분들을 지명하신다. 주님 외에는 아무도 인간을 그런 권위의 자리에 놓을 수 없다. 그분은 하나님의 영으로 그 일을 하신다. 하나님의 지명 없이 권위의 자리를 취한다면 스스로 높이는 것이다. 부르심을 받았지만 아직 구체적으로 직분을 지명받지 않은 사람들도 예외가 아니다. 바울은 경고한다. "내게 주신 은혜로 말미암아 너희 중 각 사람에게 말하노니 마땅히 생각할 그 이상의 생각을 품지 말고 오직 하나님께서 각 사람에게 나누어 주신 믿음의 분량대로 지혜롭게 생각하라"(롬 12:3).

히브리서 기자는 영적 리더십의 자리는 스스로 취하는 것이 아니라고 확언한다. "이 존귀는 아무도 스스로 취하지 못하고 오직 아론과 같이 하나님의 부르심을 받은 자라야 할 것이니라 또한 이와 같이 그리스도께서 대제사장 되심도 스스로 영광을 취하심이 아니다"라고 말했다(히 5:4-5). 예수님조차도 리더 자리를 스스로 취하지 않으시고 하나님 아버지께 지명을 받으셨다.

바울은 자신을 가리켜 이렇게 말한다. "예수 그리스도의 종 바울은 사도로 부르심을 받아 하나님의 복음을 위하여 택정함을 입었으니"(롬 1:1). 바울은 "부르심" 다음으로 "택정함"을 말한다. 택정함을 입었다는 것은 '구별되었다, 지명되었다'는 뜻이다. 바울은 창세부터 사도로 부르심을 입었다. 하지만 구원받는 순간에 바로 그 직분에 놓인 것은 아니다. 몇 년에 걸친 시험 기간이 있었는데, 그는 그 기간에 안디옥 교회 지도자들에게 복종했다. 자기 경험을 바탕으로 바울은 지도자들에게 이런 지침을 준다. "이에 이 사람들을 먼저 시험하여 보고 그 후에 …… 직분을 맡게 할 것이요"(딤전 3:10).

바울의 삶은 오늘날을 위한 성경적 모범이다. 돕는 사역에서 충성도 시험을 통과한 후에야 바울은 교사 직분을 얻었다(딤후 1:11; 행 13:1). 성경에 직분과 섬김의 자리에 대한 주님의 거룩한 질서가 나온다. "하나님이 교회 중에 몇을 세우셨으니 첫째는 사도요 둘째는 선지자요 셋째는 교사요 그다음은 능력을 행하는 자요 그다음은 …… 돕는 것과"(고전 12:28).

바울은 돕는 부분뿐 아니라 교사 직분 시험도 치렀다. 하나님이 그분의 종들을 더 높은 직분으로 구별하시는 방식은 바울이 교사에서 사도로 승격되는 장면에 나타난다. "안디옥 교회에 선지자들과 교사들이 있으니 곧 바나바와 니게르라 하는 시므온과 구레네 사람 루기오와 분봉 왕 헤롯의 젖동생 마나엔과 및 사울이라"(행 13:1). 나중에 바울이 된 사울이 안디옥 교회 교사와 선지자 명단에 있다. 디모데후서 1장 11절을 보면 바울은 선지자가 아니라 교사였다. 사도행전 13장을 좀 더 읽어 보면 이런 내용이 나온다. "주를 섬겨 금식할 때에 성령이 이르시되 내가 불러 시키는 일을 위하여 바나바와 사울을 따로 세우라 하시니"(행 13:2).

성령께서 "따로 세우라[구별하라]"라고 말씀하신다. 때가 왔다. 일주일 전도, 일주일 후도 아니고 바로 지금이다. 지명할 사람들과 시기를 모두 주님이 정하셨다. 바울은 오래전에 자기가 사도로 부름받았음을 알았다. 그는 다메섹 도상에서 주님을 만난 지 사흘 만에 계시받았다(행 9:15). 예수님은 오래전에 부르신 사람을 이제 따로 구별하셨다. 바울은 그 시점까지 자신을 높이지 않고 신실하게 섬겼다.

주님은 교회의 기존 리더십을 사용하셨다. 바울은 그 밑에서 신실하게 일했다. 하나님은 장로들도 동일한 방식으로 지명하셨다. "이에 금식하며 기도하고 두 사람에게 안수하여 보내니라 두 사람이 성령의 보내심을 받아 …… 가서"(행 13:3-4).

그들이 바울 일행을 '보냈다'는 대목에 유념해야 한다. 기존 지도자들이 바울과 바나바를 보냈다. 이어 다음 구절에는 "성령의 보내심을 받았다"고 했다. 예수님은 기존 리더십을 통해 성령으로 바울과 바나바를 지명하고 구별하셨다. 결론적으로 예수님은 적절한 권위를 통해 그 일을 하셨다.

예수님은 안디옥의 예언적 중보기도 그룹을 사용하지 않으셨다. 바울과 바나바를 바울이 복종한 적 없는 다른 도시 예언 모임이나 교회로 보내

지도 않으셨다. 회중 내에서 영적 은사가 있는 사람을 사용하여 그들을 지도자로 세우지도 않으셨다.

주님은 안디옥 교회를 통해 세우신 권위를 사용하셨다. 그래서 하나님은 "아무에게나 경솔히 안수하지 말라"고 경고하신다(딤전 5:22). 지도자들은 교회에서 섬기는 사람들이 신실한지 잘 살핀다. 그래서 하나님이 그들 마음에 누구누구를 지명하라고 말씀하실 때 지도자들은 그것이 주님의 지명임을 확실히 안다. 주님은 신약 시대에 교회에서 이 같은 방법으로 사람들을 지도자로 세우셨다.

소명이 시기상조일 때

모세는 부르심을 입었고 일찍이 그것을 알았다.

나이가 사십이 되매 그 형제 이스라엘 자손을 돌볼 생각이 나더니 한 사람이 원통한 일 당함을 보고 보호하여 압제받는 자를 위하여 원수를 갚아 애굽 사람을 쳐 죽이니라 그는 그의 형제들이 하나님께서 자기의 손을 통하여 구원해 주시는 것을 깨달으리라고 생각하였으나 그들이 깨닫지 못하였더라 이튿날 이스라엘 사람끼리 싸울 때에 모세가 와서 화해시키려 하여 이르되 너희는 형제인데 어찌 서로 해치느냐 하니 그 동무를 해치는 사람이 모세를 밀어뜨려 이르되 누가 너를 관리와 재판장으로 우리 위에 세웠느냐(행 7:23-27).

모세가 이끌어야 할 백성은 모세의 권위를 알아보지 못했다. 급기야 어떤 한 사람이 나중에 고라와 다단과 아비람이 한 말과 거의 똑같은 말을 소리 높여 외쳤다. "누가 너를 관리와 재판장으로 우리 위에 세웠느냐?"

그러나 그 사람은 아무 징계도 받지 않았다. 아직 모세를 지명하시기 전이었기 때문이다. 모세의 마음에 소명은 있었으나, 아직 하나님의 권위가 그 위에 머물지 않았다.

나중에 광야에서 백성이 모세에게 그렇게 악착같이 반항한 이유 가운데 하나는 실제로 모세 위에 머문 하나님의 권위를 보면서도 그 권위가 싫었기 때문이라고 생각한다. 백성이 모세가 아니라 하나님과 싸우는 것이라고 하신 하나님 말씀을 그래서 더 잘 이해할 수 있다. 오늘날도 그런 경우가 허다하다. 진정 하나님의 권위가 있는 사람들이 싸움의 대상인 경우가 가장 많다. 사람들이 진정으로 싸우는 대상이 하나님의 권위이기 때문이다.

거역하면서도 '섬긴다'고 착각할 수 있다

고라와 다단과 아비람이 모세를 대항할 당시 모세는 분명 지명받은 상태였고, 모든 사람이 모세에게 권위가 있음을 알았다. 그러나 고라와 다단과 아비람은 자기 의에 빠져 자신을 지명하고 나서는 교만을 범했다. 그들의 논거는 미혹인 동시에 위험한 형태의 거역이었다. 그렇게 거역하면서도 그들은 여전히 자신들이 하나님을 섬긴다고 믿었다.

족장 250명은 자기들이 그저 모세와 아론에게 반항한다고 믿었을 뿐 그 반항이 하나님에게까지 미친다는 생각은 하지도 못했다. 그들도 하나님을 섬기기를 원했으나 어디선가 길을 잃었다. 모세 위에 머무는 하나님의 권위가 눈에 들어오지 않았고 그것이 도화선이 되어 그들은 모세에게 도전했다. 이러한 일은 위험한 일이다. 타락한 루시퍼를 따르는 길이다. 최악의 심판이 뒤따르기 때문이다.

그 사람들의 말을 들은 모세는 그 뒤에 있는 영을 알아차리고 바닥에 엎드린다. 모세는 변론하지 않는다. 하나님이 세우신 이들에게는 하나님의 마음이 있기에 애써 자기 직분을 입증하려 하지 않는다. 모세는 하나님을 친밀하게 알았고 따라서 하나님이 친히 그분이 지명하신 리더십을 확증하신다는 것을 알았다.

그래서 모세는 이렇게 말했다.

이스라엘의 하나님이 이스라엘 회중에서 너희를 구별하여 자기에게 가까이 하게 하사 여호와의 성막에서 봉사하게 하시며 회중 앞에 서서 그들을 대신하여 섬기게 하심이 너희에게 작은 일이겠느냐 하나님이 너와 네 모든 형제 레위 자손으로 너와 함께 가까이 오게 하셨거늘 너희가 오히려 제사장의 직분을 구하느냐 이를 위하여 너와 너의 무리가 다 모여서 여호와를 거스르는 도다(민 16:9-11).

그들은 자기들이 위임받은 것보다 더 많이 얻으려 하다가 본의 아니게 당을 지어 하나님을 대적하고 말았다. 하나님이 주시지 않은 권위를 구한 것이다. 모세는 거듭해서 "레위 자손들아 너희가 너무 분수에 지나치느니라"(민 16:7)라고 말했다.

그들이 고집을 꺾지 않으리라는 것이 분명해지자 하나님은 모세에게 지시하셨다. "회중에게 …… 고라와 다단과 아비람의 장막 사방에서 떠나라 하라"(민 16:24). 모세가 일어나 급히 다단과 아비람의 장막으로 가자 헌신된 이스라엘 장로들이 바짝 뒤쫓았다. 모세는 백성에게 말했다. "이 악인들의 장막에서 떠나고 그들의 물건은 아무것도 만지지 말라 그들의 모든 죄 중에서 너희도 멸망할까 두려워하노라"(민 16:26). 그리하여 온 백성이 고라와 다단과 아비람의 장막에서 나왔다. 그때 다단과 아비람은 아내와 자녀들과 함께 나와서 자기 장막 문에 섰다.

모세가 말했다. "여호와께서 나를 보내사 이 모든 일을 행하게 하신 것이요 나의 임의로 함이 아닌 줄을 이 일로 말미암아 알리라 곧 이 사람들의 죽음이 모든 사람과 같고 그들이 당하는 벌이 모든 사람이 당하는 벌과 같으면 여호와께서 나를 보내심이 아니거니와 만일 여호와께서 새 일을 행하사 땅이 입을 열어 이 사람들과 그들의 모든 소유물을 삼켜 산 채로 스올에 빠지게 하시면 이 사람들이 과연 여호와를 멸시한 것인 줄을 너희가 알리라"(민 16:28-30)

모세가 말을 마치자마자 갑자기 땅이 갈라졌다. 고라와 다단과 아비람 아래 있던 땅이 입을 열어 그들과 가족들과 추종자들과 모든 소유를 삼켜 버렸다. 이렇게 해서 그들은 자기들에게 속한 모든 것과 함께 산 채로 무덤에 들어갔다. 땅이 다시 합하자 그들은 온데간데없이 깨끗이 사라졌다. 그들의 비명을 들은 이스라엘 모든 백성은 땅이 자기들도 삼킬까 두려워 도망쳤다. 그러자 여호와께로부터 불이 나와서 분향하는 250명을 소멸했다(민 16:24-35).

이 사람들에게 임한 무시무시한 심판은 섬뜩한 사실을 두 가지 가르친다. 첫째, 그들은 사실은 하나님을 대적하면서도 끝까지 자기들이 하나님을 섬긴다고 굳게 믿었다. 둘째, 신약 성경에서 유다는 마지막 때에 교회에도 비슷한 사람들이 있을 것이라 경고했다. "그러한데 꿈꾸는 이 사람들도 그와 같이 육체를 더럽히며 권위를 업신여기며 영광을 비방하는도다"(유 8절). 이어 유다는 "화 있을진저 이 사람들이여 …… 고라의 패역을 따라 멸망을 받았도다"했다(유 11절).

거역도 전염된다

민수기 16장에는 두 개의 반역 사건이 기록되어 있다. 고라와 다단과 아비람과 족장 250명의 반역이 첫째 반역이다. 둘째 반역은 이튿날에 일어났다. 온 회중이 "너희가 여호와의 백성을 죽였도다"(민 16:41) 하며 모세와 아론을 대항하여 일어난 것이다. 전날 사건을 보고 두려웠던 것은 이해할 수 있지만, 그것을 모세 탓으로 돌리며 화를 낸 것은 잘못이었다. 고라일행의 반역이 영향력이 정말 막강했기에, 회중은 땅이 교만한 자들을 삼키는 것을 보면서도 반역이 얼마나 무서운 일인지 깨닫지 못했다. 이렇게 반역이 위세를 떨치며 확산되는 비슷한 사건들은 현시대에도 많이 보인다.

회중이 모세와 아론을 대적하자 하나님은 진노하신다. 하나님은 이스라엘 회중을 모두 멸하려 하셨으나 모세와 아론이 백성을 위해 중보했다. 그 결과 민족은 보전되었지만 염병이 시작되어 1만 4천 7백 명이 목숨을 잃었다. 전날 죽은 사람들과 비교할 수 없을 정도로 많은 사람이 죽었다.

이 시대 하나님의 백성에게도 경고한다. 거역은 전염되며 죽음을 몰고 온다. 성경은 하나님이 거역을 미워한다고 분명히 말한다. 거역에 대한 하나님의 시각은 단순히 싫은 정도보다 훨씬 더 심하다. 루시퍼는 반역 후 천국을 떠나 달라고 요청받지 않았다. 루시퍼는 천지를 가르며 떨어지는 번개처럼 순식간에 쫓겨났다(눅 10:18). 거역하는 자와 어울리는 것은 죽고 싶다는 말과 같다.

바울은 로마 교회에 마지막으로 이렇게 권면한다.

형제들아 내가 너희를 권하노니 너희가 배운 교훈을 거슬러 분쟁을 일으키거나 거치게 하는 자들을 살피고 그들에게서 떠나라 이 같은 자들은 우리 주 그리스도를 섬기지 아니하고 다만 자기들의 배만 섬기나니 교활한 말과 아첨하는 말로 순진한 자들의 마음을 미혹하느니라(롬 16:17-18).

바울의 이 말은 곧 이 장을 마무리하는 말이기도 하다. 이 메시지에 모든 이가 감동하지 않을 수 있다는 것은 나도 인정한다. 하지만 이 메시지는 생명을 살릴 수 있다. 이것이 진리의 예방주사라는 것을 잊지 말라. 즐겁지 않지만 그 덕분에 누릴 보호는 불편을 능가하고도 남는다. 이 메시지에 담긴 하나님의 사랑을 볼 수 있기를 기도한다. 그분은 보호하시려고 경고의 말씀을 주신다.

내가 그 그늘에 앉아서 심히 기뻐하였고

그 열매는 내 입에 달았도다

그가 나를 인도하여 잔칫집에 들어갔으니

그 사랑은 내 위에 깃발이로구나

아가 2장 3-4절

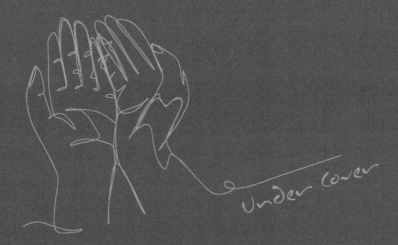

PART 4

순종으로
깊어지는
믿음의 우물

15장

공동체의 성숙

다툼과
분열이
설 땅을 잃다

성경은 단순히 행동만이 아니라
마음으로도 연합하라고 여러 번 명령한다.

우리가 지금까지 논한, 하나님의 권위에 순종하는 삶에 더 큰 목적과 유익이 있을까? 바로 그렇다. 하나님 나라를 효과적으로 넓히는 것이라는 더 큰 그림이 존재한다.

예수님은 교회를 위해 한 가지 목표를 정해 주셨다. 바로 하나가 되는 것이다. 이 목표를 이루면 큰 유익이 있다. 예수님의 다음 기도에서 이 목표를 발견할 수 있다.

내가 비옵는 것은 이 사람들만 위함이 아니요 또 그들의 말로 말미암아 나를 믿는 사람들도 위함이니 아버지여, 아버지께서 내 안에, 내가 아버지 안에 있는 것같이 그들도 다 하나가 되어 우리 안에 있게 하사 세상으로 아버지께서 나를 보내신 것을 믿게 하옵소서 내게 주신 영광을 내가 그들에게 주었사오니 이는 우리가 하나가 된 것같이 그들도 하나가 되게 하려 함이니이다(요 17:20-22).

우리를 위해 예비하신 영광이 있고, 이 영광은 우리가 하나가 되는 것과 깊이 연결되어 있다. 영광은 대화에서 흔히 사용하는 단어가 아니다. 온라인 메리엄 웹스터 사전(Merriam-webster Dictionary)은 영광을 "큰 아름다움과 광채: 장엄함"으로 정의한다. 헬라어 '독사'(doxa)도 비슷한 정의를 갖고 있다. 컴플리트 워드 스터디 사전(Complete Word Study Dictionary)에는 "하나님의 영광은 하나님의 본질 자체다"라는 설명이 포함되어 있다.

구약에서 독사에 상응하는 히브리어 단어는 '카보드'(kabod)다. 이 단어는 '광채, 부, 힘, 풍성함, 명예, 장엄, 무거움' 등으로 정의할 수 있다. 잠시 이 단어의 위대함을 생각해 보라. 성경에서 하나님의 영광을 말할 때는 그분의 장엄한 광채, 헤아릴 수 없는 부, 전능함, 위대한 성품, 위대한 명예, 존재의 장엄함을 가리킨다. 마지막 정의인 무거움은 이런 속성들이 부족하지 않고 차고 넘침을 보여 준다. 정리하자면 영광은 하나님의 위대하심의 무게다.

예수님은 인간으로 나타나신 하나님이다. "나를 본 자는 아버지를 보았거늘"(요 14:9). 예수님의 이 중요한 말씀을 항상 기억해야 한다. 사도 요한은 태초에 말씀이 하나님이셨다고 선포한 뒤에 이렇게 썼다. "말씀이 육신이 되어 우리 가운데 거하시매 우리가 그의 영광을 보니"(요 1:14). 예수님의 영광은 수만 가지 방식으로 드러났지만 특히 그분의 능력을 통해 나타났다. 이 점을 보여 주는 수많은 구절들이 있는데, 요한복음 2장 11절이 그중 하나다. "예수께서 이 첫 표적을 갈릴리 가나에서 행하여 그의 영광을 나타내시매." 예수님은 이 땅에 살면서 하나님의 위대하심의 무게를 나타내셨다.

예수님은 세상을 떠나기 전에 우리에게 이렇게 명령하셨다. "아버지께서 나를 보내신 것같이 나도 너희를 보내노라"(요 20:21). 예수님은 이 엄청난 명령을 수행하려고 하나님의 위대하심의 무게가 우리에게 임하게 해달라고 기도하셨다. 단, 앞서 말했듯이 이 약속은 우리가 하나로 연합하는 것과 깊은 관련이 있다. 성경은 이렇게 말한다. "보라 형제가 연합하여 동거함이 어찌 그리 선하고 아름다운고 …… 거기서 여호와께서 복을 명령하셨나니"(시 133:1-3). 하나님의 영광 안에 있는 것, 그분의 임재를 온전히 경험하는 것보다 더 큰 복은 없다. 그런데 연합한 교회가 아닌 분열된 교회에서는 이 복을 누릴 수 없다.

베드로와 초대 교회

초대 교회는 이 진리를 아름답게 보여 준다. 예수님이 승천하신 뒤 충성스러운 제자들은 그분의 명령에 따라 다락방에 머물렀다(행 1:4). 부활 후 40일 동안 예수님은 최소한 500명의 남녀에게 나타나셨지만(고전 15:6) 그로부터 열흘 뒤에는 겨우 120명만 예루살렘에 남았다. 나머지 수백 명은 어디로 갔는가? 그들의 행방은 알 수 없지만 아버지의 약속을 기다리라는 예수님의 명령에 그들이 순종하지 않았다는 사실만큼은 분명하다.

반면, 다락방의 남녀들은 예수님 말씀의 권위, 즉 그분의 직접적인 권위 아래서 연합했다. 그래서 그들이 그분이 위임하신 권위에는 어떻게 반응했을까?

예수님은 이 땅을 떠나기 전 베드로를 제자들의 리더로 임명하셨다. 사실, 베드로는 늘 제자들 중에서 두각을 나타냈다. 하나님의 도를 알려는 열정이 남달랐고, 다른 제자들은 받지 못한 통찰력을 받았으며, 다른 제자들에게 영향력을 발휘했다. 그에게는 분명 리더십의 은사가 있었다. 하지만 동시에 그는 충동적인 기질 탓에 툭하면 하나님의 뜻에서 어긋난 일을 벌였다. 그가 예수님을 그리스도요 살아 계신 하나님의 아들로 담대히 선포했을 때 예수님은 그런 깨달음을 칭찬하시며 그 진리는 하나님이 알려 주신 것이기 때문에 보통 큰 복이 아니라고 말씀하셨다. 하지만 불과 몇 분 만에 예수님은 "돌이키시며 베드로에게 이르시되 사탄아 내 뒤로 물러가라 너는 나를 넘어지게 하는 자로다 네가 하나님의 일을 생각하지 아니하고 도리어 사람의 일을 생각하는도다"(마 16:23) 하셨다.

또 한 번은 베드로가 과감히 물 위를 걷는 동안 다른 제자들은 감히 시도할 엄두도 내지 못하고 배 안에서 구경만 하고 있었다. 이번에도 베드로는 리더의 면모를 유감없이 드러냈다. 하지만 이번에도 몇 분 만에 그는 물속으로 가라앉았다. 그렇지 않았다면 다른 제자들도 용기를 내 물에 발을 내딛었을지 모를 일이다. 이에 예수님은 "믿음이 작은 자여 왜 의심하였느냐" 하시며 한숨을 내쉬셨다(마 14:31).

베드로가 요한 및 야고보와 함께 예수님의 산행 팀에 뽑혔을 때도 비숫한 패턴이 나타났다. 산에 도착하자 예수님은 변형되어 얼굴은 해처럼 빛나고 옷은 눈부신 흰색으로 변했다. 그리고 이어서 모세와 엘리야가 나타나 예수님과 대화를 시작했다. 그곳에서 이 놀라운 사건을 목격한 것은 실로 엄청난 특권이요 영광이었다. 하지만 상황이 끝나기 전에 베드로는 그곳에 초막들(그중 두 개는 엘리야와 모세를 위해)을 짓자고 제안했다. 이번에도 베드로는 리더로서 나섰지만, 이 엄청난 영광 속에서도 그만 하나님의 뜻에서 어긋나 있었다.

제자들의 머릿속에는 베드로의 일생일대 실수, 즉 예수님을 부인한 사건에 관한 기억도 생생했다. 그래서 부활 후 무덤가에서 천사들은 세 여인에게 명령을 내릴 때 베드로의 이름을 특별히 언급해야만 했다. "가서 그의 제자들과 베드로에게 이르기를 예수께서 너희보다 먼저 갈릴리로 가시나니 전에 너희에게 말씀하신 대로 너희가 거기서 뵈오리라 하라"(막 16:7). 이 점으로 볼 때 세 여인을 비롯한 많은 제자들이 베드로를 낙오자로 여기고 있었을 가능성이 높다.

자, 이제 중요한 질문이 등장한다. 과연 이 초대 교인들은 그토록 형편없는 전적을 가진 남자에게 복종하고 순종할 수 있을까? 수시로 나타나는 충동적인 행동에다 어리석은 일 처리와 의사 결정. 아무리 봐도 격변의 시대에 어린 교회를 이끌 만한 재목감은 아니다.

이번에는 베드로가 막 탄생한 교회 리더로서 처음 내린 결정을 살펴보자. 교회가 탄생하고 며칠 뒤 베드로는 시편에서 가룟 유다의 배신과 직접적으로 관련된 예언의 말씀을 발견했다. "시편에 기록하였으되 …… 그의 직분을 타인이 취하게 하소서 하였도다"(행 1:20). 이번에도 그는 남들이 보지 못한 것을 보았다. 과연 그가 이 통찰을 올바로 다룰 수 있을까?

이제부터 내가 하려는 말은 어디까지나 추정일 뿐이지만 성경적인 근거가 충분하다고 생각한다. 나는 베드로가 또다시 하나님의 뜻에서 벗어난 결정을 내렸다고 100퍼센트 확신한다. 그는 처음부터 자신과 함께했던 사람들을 모두 모아 놓고 "제비 뽑아" 하나님이 누구를 유다의 후임으로 선택하셨는지 판단하자고 제안했다.

하지만 성경 어디에도 하나님이 제비뽑기로 사도를 선발하신다는 구절은 없다. 예수님이 3년 반 동안 하나님의 도를 가르치고 몸소 본까지 보여 주신 것은 다 어디로 갔는가? 예수님은 열두 제자를 선발하기 전에 밤새 기도하며 하나님의 음성을 들으셨다(눅 6:12-13). 베드로는 예수님의 이러한 본을 따라야 옳았다. 또한 몇 년 뒤 안디옥 교회 선지자들과 교사들이 바울을 사도로 세우기 전에 예수님의 본을 따라 금식하며 기도했다는 사실(행 13:1-4)도 베드로가 성급한 결정을 내렸다는 점을 뒷받침해 준다.

어쨌든 120명은 유스도와 맛디아 두 후보자를 정했다. 그리고 결국 맛디아가 당첨되어 사도의 반열에 올랐다(행 1:23-26). 하지만 이후 맛디아라는 이름은 다시 등장하지 않는다. 왜일까? 맛디아가 아닌 사울(혹은 바울)이 하나님이 정하신 가룟 유다의 후임이었기 때문이다. 이것이 바울이 다음과 같이 쓴 이유다.

[예수님이] 그 후에 야고보에게 보이셨으며 그 후에 모든 사도에게와 맨 나중에 만삭되지 못하여 난 자 같은 내게도 보이셨느니라 나는 사도 중에 가장 작은 자라(고전 15:7-9).

바울은 자신이 만삭되지 못하여 난 자와 같다고 말했다. 이는 자신이 기존 열두 사도에 포함되기에는 너무 어렸다는 뜻으로 보인다. 조사해 보니 바울이 태어난 시기를 두고 꽤 의견이 엇갈린다. 사실, 학자들이 추정하는 연도들은 많게는 15년까지 차이가 난다. 신약의 시간표를 따져 한번 직접 그의 나이를 추정해 보자. 대부분의 기록으로 볼 때 예수님이 부활하시고 4년 뒤에 스데반 순교 사건이 일어났다. 그런데 스데반이 돌에 맞을 당시 성경은 사울(바울)을 "청년"으로 부른다(행 7:58). 그리고 신약 헬라어-영어 사전(The Greek-English Lexicon of the New Testament)에 따르면 이 본문에 쓰인 "청년"에 해당하는 헬라어는 사춘기를 막 지난 사람을 지칭할 수 있다. 그렇다면 바울이 첫 제자가 되기에는 너무 어렸다고 보는 것이 매우 타당하다.

나는 바울이 하나님의 선택이었다고 100퍼센트 확신한다. 맛디아보다 그에게서 사도의 열매와 권위를 훨씬 더 많고도 분명하게 볼 수 있다. 그렇다면 베드로는 하나님의 계획에서 벗어난 성급한 결정을 내린 것이 분명하다. 그런데 만약 그가 현대 교회에서 그런 결정을 내렸다면 즉시 극심한 분열이 나타났을 것이다. '제비뽑기 반대파'는 당장 교회 문을 박차고 나가고 '제비뽑기 찬성파'만 교회에 남았을 것이다. 하지만 이 사건 이후의 성경 기록을 보면 전혀 다른 풍경이 펼쳐진다.

오순절 날이 이미 이르매 그들이 다 같이 한곳에 모였더니(행 2:1).

여기서 "다 같이"로 번역한 헬라어 단어는 '호모쒀마돈'(homothumadón)이다. 컴플리트 워드 스터디 사전은 이 단어를 "한마음으로, 만장일치로, 하나로 뭉쳐서, 모두 함께"로 정의한다. 이 정의로 보면 정신적으로나 행동적으로나 어떤 분열의 여지도 없다. 그들은 목적과 정신, 마음, 영까지 모든 면에서 연합해 있었다.

이 놀라운 연합의 결과는 무엇이었을까? 뿔뿔이 흩어져 있던 380명이 아닌 마음과 정신, 행동에서 하나가 된 120명에게 하나님의 영광이 임했다. 이 그리스도의 제자들에게 하나님의 영광이 임하면서 예루살렘에 엄청난 변화의 바람이 불었다.

다락방에 모인 남녀가 베드로의 지시에 복종하는 데 아무런 문제가 없었던 두 가지 이유가 있었다. 첫째, 추첨으로 사도를 뽑는 것은 비록 하나님의 뜻은 아니었지만 죄까지는 아니었다. 둘째, 그들은 하나님이 임명하신 리더에게는 무조건 복종했다.

여기서 하나님의 직접적인 권위와 위임된 권위 사이의 연결성이라는 성경의 진리를 다시 한 번 확인할 수 있다. 하나님께 복종한다면서 하나님이 임명하신 리더들은 거부하는 사람들이 있다. 이것은 자기기만이다. 하나님께 진정으로 복종한다면 다음 두 가지 이유로 인해 리더들에게도 복종할 수밖에 없다. 첫째, 하나님의 직접적인 권위는 임명된 리더들에게 복종할 것을 명령한다. 둘째, 리더들에게 하나님의 권위가 임한 것을 알기에 그들에게 복종할 수밖에 없다. 이런 복종 가운데 하나님의 영광이 드러나고 그분의 나라가 급속도로 확장되는 역사가 나타난다.

우리가 일으킨 숱한 분열들

답하기가 어렵지만, 그래도 이어지는 질문 세 가지를 우리 스스로에게 해 보아야 한다.

○ 내가 교회의 권위에 복종하지 않은 탓에 하나님의 영광이 나타나는 것을 방해하지는 않았는가?

○ 나는 수긍할 수 있을 때만 복종하는가?

○ 내가 분열에 일조하지는 않았는가?

　그 다락방에는 분명 베드로의 방식에 동의하지 않는 제자들이 있었을 것이다. 사실, 예수님의 본을 따라서 먼저 하나님의 뜻을 구하는 것이 더 옳은 선택이다. 제비뽑기까지 해 가면서 하나님이 부르시지도 않은 사람을 사도로 앉혀 서둘러 상황을 정리하는 것보다 하나님께 먼저 물었어야 옳았다.

　하지만 더 좋은 길이 있다 해도 그 다락방에 모인 사람들은 더 높은 길을 볼 줄 알았다. 그 길은 바로 리더의 방법을 받아들임으로써 '하나 됨'을 지키는 것이었고, 모두가 베드로의 의견이 '자신의 의견'인 것처럼 순종하여 따라갔다. 하지만 우리는 겨우 방법상의 지극히 사소한 의견 차이로 분열할 때가 얼마나 많은가. 예수님이 대환난 전, 도중, 후 중에서 언제 오실지와 같은 교리적 문제를 두고 분열하는 일은 있을 수 없는 일이건만, 그런 분열이 얼마나 자주 나타나는가. 목사가 정장이 아닌 청바지를 입었다고 반발한다. 예배 중에 특수 효과를 일으키는 연무와 조명 장치가 싫다고 반발한다. 설교가 너무 길다고 혹은 너무 짧다고 불평한다. 어떤 문제에 관해 교회에서 기도를 충분히 혹은 아예 하지 않는다고 불평한다. 예를 들자면 한도 끝도 없다.

　우리가 얼마나 쉽게 분열하는지를 생각하면 참으로 가슴이 찢어진다. 그런데 걱정스러운 사실이 또 하나 있다. 모든 분열을 쉽게 알아차릴 수는 없다는 점이다. 성경은 단순히 행동만이 아니라 마음으로도 연합하라고 여러 번 명령한다. 다음과 같은 구절이 있다.

마음을 같이하여 같은 사랑을 가지고 뜻을 합하며 한마음을 품어(빌 2:2).

온전하게 되며 위로를 받으며 마음을 같이하며 평안할지어다 또 사랑과 평강의 하나님이 너희와 함께 계시리라(고후 13:11).

오직 너희는 그리스도의 복음에 합당하게 생활하라 …… 너희가 한마음으로 서서 한뜻으로 복음의 신앙을 위하여 협력하는 것과(빌 1:27).

분열은 반대하는 말이나 행동에만 국한되지 않는다. 분열의 뿌리는 더 깊이, 즉 정신과 마음, 영혼까지 들어간다. 그래서 겉으로는 연합한 것 같아도 내면 깊은 곳의 동기나 생각에서는 분열이 있을 수 있다.

우리 부모님은 플로리다주 동해안에 있는 비로비치(Vero Beach)라는 도시에서 오랫동안 사셨다. 비로비치 북쪽으로 20킬로미터쯤 올라가면 세바스찬 인렛(Sebastian's Inlet)이라는 곳이 나타난다. 현지인들은 그곳에 강력한 저층 역류가 흐른다는 것을 잘 안다. 저층 역류는 인간의 눈에는 보이지 않는 현상이다. 물 표면은 일제히 육지 쪽으로 흘러가는 것처럼 보이지만 수면 아래의 물은 반대 방향으로 급격히 이동한다. 그런 식으로 희생자들을 붙잡아 바다로 끌고 나가서는 목숨을 앗아 간다.

우리 교회들 아래에 하나님의 영광이 나타나는 것을 방해하는 역류가 흐르지는 않는가? 온 예루살렘이 예수님의 부활 소식을 들은 것은 연합된 제자들을 통해서였다. 제자들이 연합한 곳에서 하나님의 역사가 강하게 나타났다. 텔레비전이나 라디오를 비롯해서 집회를 광고할 그 어떤 매체도 없던 시대에 수많은 즉흥적인 집회를 통해 수천 명이 구원을 받았다.

자, 정신 번쩍 들게 하는 질문 하나를 던져 보자. 심판의 때에 예수님 앞에 서서 충격에 빠질 사람이 얼마나 많을까? 예수님이 눈물을 흘리며 우리가 성령의 역사를 방해했던 일을 적나라하게 보여 주신다면? 우리가 일으킨 분열이 수많은 무리의 구원을 방해한 역류가 되었다면? 우리가 마음이나 생각, 행동으로 리더들을 거역해서 그런 일이 일어났다면? 물론 우리 생각이 옳을 수도 있다. 더 좋은 방법, 심지어 더 성경적인 방법이 따로 있을 수도 있다. 하지만 무엇이 더 중요한가? 우리의 옳음을 증명하는 것인가, 아니면 하나님의 영광이 나타나는 것인가? 우리가 옳은 대로 가는 것인가, 아니면 수많은 무리가 하나님 나라로 들어오는 것인가?

당신이 속한 공동체 리더의 방식을 따르라

리더들이 하나님의 계획과 방식에서 벗어날 수 있다는 것은 누구나 아는 사실이다. 지금 이 글을 쓰면서 내가 리더로서 어리석은 선택을 얼마나 많이 했는지를 돌아보니 식은땀이 흐르고 한숨이 절로 나온다. 하지만 그런데도 우리가 하나로 연합할 때 하나님은 리더의 연약함을 뛰어넘어 그분의 목적을 이루신다. 그렇다고 해서 우리가 하나님의 뜻 구하는 일을 게을리해도 된다는 뜻은 결코 아니다. 하지만 이는 나처럼 실수 많은 리더들에게는 큰 위로가 되는 사실이 아닐 수 없다.

이제 우리의 연합을 방해할 수 있는 또 다른 문제점을 다루고자 한다. 이 문제점은 바로 교회의 사역이 다양하다는 점을 헤아리지 못하는 것이다. 다시 말해, 하나님 나라의 확장이라는 같은 목표를 이루는 데도 아주 다양한 방식으로 접근할 수 있다. 바울은 고린도 교인들에게 교회 안에 다양한 은사와 사역이 존재한다고 말했다. "또 사역은 여러 가지나 모든 것을 모든 사람 가운데서 이루시는 하나님은 같으니"(고전 12:6). 교회 안에 여러 사역이 존재하며, 각 사역마다 다른 방식을 사용하여 하나님 나라의 일을 수행한다.

사도 바울은 교회에 권면할 때 군대 비유를 자주 사용했다. 사실, 이를 비유라고 볼 수도 없는 것이 실제로 우리는 이 땅에서 하나님의 군대이기 때문이다. 여기서 사도 바울처럼 군대 비유를 사용해 교회 안의 다양한 사역들을 설명해 볼까 한다. 군대는 육군, 해군, 공군, 해병대 등 다양한 부대로 이루어져 있다. 각 부대는 자신의 목표와 책임을 달성하기 위해 각기 다른 방식들을 사용한다. 하지만 국가를 보호하고 섬긴다는 큰 목표만큼은 같다.

공군사관학교 생도는 공군이 되기 위한 훈련을 받으니 훈련의 상당 부분이 공중 작전과 관련이 있다. 공군은 주로 하늘에서 작전을 펼치기 때문이다. 만약 그가 육군으로 재배치된다면 새로운 훈련을 받아야 한다. 물론 중복되는 기술들도 많다. 하지만 육군은 공군과 달리 주로 지상에서 작전을 펼치기 때문에 이 병사는 많은 전술과 전략을 새로 배워야 한다. 이런 비유를 염두에 두면서 바울이 고린도 교회에 한 다음 말을 보자.

그러므로 내가 너희에게 권하노니 너희는 나를 본받는 자가 되라(고전 4:16).

바울은 자신을 본받으라고 말했다. 나중에는 "내가 그리스도를 본받는 자가 된 것같이 너희는 나를 본받는 자가 되라"(고전 11:1)고 말했지만 여기 서는 그렇게 말하지 않았다. 그렇게 한 데는 이유가 있는데, 바로 다음 구 절에서 나타난다.

그러므로 내가 너희에게 권하노니 너희는 나를 본받는 자가 되라 이로 말미 암아 내가 주 안에서 내 사랑하고 신실한 아들 디모데를 너희에게 보내었으 니 그가 너희로 하여금 그리스도 예수 안에서 나의 행사[방식, NIV] 곧 내가 각 처 각 교회에서 가르치는 것을 생각나게 하리라(고전 4:16-17).

바울은 (자신이 세운) 교회에 자신을 본받으라고 말한 뒤 이렇게 말했다. "이로 말미암아 …… 디모데를 너희에게 보내었으니." 그가 디모데를 왜 보냈는가? 그리스도 예수 안에서 자신(바울)의 행사를 생각나게 하기 위해 서다. 그는 "디모데가 그리스도 예수 안에서 너희에게 야고보의 행사를 기억나게 할 것이다"라고 말하지 않았다. 야고보가 경건한 리더였는가? 물론이다! 야고보가 바울보다 더 오랫동안 사도로 있었는가? 물론이다!

그렇다면 야고보의 행사 혹은 방식이 바울과 달랐는가? 그렇다. 바울 의 지시는 야고보의 방식이 틀렸다는 뜻인가? 절대 아니다! 다만 야고보 의 방식은 바울이 세운 고린도 교회에 맞지 않았다. 공군의 훈련 방식이 해군에 그대로 맞지 않는 것과 같은 이치다. 두 방식이 서로 겹치는 부분 도 있지만 많은 부분이 다르다.

이 점을 더 깊이 파헤쳐 보자. 바울은 디모데가 고린도 교회에 그리스 도 안에서 '사도 베드로의 방식'이나 '사도 유다의 방식', '사도 요한의 방식'

을 가르칠 것이라고 말하지 않았다. 바울은 이 교회를 세우고 그 안에서 자신의 리더십 문화를 계속해서 확립해 왔다. 그의 방식은 다른 사도들과 달랐지만 똑같이 그리스도의 가르침을 바탕으로 하고 있었다. 초대 교회 리더들의 핵심적인 믿음과 가르침은 동일했지만, 그들이 열국을 제자 삼기 위해 사용한 방식은 다 달랐다.

우리가 다니는 교회와 관련해서 생각해 보자. 우리 교회 담임목사와 목회자들이 하나님의 은혜로 교회를 교인 수를 1,500명 수준으로 성장시켰다고 해 보자. 그 과정에서 그들의 리더십 스타일에 맞는 방식과 문화를 조성했다. 우리 교회는 주변 사회에 큰 영향력을 발휘해 지역사회에서 높은 평판을 얻었다. 하지만 그 영향력은 어디까지나 그 지역 내에 머물러 있다.

그런데 같은 지역에 세계적인 명성을 얻은 다른 교회가 있다고 해 보자. 그곳 담임목사와 목회자들은 참신한 목회 전략으로 기독교계의 트렌드를 주도한다. 또 그들은 우리 교회 목회자들보다 훨씬 많은 사람에게 영향을 미친다. 자, 우리는 누구의 방식을 따를 것인가? 그 글로벌 교회 담임목사의 방식? 아니면 우리 교회 담임목사의 방식? 자칫 우리는 글로벌 교회 담임목사의 방식을 따르고 우리 교회 목회자들도 그 방식을 채택하도록 교회에 압박할 수 있다. 하지만 고린도 교인들처럼 우리도 연합과 영광을 위해 우리 리더들의 방식을 배우고 따라야 한다. 우리가 따라야 할 리더는 어디까지나 우리 교회 목회자다.

다른 사역 방식을 존중하는 훈련

나는 30년 넘게 거의 매주 전 세계를 돌면서 49개 주와 60개 이상 국가의 수많은 콘퍼런스와 교회에서 메시지를 전했다. 덕분에 수많은 교회의 다양한 방식을 직접 확인하고 경험했다. 강사로 초빙될 때마다 내가 꼭 하는 주요 작업 가운데 하나는 해당 교회의 문화를 배우는 것이다.

남의 집에 손님으로 가서 주인에게 집안을 어떻게 운영하라고 훈수질하는 사람은 거의 없다. 그저 그 집의 방식을 따를 뿐이다. 손님이 그 집의 저녁 식사 시간과 메뉴를 정하지는 않는다. 기껏해야 "언제 저녁을 먹나요?"라고만 물을 수 있을 뿐이다. 손님은 주인이 평소처럼 저녁 식사를 차릴 때까지 기다렸다가 주는 대로 감사히 먹기만 하면 된다.

손님으로서 나는 늘 주최 측 리더에게 이렇게 묻는다. "평소 어떤 차림으로 강대상에 오르십니까?" 그런 다음 최대한 그의 취향을 따라 준다. 강단에서 입을 청바지와 캐주얼 셔츠를 챙겨서 한 콘퍼런스 장소로 갔던 기억이 난다. 공항에 도착한 우리 팀은 턱시도를 입은 네 남자의 안내로 밖에서 기다리던 두 대의 흰색 리무진을 타고 호텔에 가서 화려한 접대를 받았다.

내가 담임목사라면 다른 방식으로 손님들을 맞았을 것이다. 아마도 우리 아들들이나 믿을 만한 팀원들 중 한 명을 일상복 차림으로 보내 수수하지만 깨끗한 자동차에 손님을 태워 오게 했을 것이다. 하지만 이것은 우리 교회에서 여는 콘퍼런스가 아니었다. 이 교회는 외적인 예절을 매우 중시한다는 것을 대번에 알 수 있었다. 그렇다면 내가 입으려던 옷들은 아무래도 이 교회의 문화와 방식에 어울리지 않는 듯했다. 그래서 급히 적절한

/ 순종

의상을 새로 구했다.

손님으로서 나는 "설교 시간은 몇 분이면 될까요?"라고 묻는다. 그래서 상대방이 원하는 시간을 말하면 최대한 그 시간 내에 설교를 마무리하려고 한다. 하지만 처음부터 그랬던 건 아니다. 나는 존경하는 토미 바네트 (Tommy Barnett)가 시무하는 교회에서 15년 넘게 매년 메시지를 전해 왔다. 그의 교회는 전에는 피닉스퍼스트어셈블리(Phoenix First Assembly)로 알려졌으나 지금은 피닉스드림센터(Phoenix Dream Center)로 불리며, 현재는 그의 아들 루크 (Luke)가 담임목사로 있다. 그 교회에 설교자로 초청받아 처음 방문한 주일에 바네트는 내게 40분의 시간을 주었다. 그는 강대상에서 잘 보이는 시계의 카운트다운을 보면서 시간을 맞추면 된다고 일렀다. 그런데 그만 나는 정해진 시간에서 10분을 초과하고 말았다.

예배가 끝난 뒤 바네트는 내게 한마디도 하지 않은 채 예배당을 불쑥 나가 버렸다. 화가 난 것이 분명했다. 그 바람에 나는 그날 오후 내내 마음이 어수선해서 일이 손에 잡히질 않았다. 저녁 예배 후에 그의 사무실에 우리 둘만 있을 때 혹시 아침 일로 화가 났는지 물었다.

"맞습니다."

"제가 설교를 너무 길게 해서요?"

"그렇습니다."

그는 잠시 뜸을 들이더니 말을 이었다.

"저는 목사님을 좋아합니다. 그래서 제가 기분이 나빴던 이유를 말씀드리지요. 저희 교회에는 철저히 시간표대로 움직이는 분들이 많습니다. 예컨대 주일학교 사역자들은 주일 오전 예배에 맞춰 주일학교 커리큘럼을 짜 놓았습니다. 그런데 목사님이 10분을 초과하시는 바람에 계획이 꼬

였습니다. 또 30대 이상의 버스가 예배를 마친 성도들을 집까지 데려다주어야 하는데, 그 모든 버스가 시동을 켠 채 10분 동안 먼 산만 바라보고 있었습니다." 이외에도 몇 가지 더 한참을 말하더니 그는 이렇게 마무리를 지었다. "목사님은 10분 더 말씀하시려고 저희 교회의 정해진 방식을 존중하시지 않았습니다."

나는 그 실수에서 중요한 교훈을 얻었다. 그때부터 나는 나를 초청한 교회 담임목사에게 꼭 이렇게 묻는다. "집회 중에 예수님을 영접할 사람들을 앞으로 나오게 합니까? 아니면 자리에서 일어서게 합니까? 아니면 그냥 손만 들게 하나요?" 담임목사의 대답을 유심히 듣고서 그 교회의 문화를 최대한 반영하려고 노력한다. 왜냐하면 이 가운데 어떤 방식으로든 진정한 구원이 가능하기 때문이다.

이것은 내가 던지는 질문들의 몇 가지 예일 뿐이다. 가끔 내 방식이 주최 측 교회의 문화와 다르지만 내 방식이 더 낫다고 판단하면 그곳 담임목사에게 양해를 구한다. 그러면 대개는 사전에 물어봐 준 것에 감사하며 흔쾌히 허락한다.

이외에도 많은 사례를 들 수 있지만 이 정도면 웬만하면 상대방이 정한 방식을 따르는 것이 나의 전반적인 원칙임을 이해했으리라 믿는다. 하지만 "예수님을 영접하는 순서는 넣지 않는 것이 좋겠습니다. 저희는 예수님이 하나님께로 가는 길 가운데 하나라고 믿거든요. 저희는 그 외에도 영생으로 가는 길이 많이 있다고 믿어요"라는 말을 들으면 그런 방식은 따를 수 없다. 이것은 사역 방식 차이의 문제가 아니기 때문이다. 이는 기독교의 근본 진리를 부정하는 것이다.

한동안 마치 조감도(鳥瞰圖)처럼 그리스도의 몸을 전체적으로 관찰하려고 노력했던 적이 있다. 그때 이 기본적인 진리를 몰라서 많은 비극이 일어난다는 점을 확인했다. 어릴 적부터 쭉 다녀 온 교회와 전혀 다른 문화를 가진 리더 양성 학교나 신학교에 입학하는 경우가 종종 있다. 대개 이런 학교는 대형교회와 연계되어 있어서 그 교회가 전반적인 문화를 정한다. 따라서 학생들은 학교와 주일 예배 모두에서 이 대형교회의 방식을 경험한다.

졸업하고 고향으로 돌아온 학생들은 불같은 열정을 품고 고향 교회의 문화를 바꾸려고 애를 쓴다. 물론 그들이 새롭게 배운 방식이 더 시대에 맞고 효과적일지는 모른다. 하지만 그 방식을 막무가내로 밀어붙이면 저층 역류로 변하기 쉽다. 새로운 방식을 제안했는데 거부당한다면 무엇보다 먼저 기도하라. 그것이 상책이다. 계속 밀고 나가야 할지 아니면 교회 리더들의 기존 방식에 전적으로 복종해야 할지 하나님께 여쭈어야 한다.

청소년부 목사로 처음 사역할 때 다양한 방식과 기법에 대한 인식이 부족해서 담임목사에게 심하게 반발했던 창피한 기억이 있다. 당시 나는 루이지애나 교회에서 놀랍도록 효과적인 방식을 보고 온 상태였다. 그 교회의 성공에 넋이 나가 그들의 방식이 우리 교회 문화에 맞는지 찬찬히 따져보지 않았다. 지금 와서는 내 실수가 더없이 분명히 보인다. 그 방식은 '그리스도 안에서 우리 담임목사의 행사(방식)'(고전 4:17)와 맞지 않았다. 루이지애나 교회의 담임목사는 우리 담임목사와 매우 달랐다. 둘 다 세계적인 명성과 탁월한 목회로 수많은 사람을 그리스도께로 이끌었지만 목회 방식은 완전히 달랐다.

역사상 그 어느 때보다도 빠르고 활발하게 사람들이 이동해 다니는 세상이다. 대부분의 사람들이 평생에 최소한 한 번, 많게는 여러 번 교회를 옮긴다. 새로운 교회에 가면 그곳의 문화를 배우는 것이 매우 중요하다. 그러기 위해서는 의식적인 노력이 필요하다. '그리스도 안에서 이루어지는 새 교회의 행사(방식)'에 빨리 적응할수록 우리는 개인적으로도 그 교회의 일원으로도 더 강해질 수 있다.

16장

일상의 회복

순종의 현장은
내 일상이다

가정에서의 권위는 다른 권위들이
존재하는 데 반드시 필요한 기초다.

    지금까지 교회나 정부의 권위 등을 주로 이야기했지만 원리의 대부분
은 모든 분야의 권위에 적용이 가능하다. 이 장에서는 하나님 말씀에서 가
정의 권위를 다루시면서 주시는 교훈을 살펴보고자 한다. 여기서 다룰 내
용을 책 한 권으로 펴내는 게 차라리 쉬울 것이다. 그러나 우리가 지금까
지 앞에서 살핀 원리를 확대하여 적용한다면 그 책을 우리 마음에 쓸 수
있으리라. 또한 우리는 그리 한정적이지 않은 일반적인 지침도 몇 가지 살

퍼볼 것이다.

가정에서의 권위

교회나 정부, 사회의 권위에 앞서 가정이 있다. 다른 세 영역의 건강이 가정에 달려 있기 때문에 가정의 기능은 가장 중요하다. 그리고 다른 영역들의 권위에 결함이 있더라도 가정만은 건강을 지킬 수 있다. 그러나 가정의 질서가 무너지면 다른 영역들이 반드시 영향을 받는다. 가정에서의 권위는 다른 권위들이 존재하는 데 반드시 필요한 기초다. 하나님이 가정에 정하신 질서가 성경에는 어떻게 나타나는지 보자.

> 자녀들아 모든 일에 부모에게 순종하라 이는 주 안에서 기쁘게 하는 것이니라(골 3:20).

> 이는 남편이 아내의 머리 됨이 그리스도께서 교회의 머리 됨과 같음이니 …… 그러므로 교회가 그리스도에게 하듯 아내들도 범사에 자기 남편에게 복종할지니라(엡 5:23-24).

이 두 명령은 신약 성경 다른 곳에도 나오는 말씀으로 하나님이 가정에 세우신 권위 구조를 설명한다. 자녀들은 모든 일에서, 즉 삶의 모든 영역에서 부모에게 순종해야 한다. 이 명령은 부모가 자녀에게 하나님의 말씀에 어긋나는 일을 시킬 때만, 예를 들어 부모가 자녀를 성추행한다든지 거짓말이나 도둑질을 시킨다든지 부모 중 한쪽을 택하게 한다든지 할 때만 구속력을 잃는다.

나도 예외의 경우를 겪은 적이 있다. 퍼듀대학교(Purdue University)에서 기계공학을 공부하던 중에 나는 예수 그리스도께 삶을 헌신했다. 그리고 얼마 뒤 복음 전파에 부르심을 받았다는 걸 알았다. 방학 때 집에 돌아가 독실한 가톨릭 신자인 부모님께 공학 공부를 마친 뒤 성경 대학에 가겠다고 말씀드렸다. 부모님은 못마땅해하시면서 내 반응을 충동적이라고 보셨다. 어머니는 매우 강경하셨다.

"내가 죽기 전에는 갈 생각 마라!"

나는 어머니를 존중하며 겸손히 말했다.

"어머니, 사랑해요. 그리고 어머니가 저를 위해 해 주신 모든 일에 감사해요. 하지만 저는 하나님께 순종해야 해요."

이 말은 어머니한테 위안이나 기쁨이 되지 못했다. 오히려 심기만 더 불편하게 했다.

예수님은 "아버지나 어머니를 나보다 더 사랑하는 자는 내게 합당하지 아니하고 아들이나 딸을 나보다 더 사랑하는 자도 내게 합당하지 아니하다" 하셨다(마 10:37). 이 말씀을 비롯한 복음서의 많은 비슷한 말씀에 힘입어 나는 선택을 할 수밖에 없었다. 내가 무척 사랑하는 부모님과 예수님의 부르심 중에서 한쪽을 택해야 했고, 나는 주저 없이 결정했다.

몇 년 동안 아주 불편했다. 나는 여전히 부모님을 사랑하고 존경했다. 하나님의 은혜를 알기에 이전 어느 때보다도 더 사랑했다. 시간이 흐르자 두 분은 예수님이 내 삶에서 하신 일의 열매를 보기 시작하셨다. 18년 후(아버지가 일흔아홉 살이 되시던 해에) 나는 부모님과 함께 기도하면서 두 분이 나란히 예수님을 구주로 영접하는 모습을 지켜보는 특권을 누렸다. 그 뒤로 두 분은 우리 부부의 책과 영상을 보고 친구들에게도 공유하셨다. 그뿐만 아니라 우리 부부와 부모님의 관계가 전에 없이 좋아졌다.

예수님도 비슷한 상황에 처하신 적이 있다. 부모님께 복종하는 일에 관해서라면 성경은 "예수께서 함께 내려가사 나사렛에 이르러 순종하여 받드시더라"(눅 2:51)라고 말한다. 그러나 사역이 시작되자 시므온이 아기 예수를 보며 예언한 것처럼 칼이 사람들의 마음과 생각을 찌르고 드러내기 시작했다(눅 2:35). 예수님의 강력한 메시지는 많은 사람들을 불편하고 화나게 만들었는데 가족들도 예외는 아니었다.

> 예수의 친족들이 듣고 그를 붙들러 나오니 이는 그가 미쳤다 함일러라 ……
> 그때에 예수의 어머니와 동생들이 와서 밖에 서서 사람을 보내어 예수를 부르니 무리가 예수를 둘러 앉았다가 여짜오되 보소서 당신의 어머니와 동생들과 누이들이 밖에서 찾나이다 대답하시되 누가 내 어머니이며 동생들이냐 하시고 둘러앉은 자들을 보시며 이르시되 내 어머니와 내 동생들을 보라 누구든지 하나님의 뜻대로 행하는 자가 내 형제요 자매요 어머니이니라(막 3:21, 31-35).

예수님은 모든 일에 부모님께 순종했으나 부모님이 예수님을 하늘 아버지의 명령에 거역하게 하려 할 때는 순종하지 않으셨다. 다행히도 몇 년 후 마가 다락방에 성령이 임할 때 예수님의 가족들도 그곳에서 성령을 받았다. 언제부터인가 가족들 역시 제자였던 것이다.

부모에게 순종하고 있는가

이제 예외가 아니라 규범으로 돌아가 보자. 자녀들이 부모를 공경하고 순종해야 한다는 명령은 약속 있는 첫 계명이다. 부모에게 순종하는 자녀는 잘되고 장수한다(엡 6:2-3; 골 3:20).

나는 이 명령에 불순종하면 어떻게 되는지를 어렵게 배웠다. 퍼듀대학교를 졸업하고 로크웰 인터내셔널(Rockwell International)사에 취직했다. 그즈음 나는 앞서 말한 교회를 섬겼는데, 싱글 공동체 두 번째 주일 예배를 마친 후 몇 명과 밥을 먹으러 나갔다가 우연히 싱글 공동체 리더를 만났다. 이야기를 나누다 보니 우리 둘 다 집을 보러 다니는 중이었고, 잘됐다며 한 아파트에 살기로 결정했다. 대학을 막 졸업하고 돈이 별로 없던 터라 돈을 아낄 수 있겠다는 생각에 반갑기까지 했다.

이튿날 아버지에게 전화해 그 소식을 알렸다. 매달 몇 백 달러씩 아낄 수 있으니 아버지도 좋아하실 줄 알았다. 그런데 아버지는 "난 별로 내키지가 않는구나. 그러지 마라. 잘 알지도 못하는 사람인데" 하며 말리셨다. 싱글 사역에 깊이 헌신한 사람이며 공동체 리더라고 말씀드렸지만 아버지는 좀처럼 뜻을 굽히지 않으셨다.

전화를 끊고서 나는 아버지가 신자가 아니기 때문에 이런 상황을 이해하지 못하신다고 결론지었다. 어쨌든 그 사람은 중요한 리더십의 자리에 있는 사람이니 말이다. 결국 나는 아버지 말씀을 무시하고 다음 날 곧장 그 리더와 함께 아파트를 둘러보고는 임대 계약서에 서명했다. 그 길로 이사 트럭을 빌리러 갔는데, 새 룸메이트는 바로 계약할 줄 모르고 돈을 가지고 오지 않았다며 나한테 돈을 내줄 수 있느냐고 물었다. 며칠 뒤 다시 만나 아파트 보증금을 내러 갔을 때도 똑같이 말했다. 이후로도 비슷한 상황이 계속 이어졌다. 그런 식으로 처음 두 달 월세는 물론 공과금과 그가 하는 잦은 장거리 전화 요금까지 나 혼자 냈다(당시는 장거리 전화 요금이 무척 비쌌다).

그에게는 차가 없었으므로 내 차를 몇 차례 빌려 줬다. 매번 그는 다음 날 새벽에야 차에 담배 연기를 자욱하게 채워서는 돌아왔다. 그럴 때마다 그는 가난한 사람들에게 전도하고 왔다고 둘러댔다. 어느 날 아침에 보니 차 한쪽이 크게 움푹 들어가 있었다. 몹시 기분이 상했으나 내색하지 않았다. 한번은 새벽 4시에 방에서 나와 보니 생판 모르는 사람이 캔 맥주와 담배를 들고 거실에 앉아 있었다. 그는 마치 내가 방해꾼인 양 쳐다봤다.

내 집에 살며 하는 고생이 말이 아니었지만 새 신자인 나는 "사랑으로 행해야지 화내거나 판단해서는 안 된다"는 생각만 했다. 그렇게 문제를 풀지 않고 그냥 두었다. 그 사람 때문에 날마다 고생하던 일을 생각하면 여태 이야기한 내용은 빙산의 일각일 뿐이다.

그렇게 힘들게 몇 주를 보낸 뒤에야 나는 룸메이트가 동성연애자라는 것을 알았다. 불순종 때문에 눈이 멀어 아무것도 분별하지 못한 것이다. 그에게 즉각 나가 달라고 했지만 그는 나가지 않겠다며 버텼다. 그 사람이 죄 가운데 사는 동안 나는 모든 비용을 부담했다. 거의 같은 시기에 싱글 공동체 담당목사도 그 사실을 알았고 그 사람은 리더 자리에서 해임되었다.

아버지의 충고를 무시한 대가로 마음의 평안은 말할 것도 없고 많은 돈을 날렸다. 내 인생에서 그 두 달은 무척 힘든 시기였다. 모든 일을 수습하고 나서 하나님께 부르짖었다.

"주님, 주님의 인도를 믿은 제게 왜 이런 일이 일어났습니까?"

주님은 나를 인도해 주셨는데 내가 거부했다고 하셨다. 나는 어리둥절하여 물었다.

"아니, 언제요? 어떻게 인도해 주셨다는 말씀이세요?"

"네 아버지의 말로 인도해 주었지. 하지만 네가 듣지 않았다."

"하지만 우리 아버지는 거듭나지 않으셨는데요."

"나는 '자녀들아, 너희 부모가 거듭난 자일 때만 순종하라'라고 하지 않았다. 너는 내 자녀. 그래서 나는 너를 인도하고 보호하려고 내 지혜와 교훈을 네 부모의 마음에 담아 놓았다."

"하지만 이제 저는 독립했잖아요. 아버지는 아주 멀리 사십니다. 그리고 저는 이제 부모님께 생활비를 받지도 않습니다."

"네가 경제적으로 자립했다고 해서 그리고 부모가 먼 곳에 산다고 해서 부모에게 순종하라는 내 계명이 무효가 되는 건 아니다."

그분의 계명은 우리가 그대로만 살면 잘될 것이라고 약속한다. 내 간증은 그 계명을 어겨 잘되지 않은 경우였다. 그분은 내게 남자가 부모의 권위에서 독립하는 시점을 보여 주셨다. "이러므로 남자가 부모를 떠나 그의 아내와 합하여 둘이 한 몸을 이룰지로다"(창 2:24).

자녀의 배우자를 승낙한다는 의사표현이 부모가 자녀에게 할 수 있는 마지막 훈계다. 여담이지만 아내는 장인어른이 내 앞에서 우리의 결혼을 허락하셨을 때 깜짝 놀랐다고 했다. 이유를 묻자 이렇게 말했다. "아버지는 당신이 그리스도인이라서 싫다고 했거든요."

왕(우리 위의 권위에 있는 이들)의 마음이 하나님의 손에 있음을 새삼 확증한 경험이었다.

하나님의 명령으로 다시 돌아가, 그분은 남자와 여자가 결혼하여 연합할 때 새로운 권위 질서가 형성된다고 강조한다. 하나님은 여자가 부모를 떠나는 문제는 언급하지 않으시는데 그럴 만한 이유가 있다. 여자가 새로운 가정 질서를 세우는 것이 아니며, 남자가 권위의 머리가 되기 때문이다.

결혼한 자녀들에게는 부모에게 순종하라는 계명이 해당하지 않는다. 다만 결혼한 후에도 자녀는 계속 부모를 공경해야 한다. 한번은 부모님이 아내와 내가 지혜롭지 않은 방향으로 나가는 것을 보면서도 충고하지 않으셨다. 내가 이유를 물으니 웃으며 말씀하셨다. "너희가 우리한테 충고해 달라고 하지 않았거든."

부모들이 자녀들이 결혼한 후에도 결혼 전과 똑같이 간섭하며 가르치려 하시는 모습들을 많이 봤다. 그 결과 감정이 상하고 오해가 싹튼다. 부모가 성경의 가르침대로 자녀를 놓아주지 않았기 때문이다.

생명을 택하라

몇 년간 청소년부 사역자로 섬기면서 청소년들이 위험한 길을 걷는 것을 많이 보았다. 하나님 말씀에서 부모를 공경하는 일이 얼마나 중요한지 설명하는 구체적 지침을 몇 가지 살펴보자. 이 글을 읽은 젊은이들이 불순종의 죄(전염되며 죽음을 불러오는 죄)가 그들 또래에 퍼뜨리는 누룩을 피할 수 있기를 바란다. 성경은 선포한다. "그의 부모를 경홀히 여기는 자는 저주를 받을 것이라 할 것이요 모든 백성은 아멘 할지니라"(신 27:16).

언젠가 홀로 십 대 아들을 키우는 엄마와 그 아들을 함께 만난 적이 있다. 대화 내내 그 아이는 엄마가 무식하고 모자란 사람이기라도 한 듯이 계속 자기 엄마를 업신여기는 투로 말했다. 이야기 중에 그런 태도를 두어 차례 지적했지만 아들은 들은 체도 하지 않았다. 그런데 상담이 끝날 무렵 나도 모르게 이런 말이 툭 튀어나왔다. "학생, 엄마를 대하는 태도와 행동을 회개하지 않으면 결국에는 감옥에 갈 거야."

이 말에 그들 못지않게 나도 놀랐다. 그 학생은 신자였고 우리 교회 청소년부에 다녔다. 어떻게 그런 일이 일어날 수 있단 말인가?

거의 6년이 지나 내가 청소년부 사역을 그만두고 순회 사역을 할 때 주일 아침 예배 후 그 아이 어머니가 찾아와 무척 즐거운 목소리로 말했다. "목사님, 저희 아이한테 태도를 바꾸지 않으면 감옥에 갈 거라고 말씀하셨던 일 기억하세요? 실은 그 애가 2년 전에 감옥에 들어갔어요."

까맣게 잊고 있다가 그 말을 들으니 생각이 났다. 그런데 아들이 감옥에 있다는 소식을 어떻게 그렇게 즐겁게 전할 수 있는지 의아해서 이유를 물었다.

"아이가 드디어 하나님께 마음이 뜨거워졌거든요. 다른 재소자들한테 전도도 하고 교도소 사역에도 참여했어요. 목사님이 쓰신 책을 읽으면서 큰 은혜를 받고 있지요."

한 젊은이의 삶에 하나님의 심판이 임하여 모든 것이 달라진 모습이 참으로 감격스러웠다. 물론 그가 고생하며 배우지 않고 미리 말씀을 받아들였다면 더 좋았을 것이다. 하지만 이제는 중요한 것, 바로 하나님에 대한 열정이 그의 마음에 있었다.

부모를 욕하거나 때리는 행위가 얼마나 중대한 죄인지는 구약 성경에서 그런 자녀들을 어떻게 처리하라고 하는지를 보면 알 수 있다. "자기 아버지나 어머니를 치는 자는 반드시 죽일지니라"(출 21:15). "자기의 아버지나 어머니를 저주하는 자는 반드시 죽일지니라"(출 21:17). 예수님도 구약에 기록한 명령을 인용하여 말씀하셨다. "하나님이 이르셨으되 네 부모를 공경하라 하시고 또 아버지나 어머니를 비방하는 자는 반드시 죽임을 당하리라 하셨거늘"(마 15:4).

모세는 거역하는 자녀를 어떻게 다스려야 하는지 지침을 내렸다.

사람에게 완악하고 패역한 아들이 있어 그의 아버지의 말이나 그 어머니의 말을 순종하지 아니하고 부모가 징계하여도 순종하지 아니하거든 그의 부모가 그를 끌고 성문에 이르러 그 성읍 장로들에게 나아가서 그 성읍 장로들에게 말하기를 우리의 이 자식은 완악하고 패역하여 우리 말을 듣지 아니하고 방탕하며 술에 잠긴 자라 하면 그 성읍의 모든 사람들이 그를 돌로 쳐 죽일지니 이같이 네가 너희 중에서 악을 제하라 그리하면 온 이스라엘이 듣고 두려워하리라(신 21:18-21).

요즘 이 말씀을 적용한다면 아마도 교회마다 많은 젊은이들이 계속 죽어 나갈 것이다. 이제는 이런 처벌 명령을 적용하지 않지만, 그렇더라도 거역 행위를 다루시는 하나님의 태도는 여전히 매우 단호하고 엄격하다. 심판의 형태가 바뀌었다고 해서 하나님의 태도까지 바뀐 것은 아니다. 마음에 반항심이 생겼다면 그냥 둬서는 안 된다. 반항은 곧 죽음이기 때문이다.

나는 아이들에게 어떤 형태로든 반항이 나타나려 한다면 자기를 지켜야 한다고 가르친다. 그중 가장 미묘하게 위장한 형태는 바로 불평이다. 불평은 사실 이렇게 말하는 것이다. "당신이 나를 지도하는 방식이 내 맘에 안 든다. 내가 당신이라면 그렇게 하지는 않을 것이다." 이는 결국 권위를 멸시하고 지도자를 모욕하는 태도다. 이스라엘 백성이 불평하다가 약속의 땅에 들어가지 못한 까닭을 알겠는가? 그들은 모세에게 불평했지만, 실은 하나님을 멸시하는 태도가 그렇게 나타난 것이었다. 하나님한테 이렇게 말한 셈이다. "하나님, 제대로 좀 해 보시지요. 우리라면 그렇게 하지 않을 겁니다."

부모를 공경하면 성경의 놀라운 약속대로 잘되고 장수한다. 나라면 심판보다 생명을 택하겠다.

부부간의 질서

이제 하나님이 정하신 결혼의 질서를 생각해 보자. 성경은 아내가 "범사에"(엡 5:24) 남편에게 복종해야 한다고 말한다. 이 명령은 영적인 부분만 아니라 삶의 일반적 영역에도 그대로 적용된다. 바울은 "자기 남편에게"(엡 5:24)라고 했는데, 이는 한 아내에게 다른 남자들은 권위가 없고 그 남편만 권위가 있다는 말이다. 타인의 아내에 대해, 목사는 교회 생활과 영적 문제에서 권위가 있고, 상관은 직장 생활과 관련하여 권위가 있고, 정부는 시민 생활 부분에서 권위가 있다. 그러나 가정에 관한 한 여자에게 권위 있는 사람은 남편이다.

1980년대 중반 우리 부부는 잘못된 가르침에 빠졌다. 신약 성경이란 몇몇 남성우월주의에 젖은 남자들이 쓴 책이므로 부부간 권위에 관한 한 그 말씀을 따라서는 안 된단다. 또한 예수님이 모두에게 동등한 구원을 베푸셨다고 배웠는데, 이는 진실이지만 구원은 결코 권위를 부정하지 않는다.

몇 년 동안 우리 집에는 평화가 없었다. 부부가 늘 리더십 다툼을 벌였던 것이다. 몇 년째 그렇게 시끄럽게 보내던 어느 날 아내에게 말했다. "하나님은 나를 이 집의 머리로 삼으셨어요. 당신이 따르든 말든 내가 인도할 거예요."

이후 나는 변하기 시작했지만, 아내는 아니었다. 주님은 지도자인 내가 아래에 있는 사람들을 억지로 끌고 와서는 안 된다고 말씀하셨다. 예수님도 우리에게 그렇게 하지 않으신다. 권위 아래 있는 사람들이 따라오지 않는다면 그 사람들만 고생할 뿐이다.

나는 변했고 하나님이 주시는 안식과 평안을 누렸다. 그러나 아내는 가정의 모든 부담을 계속 안고 살았다. 아내는 내가 무책임한 리더라고 굳게 믿었다. 나는 젊었고 단점이 많았으므로 (내가 과거에 한 실수를 본다면) 아내의 그런 염려는 당연한 듯했다. 아내는 두려움이 극에 달해 한밤중에 벌떡 일어나서는 남편인 내가 제 몫을 다하지 않아 자기가 자기 몫보다 훨씬 부담을 많이 안고 있다고 말하기도 했다. 나는 모든 염려를 하나님한테 맡기라고만 말하고 다시 잠들었으나 아내는 옆에서 통 잠을 이루지 못하며 최악의 경우를 겁내고 있었다.

아내의 부담은 점점 무거워졌다. 아내는 늘 걱정에 시달렸고 마음이 편할 날이 없었다. 가정에 닥칠 수 있는 모든 크고 작은 위기를 상상하고 또 상상하느라 늘 마음이 어지러웠다. 급기야 아내의 긴장은 감당 못할 지경에 이르렀다. 아내는 심적 부담을 덜려고 오랜 시간 샤워나 목욕을 해야 했다.

하루는 아내가 샤워하면서 하나님께 내 불평을 늘어놓았다. 그때 하나님이 아내에게 말씀하셨다. "너는 존이 훌륭한 지도자라고 생각하느냐?"

"아니요, 저는 남편을 믿지 않아요!"

"존을 믿을 필요 없다. 나만 믿으면 된다. 너는 존이 이 집의 머리 역할을 제대로 하지 않는다고 생각한다. 네가 더 잘할 수 있을 것 같지. 네 긴장과 불안은 스스로 가정의 머리가 되려고 해서 생긴 중압감과 짐이다. 그것이 너한테는 멍에지만 남편한테는 외투다. 내려놓아라."

아내는 즉시 깨달았다. 남편에게 복종해야 한다고 말한 분은 권력에 굶주린 인간이 아니라 하나님이셨다. 가정의 리더 자리가 아내에게 그렇게 버거웠던 것은 자기 자리가 아니었기 때문이다. 하나님은 아내가 책임을 수행하는 데 필요한 기름 부음 혹은 은혜(하나님이 남편에게 주시는 것) 없이 그 부담을 감당해 보게 그냥 두셨다. 아내는 샤워를 끝내고 울면서 나오더니 내게 와서 용서를 구했다. 이제 아내도 내가 몇 달 전부터 누린 평안과 안식에 들어섰고, 집에는 몇 년 만에 참된 화합이 찾아왔다.

그날 성령님의 다루심을 통해 아내는 하나님이 자신에게 남편의 선택이나 결정이 맘에 들거나 납득될 때만 복종하라 하지 않으신다는 것을 깨달았다. 하나님의 명령에 복종하면 하나님이 친히 자기를 보호하시는 것을 깨달았다. 그 뒤로 내가 또 실수를 했을까? 물론이다. 그것도 아주 많이 했다. 그러나 하나님은 내가 실수할 때도 아내를 지켜 주셨고 아내에게 평안을 주셨다. 아내가 복종하면 남편이 아무리 지혜롭지 않은 결정을 내려도 하나님이 아내를 보호하신다.

부당하게 대우하는 남편이나 비신자 남편을 대할 때

아내가 남편에게 복종해야 한다는 명령은 믿음이 좋은 남편을 둔 아내들에게만 적용하는 명령이 아니다. 베드로는 말했다. "아내들아 이와 같이 자기 남편에게 순종하라 이는 혹 말씀을 순종하지 않는 자라도 말로 말미암지 않고 그 아내의 행실로 말미암아 구원을 받게 하려 함이니"(벧전 3:1).

"이와 같이"라는 말부터 살펴보자. 베드로는 부당하게 대우하는 권위에 어떻게 대처하는지 막 이야기를 끝냈다(이 책 13장에서 자세히 다루었다). 그리고는 곧바로 남편과 관련하여 아내들에게도 비슷하게 가르친다. 앞뒤 말씀을 함께 붙여 놓으면 이렇게 된다.

> 사환들아 범사에 두려워함으로 주인들에게 순종하되 선하고 관용하는 자들에게만 아니라 또한 까다로운 자들에게도 그리하라 부당하게 고난을 받아도 하나님을 생각함으로 슬픔을 참으면 이는 아름다우나 …… 아내들아 이와 같이 자기 남편에게 순종하라 이는 혹 말씀을 순종하지 않는 자라도(벧전 2:18-19; 3:1).

슬프지만 사실이다. 믿는다는 남편들이 오히려 비신자들보다 더 까다로운 리더인 경우를 더러 보았다. 그러나 일반적으로 말해 아내가 복종하기 가장 어려운 남편은 신앙 없는 남편이다. 다시 한 번 강조한다. 남편이 아내에게 하나님의 말씀에 정면으로 대치되는 일을 시킨다면 아내는 그 지시에 순종하지 말아야 한다. 하지만 그때에도 복종하는 태도만은 잃지 말아야 한다.

계속해서 베드로는 이 복종의 태도가 말로 하는 전도보다 남편에게 더 강력하게 복음을 증거한다고 말했다. 어느 성도는 비신자인 남편을 몇 년 동안 전도했다. 남편이 일하는 작업대에 전도지를 올려놓고, 침대 머리맡과 즐겨 앉는 곳에 성경책을 갖다 놓고, 다과용 탁자에 기독교 잡지를 놓아두었다. 언제나 남편 쪽 믿음이 좋은 부부들만 초대했다. 그 사람들이 자기 남편을 전도하기를 바란 것이다.

어느 날 하나님이 말씀하셨다. "남편의 구원을 언제까지 가로막고 있을 작정이냐?" 여자는 놀라서 물었다. "제가 남편의 구원을 가로막고 있다니요? 무슨 말씀이세요?"

주님은 남편에게 설교하고 상황을 억지로 만드는 것은 하나님의 지시대로 하지 않는 것임을 보여 주셨다. 주님은 그 여자에게 베드로전서 1장 말씀을 보여 주시며 이렇게 말씀하셨다. "전도지와 잡지와 성경책을 치워라. 믿는 부부들을 저녁 식사에 전략적으로 초대하는 일도 그만둬라."

그 성도는 내게 말했다. "목사님, 저는 그냥 남편을 사랑하고 남편에게 복종했어요. 그런데 그런 지 두 달도 안 되어 남편이 예수님께 삶을 드렸답니다."

나는 그 집에 묵은 적 있다. 지금 그 남편은 주님을 깊이 사랑한다. 하나님의 말씀에 나온 내용을 단순하게 믿고, 의지하고, 순종하면 가정에서 기적이 일어나는 것을 보며 모든 지각에 뛰어난 평강을 누릴 것이다. 이런 말씀은 하나님이 하셨지, 권력에 굶주려 통제와 조종을 일삼는 지도자들이 하지 않았다. 하나님은 보호와 공급을 베푸시려고 그렇게 말씀하신 것이다(그중 일부를 다음 장에서 살펴볼 것이다).

어려움의 한복판에서도 우리는 하나님의 약속을 믿을 수 있다. "여호와의 말씀이니라 너희를 향한 나의 생각을 내가 아나니 평안이요 재앙이 아니니라 너희에게 미래와 희망을 주는 것이니라"(렘 29:11).

직장과 학교에서의 권위

직장과 학교라는 영역에서의 권위와 관련해서도 신약 성경은 구체적인 지침을 준다. 바울은 이렇게 명했다.

종들은 자기 상전들에게 범사에 순종하여 기쁘게 하고 거슬러 말하지 말며 훔치지 말고 오히려 모든 참된 신실성을 나타내게 하라 이는 범사에 우리 구주 하나님의 교훈을 빛나게 하려 함이라(딛 2:9-10).

(직원들의 설교 때문이 아니라) 난관에 처할 때나 업무 윤리 면에서 예수님의 성품을 드러내는 삶 때문에 그리스도인 직원에게서 예수님을 본다는 이야기를 안 믿는 사장이나 상관에게 들으면 무척 기쁘다. "그리스도인 직원들은 절대 대들거나 불평하거나 내 뜻을 거슬러 말하지 않습니다." "그들은 다른 직원들보다 열심히 일합니다." "그들이야말로 가장 정직하고 믿을 수 있는 직원들입니다." 그런 사람들은 내 말(예수님에 대한 말)을 들을 준비가 되어 있다. 직원들의 살아 있는 증거 덕분이다.

그러나 정반대 경우도 보았다. 언젠가 비행기에서 어느 대도시에서 두 번째로 큰 택시 회사 사장 옆에 앉았다. 우리는 즐거운 대화를 나누었다.

그러나 내가 목사라는 사실을 알고 나자 그는 입을 다물고 전처럼 편하게 말하려 하지 않았다. 이미 좋은 관계가 형성되어 있었기 때문에 태도를 바꾼 이유를 어렵지 않게 물을 수 있었다.

"좋습니다. 말하지요. 회사에 여직원이 한 명 있었습니다. 소위 거듭난 그리스도인이었지요. 그 여자는 자기는 물론 다른 직원들의 능률까지 떨어뜨리며 사무실 모든 사람들을 전도하고 다녔습니다. 심지어 회사를 나갈 때는 자기 것도 아닌 물품들을 집어 갔어요. 그리고 독일에 사는 아들한테 걸었던 장거리 전화 요금을 무려 8천 달러나 나한테 떠넘기고 나갔습니다."

가슴이 아팠다. 그 여직원이 불복종하고 도둑질을 한 후에는 그 사무실에 있는 어떤 사람에게도 하나님 말씀이 귀에 잘 들어오지 않을 것이다. 그래서 바울은 "거슬러 말하지 말며 훔치지 말고 오히려 모든 참된 신실성을 나타내게 하라"고 했다(딛 2:9-10). 복종하고, 열심히 일하며, 직장과 학교에서 정한 규정과 규칙을 준수하면 우리 주 예수 그리스도의 은혜를 삶으로 증거하는 참증인이 된다.

바울은 다른 편지에서 이렇게 말했다.

종들아 모든 일에 육신의 상전들에게 순종하되 사람을 기쁘게 하는 자와 같이 눈가림만 하지 말고 오직 [전심으로] 주를 두려워하여 성실한 마음으로 하라 무슨 일을 하든지 마음을 다하여 주께 하듯 하고 사람에게 하듯 하지 말라(골 3:22-23).

"모든 일에" 순종하라는 말에 유의하라. 상사나 교사가 아무리 부당해 보여도 그 사람에게 순종하는 것이 곧 주님께 순종하는 것이다.

바울은 계속하여 "이는 기업의 [진짜] 상을 [인간이 아니라] 주께 받을 줄 [확실히] 아나니 너희는 주 그리스도[메시아]를 [정말로] 섬기느니라"(골 3:24, AMP)라고 말했다. 그 직원도 자기가 사실은 주님의 것을 훔치는 것임을 알았다면 절대 그렇게 하지 않았을 것이다. 몰랐기 때문에 그녀에게는 여호와를 두려워하는 마음도 없었다.

바울의 말은 이어진다. "불의를 행하는 자는 불의의 보응을 받으리니 주[主]는 사람을 외모로 취하심이 없느니라"(골 3:25). 나는 메시지 성경에서 풀어놓은 표현을 좋아한다. "눈가림으로 일하는 굼뜬 종은 그 책임을 지게 될 것입니다. 예수를 따르는 사람이라고 해서 일을 잘못해도 묵과되는 것은 아닙니다."

그 여자는 아마도 택시 회사 사장이나 정부에게 고발당하지는 않을 것이다. 그러나 주님이 책임을 물으실 것이고, 그 여자는 그리스도의 심판대에서 사실을 고해야 할 것이다. "그런즉 우리는 몸으로 있든지 떠나든지 주를 기쁘시게 하는 자가 되기를 힘쓰노라 이는 우리가 다 반드시 그리스도의 심판대 앞에 나타나게 되어 각각 선악간에 그 몸으로 행한 것을 따라 받으려 함이라"(고후 5:9-10).

설교한 대로 살지 않는 지도자에게도?

삶과 설교가 일치하지 않는 지도자의 말은 듣지 않겠다고 하는 사람이 많다. 하지만 이런 생각은 순종에서 나온 것일까, 본성적 논리에서 나온 것일까? 성경은 말한다. "이에 예수께서 무리와 제자들에게 말씀하여 이르시되 서기관들과 바리새인들이 모세의 자리에 앉았으니 그러므로 무엇이든지 그들이 말하는 바는 행하고 지키되 그들이 하는 행위는 본받지 말라 그들은 말만 하고 행하지 아니하며"(마 23:1-3).

예수님은 설교한 대로 살지 않는 타락한 지도자들한테도 복종하라고 명하셨다. 그분은 지도자들의 사생활이 아니라 그들 위에 놓인 권위를 가리키셨다.

워치만 니는 다음과 같이 말한다.

권위를 제정하신 것은 하나님한테는 얼마나 큰 모험인가! 하나님이 제정하고 위임하신 권위가 하나님을 잘못 대변한다면 하나님한테는 얼마나 큰 손해인가! 그런데도 하나님은 두려워하지 않으시고 그런 권위를 정하셨다. 하나님이 권위를 제정하시는 것보다는 사람이 그 권위에 두려움 없이 순종하는 것이 훨씬 쉬운 일이다. 하나님이 사람에게 권위 맡기기를 겁내지 않으셨다면 우리도 두려움 없이 권위에 순종할 수 있지 않을까? 하나님이 담대히 권위를 제정하셨으니 우리도 용감히 권위에 순종하자. 잘못된 게 있다면 그것은 우리 잘못이 아니라 권위에 있는 이들의 잘못이다. 주님이 "각 사람은 위에 있는 권세들에게 굴복하라"(롬 13:1)고 명하시기 때문이다.

순종하는 자들은 순종만 하면 된다. 주님은 우리에게 잘못된 순종의 책임을 묻지 않으신다. 반대로 그분은 잘못된 행동의 책임을 위임된 권위에게 물으실 것이다. 그러나 불순종은 반역이다. 권위 아래 있는 자들은 그 점에서 하나님께 책임져야 한다.[1]

인간 권위에게 부당하게 대우받은 사람이 쓴 글이다. 워치만 니는 1930-1940년대에 중국에서 외국 선교 단체의 도움 없이 교회 세우는 일을 도왔으며, 많은 사람들을 하나님 나라로 인도하는 도구로 쓰였다. 그런 활동으로 당국의 분노를 사 1952년에 체포되어 수많은 거짓 고소로 유죄 판결을 받았다. 그래서 그는 1972년에 세상을 떠날 때까지 감옥에서 지냈다. 그러나 주를 경외하고 두려워하는 삶이 그대로 많은 죄수들에게 복음의 증거가 되어 그의 간증을 통해 구원받은 사람이 많았다. 세월이 지난 지금도 수많은 사람들이 그의 책을 읽는다.

하나님이 위임하신 바른 권위 식별하기

하나님이 지명하신 권위인지 식별하는 법은 이미 여러 번 다뤘지만, 한 번 더 강조하고 싶다. 정부와 사회 분야에서 바른 권위를 분별하고 알아보는 것은 어렵지 않다. 성경은 "인간의 모든 제도를 주를 위하여 순종하라"고 한다(벧전 2:13). 선서하고 취임한 사람들이나 정부가 일꾼으로 임용한 이들(공무원), 회사 임원들, 교사들, 교육 기관 관리직에 있는 사람들의 권위는 사칭하는 권위가 아니라 진정한 권위다.

가정의 권위도 쉽게 식별할 수 있다. 여자는 결혼하면 남자의 권위와 보호와 공급 아래 놓인다. 가정에 아이가 태어나면 부모가 그 아이의 권위가 된다. 입양 자녀도 양부모를 친부모처럼 공경해야 한다. 고아원이나 양부모 밑에 사는 자녀도 지도자들을 권위 있는 사람으로 인정하고 존경해야 한다.

교회에서 바른 권위를 분별하는 일은 약간 복잡하다. 성경은 교회 안에 있는 거짓 사도와 거짓 선지자와 거짓 지도자에 대해 경고한다. 그런 사람들에게 복종해서는 안 된다. 바울도 그런 사람들에게는 "우리가 한시도 복종하지 아니하였으니"(갈 2:5)라고 했다.

거짓 지도자는 두 가지를 보아 알 수 있다. 첫째, 성경에 맞지 않는 교리를 가르친다. 방금 인용한 말의 문맥을 보면 바울은 "그러나 우리나 혹은 하늘로부터 온 천사라도 우리가 너희에게 전한 복음 외에 다른 복음을 전하면 저주를 받을지어다"(갈 1:8)라고 한다. 그래서 바울은 그런 지도자들을 공경하거나 그들에게 복종하지 않았다.

둘째, 거짓 지도자들은 교회 내에서 자기 스스로 일어난다. 하나님이 지명하셨음은 성령으로 시작되어 지금까지 후보자의 삶을 지켜본 기존 장로들을 통해 확인이 가능하다. 구약 성경의 경우 여호수아가 직분을 받는 장면이 좋은 예다. 하나님은 모세에게 이렇게 말씀하셨다.

눈의 아들 여호수아는 그 안에 영이 머무는 자니 너는 데려다가 그에게 안수하고 그를 제사장 엘르아살과 온 회중 앞에 세우고 그들의 목전에서 그에게 위탁하여 네 존귀를 그에게 돌려 이스라엘 자손의 온 회중을 그에게 복종하게 하라(민 27:18-20).

하나님은 여호수아를 택하셨으나 그분의 선택을 그분이 앞서 지명하신 권위인 모세와 엘르아살을 통해 확증하셨다. 이들은 여호수아의 삶을 평생 지켜본 사람들이다. 이 방식은 신약 성경에도 나타난다(행 13:1-4).

바울은 "옳다 인정함을 받는 자는 자기를 칭찬하는 자가 아니요 오직 주께서 칭찬하시는 자니라"(고후 10:18)라고 강조했다. 자칭하는 권위에 복종하는 것은 위험하다. 하나님은 언제나 후보자들이 충실하게 섬긴 교회 앞에서 그분의 지명을 확증해 보이신다. 예수님은 자칭 선지자라 하는 이세벨의 가르침과 거짓 권위에 복종한 두아디라 교회를 책망하셨다(계 2:20-25).[2]

진정 구원받은 사람이요 하나님의 뜻을 구하는 사람이라면 교회 안에 있는 바른 권위를 분별하여 알아볼 줄 안다. 예수님은 "사람이 하나님의 뜻을 행하려 하면 이 교훈이 하나님께로부터 왔는지 내가 스스로 말함인지 알리라"(요 7:17)라고 하셨다. "사람이 하나님의 뜻을 행하려 하면"이라는 말에 열쇠가 있다. 하나님을 구하는 마음이 있는 사람에게 그분은 성령으로 분별력을 주신다.

사도 요한도 "너희는 거룩하신 자에게서 기름 부음을 받고 모든 것을 아느니라"(요일 2:20)라고 이 사실을 확증한다. 워치만 니는 말했다. "진정 하나님께 순종하는 법을 배우면 하나님의 권위가 머무는 사람들도 어렵지 않게 식별할 수 있다."[3]

하나님을 안다는 것은 곧 권위를 아는 것이다. 하나님과 그분의 권위는 떼려야 뗄 수 없기 때문이다.

하나님은 부지런히 그분을 찾고 순종하는 사람에게 상을 주신다. 다음 장에서는 권위에 복종함으로써 누리는 크고 많은 복 중 몇 가지를 살펴보겠다.

17장

믿음의 성장

순종 훈련은
믿음 훈련이다

복종의 차원이 깊어질수록
우리의 믿음도 커진다.

여기서는 예방주사의 유익, 다시 말해 보호 아래 거하는 모든 이들에게 임하는 엄청난 보상과 축복에 초점을 맞추려 한다. 유익만 설명하려 해도 그 양이 엄청날 것이다. 여기서는 일부분만 언급하겠지만, 혼자 공부하고 그리스도 안에서 체험하는 가운데 반드시 더 많은 것을 발견할 것이다.

주여, 우리에게 믿음을 더하소서

몇 년 전 일이다. 여느 때처럼 새벽 5시 반에 기도하러 내 사무실에 들어섰다. 그러나 기도를 시작하기 전 성령님의 지시가 들려왔다. "누가복음 17장을 펴서 5절부터 읽어라."

설레는 마음으로 본문을 펴 보니 잘 아는 말씀이었다. 전에 그 본문으로 말씀을 전한 적도 있었지만 그렇다고 내 설레는 마음이 사라지지는 않았다. 주님이 특정 구절을 읽으라고 하실 때는 뭔가 전에 못 보고 지나친 것을 가르치셨기 때문이다.

제자들은 예수님께 구했다. "우리에게 믿음을 더하소서"(눅 17:5). 그 새벽에 주님이 내게 보여 주신 것을 나누기 전에 왜 제자들이 믿음을 더하게 해 달라고 부르짖었는지 그 이유를 짚어 보자. 제자들이 언제 이런 말씀을 드렸는가? 예수님이 죽은 자를 살리신 직후인가? 아니다. 오병이어로 5천 명을 먹이신 직후인가? 아니다. 흉흉한 바다를 말씀으로 잔잔케 하신 직후인가? 그것도 아니다.

"너희는 스스로 조심하라 만일 네 형제가 죄를 범하거든 경고하고 회개하거든 용서하라 만일 하루에 일곱 번이라도 네게 죄를 짓고 일곱 번 네게 돌아와 내가 회개하노라 하거든 너는 용서하라"(눅 17:3-4). 그들에게 이 말씀을 하신 직후였다.

놀라운 권능으로 행하신 기적을 보고 나서 믿음을 더하게 해 주십사 부르짖은 것이 아니다. 잘못을 범한 이들을 용서하라는 단순한 명령을 듣고는 나온 말이다. 제자들은 율법 아래 살았으므로 '눈에는 눈, 이에는 이'라는 사고방식으로 반응하는 데 익숙했다. 예수님이 명하신 삶의 길은 너

　　　　　　　　　　　　　　　　　　　　　　　　/ 순종

무도 부당해 보였다. 하나님의 성품대로 살라는 명령은 충격 그 자체였다. 그런 터무니없는 명령에 어떻게 순종할 수 있는가? 답은 "우리에게 믿음을 더하소서"에 있다. 제자들은 순종이 믿음과 직결된다는 것을 알았다. 그날 내가 완전히 새롭게 깨달은 사실도 바로 그것이었다.

믿음을 더해 달라는 말을 들으신 예수님은 이런 비유를 들려주셨다. "너희에게 겨자씨 한 알만 한 믿음이 있었더라면 이 뽕나무더러 뿌리가 뽑혀 바다에 심기어라 하였을 것이요 그것이 너희에게 순종하였으리라"(눅 17:6). 역시 내게 익숙한 구절이었다. 그런 내용으로 자주 가르쳤고, 하나님을 믿어야 한다는 예수님의 가르침을 잘 알고 있었다. 산이 들려 바다에 빠지게 해 달라고 기도하고 의심하지 않으면 말하는 대로 된다는 말씀도 같은 말씀이다(막 11:22-24). 다만 뽕나무 대신 산을 사용하셨을 뿐이다.

이러한 말씀은 모든 믿는 이에게 겨자씨처럼 믿음을 주신다는 사실도 보여 준다. 파종과 수확이라는 하나님 나라의 원리다. "하나님의 나라는 사람이 씨를 땅에 뿌림과 같으니"(막 4:26). 구원받을 때 우리는 믿음을 일정 분량 받는데(롬 12:3), 이 믿음은 씨앗의 형태다. 그것을 심고 자라게 하는 것은 우리 책임이다. 그렇다면 믿음은 어떻게 자라는가?

믿음의 성장과 직결되는 세 가지

이어지는 네 구절은 항상 이해하기 힘든 부분이었다. 그래서 더욱 집중해서 읽었다. 그리고 이제야 예수님이 단순히 제자들에게 믿음을 키우는 공식을 일러 주신 것이 아님을 깨달았다. 그분은 제자들을 어떠한 삶의 방식으로 인도하셨는데, 그 삶은 바로 권위에 순종하는 문제와 직결된 것이었다.

> 너희 중 누구에게 밭을 갈거나 양을 치거나 하는 종이 있어 밭에서 돌아오면 그더러 곧 와 앉아서 먹으라 말할 자가 있느냐 도리어 그더러 내 먹을 것을 준비하고 띠를 띠고 내가 먹고 마시는 동안에 수종 들고 너는 그 후에 먹고 마시라 하지 않겠느냐 명한 대로 하였다고 종에게 감사하겠느냐(눅 17:7-9).

여기서 주님이 갑자기 화제를 바꾸신 것 같아 늘 그 이유가 궁금했다. 예수님의 이야기는 '나무를 뽑는 믿음'에서 '종의 본분'으로 옮겨 간다. 늘 풀리지 않던 그 부분을 그 아침에 비로소 이해했다. 그 구절을 다시 천천히 읽으면서 그분의 영감에 귀를 기울였다. 갑자기 이런 말씀이 들렸다. "밭에서 일하는 종의 궁극적 목표가 무엇이냐? 양을 치는 종의 궁극적 목표가 무엇이냐? 최종 결과가 무엇이냐?"

종의 최종 목표는 상에 먹을 것을 올려놓는 것이었다. 예수님이 하시려는 말씀을 깨달을 수 있었다. 종이 수고한 최후 결과가 주인의 상에 음식을 올려놓는 것이라면 어찌 주인에게 음식을 차려 드리기 전에 자기가 먼저 먹을 수 있는가? 자기 일부터 끝내지 않겠는가? 당연하다. 일을 마치지 않는 것은 아예 시작하지 않는 것만큼이나 나쁠 수 있다. 밭만 갈게 하고 그 밭에서 난 소출을 먹지 않을 주인이 어디 있으며, 양만 치게 하고 양털과 고기와 젖을 취하지 않을 주인이 어디 있는가?

그 점이 분명해지자 예수님이 하신 다음 말씀을 읽었다. "이와 같이 너희도 명령받은 것을 다 행한 후에 이르기를 우리는 무익한 종이라 우리가 하여야 할 일을 한 것뿐이라 할지니라"(눅 17:10).

예수님은 그 종의 예를 우리에게 적용하셨다. "명령받은"이라는 말과 "다 행한"이라는 말이 눈에 확 들어왔다. 예수님은 종이 주인에게 하는 순종을 우리가 하나님께 하는 순종과 연결하셨다. 그렇게 하심으로써 믿음의 성장과 관련하여 세 가지 중요한 사항을 보여 주셨다.

1. 믿음은 권위에 순종하는 것과 직접 관련있다.
2. 믿음은 명령받은 것을 다 행할 때만 자란다.
3. 참된 겸손의 태도가 가장 중요하다.

지금부터 이 세 가지를 성경을 통해 하나씩 살펴보기로 하자.

'믿음'과 '권위에 대한 순종'과의 관계

첫째 사항인 믿음과 순종의 직접적 관계는 복음서에서 한 장교가 예수님을 만나는 장면에서 볼 수 있다. 예수님이 가버나움에 들어가시자 백부장 계급의 로마 장교가 찾아왔다. 장교는 예수님께 중풍병으로 괴로워하는 자기 하인을 고쳐 달라고 간구했다. 예수님은 "내가 가서 고쳐 주리라"(마 8:7) 대답하셨다.

그러자 백부장이 말했다. "주여 내 집에 들어오심을 나는 감당하지 못하겠사오니 다만 말씀으로만 하옵소서 그러면 내 하인이 낫겠사옵나이다"(마 8:8).

예수님은 그 사람의 집에 가실 의향도 있었고 준비도 되었으나, 백부장은 너무 황송한 일이라며 오지 말아 주십사 구했다. 예수님께 그 자리에서 명령만 내리시라고 청하면서 그러면 하인이 나을 것이라고 했다. 백부장은 그 근거를 이렇게 설명했다. "나도 남의 수하에 있는 사람이요 내 아래에도 군사가 있으니 이더러 가라 하면 가고 저더러 오라 하면 오고 내 종더러 이것을 하라 하면 하나이다"(마 8:9).

그의 지위를 살펴보자. 로마의 한 군단에는 군사가 6천 명 있었고, 군단 내에는 군단 사령관에게 보고하는 백부장이 60명 있었다. 또 각 백부장 아래에는 군사가 100명씩 있었다. 이 백부장은 위에 있는 사령관에게 복종하는 사람이었고, 그만큼 아래에 있는 병사들에게 충성과 복종을 받았다. 로마 장교는 예수님께 그런 뜻으로 말한 것이다. 자기 위에는 사령관의 권위가 있었고 다시 그 위에는 로마의 권위가 있었다. 한마디로 그의 말은 이런 것과 같다. "저도 권위 아래 있고, 제게도 권위가 있습니다. 즉 제가 말 한마디만 하면 제 밑에 있는 사람들이 즉시 제 명령에 따라 움직입니다."

백부장은 "나도"라고 했다(마 8:9). 그는 예수님이 하나님 나라의 권위 아래 있는 하나님의 종임을 인식한 것이다. 백부장은 자기가 군대 세계에서 권위가 있는 것처럼 예수님이 하늘의 영역인 영적인 세계에서 권위가 있음을 알았다. 필요한 것은 명령뿐이며 그러면 마치 자기 권위 아래 있는 이들이 자기 명령에 즉시 순종하는 것처럼 질병이 순종할 수밖에 없다는 것을 이해했다.

예수님은 어떻게 반응하셨는가? "예수께서 들으시고 놀랍게 여겨 따르는 자들에게 이르시되 내가 진실로 너희에게 이르노니 이스라엘 중 아무에게서도 이만한 믿음을 보지 못하였노라"(마 8:10).

예수님이 이 땅에서 33년을 사시면서 만난 가장 믿음이 큰 사람은 세례 요한이나 육신의 어머니 마리아가 아니었다. 치유나 기적을 직접 경험한 이스라엘 자손이 아니었다. 열두 제자도 아니었다. 이스라엘을 점령한 로마의 시민이자 한 군인이었다. 그 믿음이 왜 큰 믿음이었을까? 권위에 대한 복종을 이해하고 그 안에서 행했기 때문이다.

예수님이 믿음을 키우는 방법을 군대 비유를 들어 하시려던 말씀이 바로 그것이다. 권위에 복종하는 만큼 권위를 행사할 수 있다. 복종의 차원이 깊어질수록 우리의 믿음도 커진다. 이제 이것을 믿음을 더해 달라고 한 제자들을 향해 예수님이 하신 말씀과 연결해 보라. "너희에게 겨자씨 한 알만 한 믿음이 있었더라면 이 뽕나무더러 뿌리가 뽑혀 바다에 심기어라 하였을 것이요 그것이 너희에게 순종하였으리라"(눅 17:6). 예수님은 우리가 말 한마디만 하면 나무가 우리한테 순종할 것이라 하셨다. 뽕나무는 어떤 사람에게 순종하는가? "명한 대로 하였다"(눅 17:9)는 사람에게 순종한다.

명령받은 것을 다 행하는 순종

둘째 사항은 우리가 명령받은 것을 다 행할 때 믿음이 자란다는 것이다. 그분의 말씀을 그대로 옮기면 이렇다. "이와 같이 너희도 명령받은 것을 다 행한 후에"(눅 17:10). 주인의 뜻을 일부만 골라서 행하는 것이 아니라 모든 것을 끝까지 행하는 것이 종의 책임이다. 우리는 일을 시작해 놓고 끝내지 않을 때가 정말 많다. 중간에 흥미를 잃어서, 혹은 수고와 고생을 더 이상 감당할 수 없어서 그만둬 버린다. 하지만 참되고 신실한 종은 아무리 힘들어도, 아무리 큰 장애물이 있어도 맡은 일을 끝까지 해낸다. 땀흘려 밭을 갈고, 주인을 위해 수고의 결실을 가져와 음식을 차린다. 이것이 진정한 순종에서 나온 행동이다.

아브라함은 믿음의 조상으로 통한다(롬 4:11-12). 아브라함은 자식이 없었다. 하나님은 일흔다섯 살 아브라함에게 나타나셔서 아들을 주겠다고, 그 아들을 통해 열국의 아비가 되게 해 주겠다고 약속하셨다. 긴 세월 기다리고 순종한 끝에 아브라함은 그의 나이 100세가 되어 약속하신 아들을 받았다.

하나님은 아브라함이 이삭과 각별히 친해지게 두셨고, 둘의 사랑이 깊어진 후 하나님은 아브라함을 시험하셨다. 이삭을 모리아 땅으로 데리고 가 죽여서 제물로 바치라고 하신 것이다. 성경은 "아브라함이 아침에 일찍이 일어났다"고 한다(창 22:3). 아브라함은 하나님 말씀에 즉각 순종했다. 하나님께 순종할지 말지 따지며 몇 날, 몇 주, 몇 달, 심지어 때로 몇 년씩도 고민하는 사람들이 있다. 거룩한 두려움이 없는 사람들이다. 그래서 큰 믿음도 없다. 일단 하나님이 말씀하셨다는 것을 알면 바로 응답해야 한다. 단, 인생에 중요한 변화가 일어나는 문제라면 위에 있는 권위에게 확증을 구하는 것이 현명하다.

모리아는 사흘 길이었다. 사흘은 사건을 재고하기에 충분한 시간이었다. 돌아가려 했다면 돌아갈 수 있었다. 그러나 아브라함은 돌아가지 않았다. 산꼭대기로 직행하여 아들과 함께 제단을 쌓고 사랑하는 외아들을 묶어 올려놓았다. 이삭을 향해 칼을 드는 순간 여호와의 사자가 그를 가로막았다. "그 아이에게 네 손을 대지 말라 그에게 아무 일도 하지 말라 ……

내가 이제야 네가 하나님을 경외하는 줄을 아노라"(창 22:12).

아브라함은 끝까지 순종했다. 중간에 멈추지 않았다. 삶에서 가장 중요한 것, 자신의 이삭, 자신의 상속자, 자신의 희망, 하나님이 자신에게 주신 약속을 포기하는 문제도 예외가 아니었다. 아브라함에게 이삭의 죽음은 곧 자기 생명을 버리는 것이나 마찬가지였다. 아브라함은 자신이 받은 약속이 이루어져야 한다는 욕망보다 순종하고자 하는 열정이 자기 안에 더 크게 자리했다는 것을 입증해 보였다. 우리에게도 아브라함과 같은 각오가 있어야 한다(오, 주님, 오늘 우리 세대에 이런 사람들을 일으켜 주소서!)

그 결과 하나님은 이렇게 말씀하셨다.

내가 나를 가리켜 맹세하노니 네가 이같이 행하여 네 아들 네 독자도 아끼지 아니하였은즉 내가 네게 큰 복을 주고 네 씨가 크게 번성하여 하늘의 별과 같고 바닷가의 모래와 같게 하리니 네 씨가 그 대적의 성문을 차지하리라 또 네 씨로 말미암아 천하 만민이 복을 받으리니 이는 네가 나의 말을 준행하였음이니라(창 22:16-18).

아브라함이 끝까지 순종한 결과 하나님이 아브라함과 그 후손에게 큰 약속을 주셨다. "네 씨가 그 대적의 성문을 차지하리라." 예수님은 왜 "내 교회를 세우리니 음부의 권세[대문]가 이기지 못하리라" 하셨는가? 조상 아브라함의 순종으로 예수님이 그렇게 교회에게 말씀하실 수 있는 문이 열렸기 때문이다. 아브라함의 믿음과 순종은 지금도 말하고 있다.

히브리서 기자는 아브라함의 순종을 이렇게 선포한다.

우리가 간절히 원하는 것은 너희 각 사람이 동일한 부지런함을 나타내어 끝까지 소망의 풍성함에 이르러 게으르지 아니하고 믿음과 오래 참음으로 말미암아 약속들을 기업으로 받는 자들을 본받는 자 되게 하려는 것이니라 하나님이 아브라함에게 약속하실 때에 가리켜 맹세할 자가 자기보다 더 큰 이가 없으므로 자기를 가리켜 맹세하여 이르시되 내가 반드시 너에게 복 주고 복 주며 너를 번성하게 하고 번성하게 하리라 하셨더니 그가 이같이 오래 참아 약속을 받았느니라(히 6:11-15).

아브라함은 끝까지 부지런했다. 오래 참았고 다 마칠 때까지 순종했다. 그의 순종 행위를 앞서 이야기했던 사울의 행동과 비교해 보라. 사울도 부지런히 전쟁터에 나갔고 명령받은 것을 99퍼센트 이상 완수했다. 그저 가장 좋은 것을 일부 살려 두었을 뿐이며 그것도 사울의 논리로 보면 하나님을 위한 것이었다. 그러나 결론적으로 사울은 하나님이 명령하신 것을 다 행하지 않았다. 겉으로는 완전한 순종에 가까웠지만 결국 불순종했기에 사울은 엄청난 대가를 치렀다. 주인의 상에 음식을 차려 놓는 시점까지 갔으나 여전히 자기 손안에 움켜쥐고 있던 부분에서 그의 동기가 드러났다. 사울은 자기가 섬기는 하나님께 순종함으로써 그분을 높이지 않았다. 하나님의 명령을 그저 자기 잇속 챙기는 기회로 삼았다.

사울처럼 뜨거운 열정으로 시작했다가 상황이 불편하고 힘들어지거나 결과가 생각만큼 빨리 나타나지 않으면 불순종하는 사람들이 얼마나 많은지 모른다. 권위가 내린 지시를 살짝 벗어나 자기 잇속을 챙길 기회를 노리는 사람들도 있다. 그런 사람들은 시종 종교적 취지나 논리를 내세우며 그런 행동을 정당화한다. 하나님의 말씀을 지켜서 양들을 모두 죽였어야 하는데도, 하나님께 제물을 드리는 것을 빙자하여 제일 좋은 것들을 살려 둔 사울처럼 말이다. 순종이 완전하지 않으면 믿음이 자라기는커녕 오히려 사라진다.

아브라함은 참믿음과 인내로 약속을 받았다. 믿음은 끝까지 순종하는 것으로 나타난다. 믿음과 순종은 떼려야 뗄 수 없는 관계다. 야고보도 그것을 분명히 이야기한다. 성경 본문의 "행함"이라는 말을 "순종하는 행동"이라는 말로 바꾸었다.

> 아아 허탄한 사람아 **순종하는 행동**이 없는 믿음이 헛것인 줄을 알고자 하느냐 우리 조상 아브라함이 그 아들 이삭을 제단에 바칠 때에 **순종하는 행동**으로 의롭다 하심을 받은 것이 아니냐 네가 보거니와 믿음이 그의 **순종하는 행동**과 함께 일하고 **순종하는 행동**으로 믿음이 온전하게 되었느니라 이에 성경에 이른 바 아브라함이 하나님을 믿으니 이것을 의로 여기셨다는 말씀이 이루어졌고 그는 하나님의 벗이라 칭함을 받았나니 이로 보건대 사람이 **순종하는 행동**으로 의롭다 하심을 받고 믿음으로만은 아니니라 …… 영혼 없는 몸이 죽은 것같이 **순종하는 행동**이 없는 믿음은 죽은 것이니라(약 2:20-24, 26).

마지막 절은 "믿음"과 "순종하는 행동"을 각각 인간의 "몸"과 "영혼"에 비교한다. 이 예에 따르면 믿음은 인간의 몸에, 순종하는 행동은 영혼에 견줄 수 있다. 둘은 반드시 함께 있어야 세상에 존재할 수 있다. 영혼이 떠나면 몸은 죽는다. 한번 영혼이 떠나면 나사로의 경우처럼 영혼이 다시 돌아오지 않는 한 몸만 살 수 없다. 그래서 야고보는 이런 예를 통해 믿음이 순종하는 행동에 전적으로 의존한다고 기록한 것이다. 그래서 "**순종하는 행동**이 없는 네 믿음을 내게 보이라 나는 **순종하는 행동**으로 내 믿음을 네게 보이리라 하리라"(약 2:18)라고 말한다. 순종 없는 믿음은 참믿음이 아니다. 절대 착각해서는 안 된다. 성경은 순종하는 행동으로 믿음이 온전케 된다고 분명하게 말한다.

제자들은 "주여, 우리에게 믿음을 더하소서"라고 부르짖었다. 그러자 예수님은 마지막 순간까지 순종하는 행동에 대해 말씀하셨다. 이 책 앞부분에서 내가 이 메시지가 긴박하고 중요하다고 말한 이유를 알겠는가? 우리가 사는 이 시대에는 불법이 성행한다. 그러므로 우리는 모두 이 말씀에 귀 기울여야 한다.

"믿음은 듣고 받아들이는 데서 나는 줄 알았는데"라고 의아해할 수도 있다. 맞는 말이다. 그러나 믿음의 증거는 그 고백에 따라 나오는 행동이다. 그래서 성경은 도를 듣기만 하고 순종하지 않으면 자신을 속이는 것이라고 말한다. 그런 믿음은 가짜다.

끝까지 순종하는 참믿음

교회를 섬기는 사람들에 관해 사도 바울이 한 말에도 그 진리가 나타난다. "이에 이 사람들을 먼저 시험하여 보고 그 후에 책망할 것이 없으면 집사의 직분을 맡게 할 것이요"(딤전 3:10). 집사는 지도자가 아니라 다른 사람의 명령을 수행하는 사람이다. W. E. 바인은 이 본문에 나오는 "집사"라는 헬라어 단어가 일차적으로는 종을 가리킨다고 한다. 나아가 집사란 타인의 권위 아래 있는 자라고 말한다. 바울은 집사가 충실하게 잘 섬기면 그 순종으로 "아름다운 지위와 그리스도 예수 안에 있는 믿음에 큰 담력을 얻느니라"(딤전 3:13)라고 한다.

누가복음 17장에서 예수님이 하신 비유에 나오는 종들은 두 가지를 약속받는다. 바로 영적 높이심을 포함한 아름다운 지위(시 75:7), 온전히 순종하는 이들을 위한 큰 믿음이다. 성경에는 믿음과 순종하는 행동이 서로 뗄 수 없는 관계이자 상호 의존적인 것으로 나온다. 성경에 아주 많은 예가 있다.

- ○ 아벨의 믿음은 순종을 통해 드러났고 의로운 자라는 증거를 받았다. 그 증거는 수천 년이 지난 지금도 말하고 있다(히 11:4).
- ○ 에녹의 믿음은 순종으로 나타났고 에녹은 그 믿음으로 하나님과 동행하다가 죽음을 보지 않고 취함을 입었다.
- ○ 죄악에 철저히 물든 세상이 책망을 받는 동안 노아의 믿음은 순종으로 입증되어 그의 가정이 구원을 받았다.
- ○ 아브라함의 믿음은 순종으로 입증되었고 그 믿음은 아브라함이 열국의 아비가 되게 했다.
- ○ 요셉의 믿음은 순종으로 표현되어 그의 가정을 구했다.
- ○ 여호수아와 갈렙의 믿음은 순종으로 나타나 약속의 땅을 유업으로 받게 했다. 여호수아는 모세를 충성스럽게 섬겨 후계자가 되었고, 젊은 세대를 이끌고 젖과 꿀이 흐르는 약속의 땅에 들어갔다.
- ○ 기생 라합은 사자를 접대하여 다른 길로 나가게 할 때에 행함으로 의롭다 하심을 받았다(약 2:25). 그 순종으로 온 가족이 구원받았다. 이것은 라

합에게 참믿음이 있다는 증거였다.

O 한나는 자기를 모욕한 제사장에게 순종하며 복종하는 태도를 보임으로써 태가 열려 나라를 부흥시킬 아들을 낳았다.

O 다윗은 지도자를 해치지 않는 순종으로 한낱 사울의 후계자가 아니라 하나님의 마음에 합한 왕이 되었다.

O 다니엘과 세 친구는 순종함으로 하나님과 왕 앞에 큰 은총을 입었다.

내가 무슨 말을 더 하리요 기드온, 바락, 삼손, 입다, 다윗 및 사무엘과 선지자들의 일을 말하려면 내게 시간이 부족하리로다 그들은 믿음으로 나라들을 이기기도 하며 의를 행하기도 하며 약속을 받기도 하며 사자들의 입을 막기도 하며 불의 세력을 멸하기도 하며 칼날을 피하기도 하며 연약한 가운데서 강하게 되기도 하며 전쟁에 용감하게 되어 이방 사람들의 진을 물리치기도 하며 여자들은 자기의 죽은 자들을 부활로 받아들이기도 하며 또 어떤 이들은 더 좋은 부활을 얻고자 하여 심한 고문을 받되 구차히 풀려나기를 원하지 아니하였으며 또 어떤 이들은 조롱과 채찍질뿐 아니라 결박과 옥에 갇히는 시련도 받았으며 돌로 치는 것과 톱으로 켜는 것과 시험과 칼로 죽임을 당하고 양과 염소의 가죽을 입고 유리하여 궁핍과 환난과 학대를 받았으니 (이런 사람은 세상이 감당하지 못하느니라) 그들이 광야와 산과 동굴과 토굴에 유리하였느니라 이 사람들은 다 믿음으로 말미암아 증거를 받았으나(히 11:32-39).

히브리서 기자는 믿음과 순종하는 행동을 섞어서 쓴다. 그만큼 서로 뗄 수 없는 관계다. 믿음으로만 기적을 받는 것이라면 광야와 산중을 유리하며 환난과 학대를 당한 이들을 굳이 왜 여기에 포함시키는가? 그런데 이들은 잘 완주했다. 또한 그들은 끝까지 순종했다. 그것이 참믿음이다. 큰 믿음을 원하거든 끝까지 (하나님의 직접적인 권위와 하나님이 위임하신 권위를 모두 포함해) 하나님의 권위에 순종하라. 믿음은 순종에 정비례한다.

순종하고도 몰락할 수 있다

셋째로 중요한 사항은, 겸손한 태도를 지키는 것이다. 예수님은 "이와 같이 너희도 명령받은 것을 다 행한 후에 이르기를 우리는 무익한 종이라 우리가 하여야 할 일을 한 것뿐이라 할지니라"라고 하셨다. 이런 태도를 잃지 않으면 장차 주님이 상 주시는 자리에 설 수 있다. 자기를 높이는 사람은 낮아지나 자기를 낮추는 사람은 주님이 높이신다. 야고보는 "주 앞에서 낮추라 그리하면 주께서 너희를 높이시리라"(약 4:10)라고 했다.

낮은 마음을 지킨다는 것은 곧 순종의 상을 받을 자리를 지키는 것이다. 자기가 순종했다는 사실 때문에 교만해진다면, 그것은 순종했으면서도 몰락할 자리에 서는 것이다. 그만큼 교만은 모든 순종을 망칠 수 있다. 이 책에 소개한 하나님의 말씀과 뜻을 다 좇았다고 해도, 교만하면 순종으로 얻은 모든 것을 날릴 수 있다.

루시퍼는 기름 부음을 받았다. 지혜가 충만하고 아름답기 그지없던 루시퍼는 완벽함의 표상이었다. 하나님께 세우심을 입어 하나님의 거룩한 산에 거했다. 루시퍼의 행사는 온전했다. 그러다 그 안에 교만이 들어왔다. 그리하여 하늘을 가르는 번개처럼 순식간에 천국에서 쫓겨났다. 바울은 권위 있는 자리에 지명받을 자들에 관해 "새로 입교한 자도 말지니 교만하여져서 마귀를 정죄하는 그 정죄에 빠질까 함이요"(딤전 3:6)라고 경계했다.

바울은 하나님의 부르심에 순종하여 많은 일을 이루었다. 연륜이 쌓일수록 더 겸손해졌다. AD 56년(바울이 죽음을 10여 년 앞둔 때였다)에 바울은 고린도 교회에 서신을 보냈다. 고린도 교회는 바울이 세 번째 선교 여행 때 세운 교회였다. 편지를 쓸 무렵 바울은 예수님을 섬기는 일에 노련한 사람이었다. 그런 바울이 어떤 말을 했는지 들어 보라. "나는 사도 중에 가장 작은 자라 나는 하나님의 교회를 박해하였으므로 사도라 칭함받기를 감당하지 못할 자니라"(고전 15:9).

얼마나 겸손한 말인가. 자신을 "사도"라 불릴 자격조차 없다고 보았다. 분명한 것은 이것이 거짓 겸손이 아니라는 사실이다. 가짜로 겸손한 사람은 겸손해 보이기 위해 전략상 정확한 단어를 쓸 줄 알지만 마음과 생각은 낮지 않다. 그것은 기만이며 거짓이다. 그러나 성령의 감동으로 성경을 쓰는 사람은 거짓을 말할 수 없다. 그러므로 많은 사도들 가운데 자신이 가장 작은 자라는 바울의 말은 결코 전략적인 용어가 아니다. 참겸손의 표현이었다.

그다음 말을 보라. "내가 모든 사도보다 더 많이 수고하였으나 내가 한 것이 아니요 오직 나와 함께하신 하나님의 은혜로라"(고전 15:10). 모든 사도보다 더 많이 수고했다? 바울은 지금 으스대는 것인가? 교만해 보이는 말이지만 실은 그렇지 않다. 그 말 바로 뒤에서 바울은 하나님만 의지하는 마음을 다시 한 번 고백한다. "사도 중에 가장 작은 자"라는 자기 평가는 이렇듯 자신이 한 모든 일이 오직 하나님의 은혜였다는 고백으로 이어진다. 바울은 자기가 영적으로 이룬 일이 모두 하나님이 주신 능력 덕분임을 철저히 알았다.

"사도 중에 가장 작은 자"라는 바울의 자기 고백은 우리로서는 받아들이기 정말 힘든 말이다. 당대에는 물론 교회사를 통틀어 바울은 위대한 사도로 칭송받는다. AD 62년(바울이 죽음을 4-5년 앞둔 때였다)에 바울이 에베소 교인들에게 한 말을 생각해 보라. 고린도전서를 쓴 이후에 바울은 어느 시기보다도 일을 많이 했다. 그런 바울이 자기에 대해 이렇게 말한다. "모든 성도 중에 지극히 작은 자보다 더 작은 나에게 이 은혜를 주신 것은 측량할 수 없는 그리스도의 풍성함을 이방인에게 전하게 하시고"(엡 3:8).

몇 해 전 자신을 "사도 중에 가장 작은 자"라 말했는데, 여기서는 자신을 "모든 성도 중에 지극히 작은 자보다 더 작은 자"라고 부른다. 무슨 말인가? 바울은 기독교 신앙과 리더십을 자랑할 수 있는 사람이었다. 그런데도 바울은 주님을 오래 섬길수록 자신을 더 작게 여겼다. 바울의 겸손은 점점 자랐다. 그래서 나이가 들수록 바울의 삶에 임한 하나님의 은혜가 풍성해졌는지도 모른다. 그래서 하나님이 베드로도 이해하기 어려워할 만큼 그분의 도를 바울에게 깊이 계시하셨는지도 모른다(벧후 3:15-16).

시편 기자는 "온유[겸손]한 자에게 그의 도를 가르치시리로다"(시 25:9)라고 선포했다. 그래서 하나님이 "온유[겸손]함이 지면의 모든 사람보다 더하더라"(민 12:3)라고 평가하신 모세가 하나님의 도에 그렇게 정통했던 것이 아닐까? 바울과 모세는 하나님에 대한 큰 믿음을 얻는 비밀을 알았을 것이다(이것은 웬만한 사람들은 배우지 못한 비밀이다).

(생을 마감할 무렵인) AD 64-66년경에 바울은 디모데에게 편지를 두 통 보낸다. 그 편지에서 자신을 이렇게 표현한다. "미쁘다 모든 사람이 받을 만

한 이 말이여 그리스도 예수께서 죄인을 구원하시려고 세상에 임하셨다 하였도다 죄인 중에 내가 괴수니라"(딤전 1:15). 자신을 "죄인 중에 괴수"라 표현했다. 과거 시제를 써서 '괴수였다'라고 하지 않았다.

평생 위대한 업적을 이룬 후 "모두 내가 한 일이니 내 위대한 사역이 칭송받아야 한다"라고 고백하지 않았다. "내가 큰일을 했으니 참사도로 대접받을 만하다"라며 자랑하지도 않았다. 심지어 몇 해 전에 한 고백처럼 "나는 사도 중에 가장 작은 자다"라고 하지도 않았다. "나는 성도 중에 지극히 작은 자보다 더 작은 자다"라고 말하지도 않았다. "내가 죄인 중에 괴수다"라고 했다. 그리스도 안에서 자신이 하나님의 의가 된 것을 알면서도(고후 5:21), 바울은 하나님의 은혜와 긍휼을 절대 잊지 않았다. 나이가 들수록 바울은 하나님의 은혜에 더 의존했다. 바울의 태도에는 언제나 이런 고백이 배어 있었다. "나는 무익한 종이다. 오직 명령받은 것을 행했을 뿐이다."

바울이 인생 말년에 한 고백도 그래서 이해할 수 있다. "형제들아 나는 아직 내가 잡은 줄로 여기지 아니하고 오직 한 일 즉 뒤에 있는 것은 잊어버리고 앞에 있는 것을 잡으려고 푯대를 향하여 그리스도 예수 안에서 하나님이 위에서 부르신 부름의 상을 위하여 달려가노라"(빌 3:13-14).

얼마나 겸손한 말인가. "나는 아직 목적지에 도달하지 않았다. 그간 내가 이룬 일은 모두 뒤로하고 잊어버린다." 바울은 예수 그리스도를 온전히 알고자 하는 추구에 비하면 자기가 한 일은 아무것도 아니라고 고백했다. 하나님이 겸손한 이들에게 자신을 나타내신다는 사실을 잊지 말라. 바울은 푯대를 향하여 달려간다, 즉 목표를 위해 힘쓴다고 했다. 힘썼다는 것은 바울도 저항과 방해를 만났다는 뜻이다. 위를 바라보는 소명의 최대적은 교만이다.

예수님의 생애를 공부해 보면 예수님은 칭찬을 받아들이지 않고 그 칭찬을 하나님 아버지께 돌리셨다. 심지어 예수님이 고쳐 주신 이들한테도 그 사실을 사람들에게 알리지 말고 하나님께 영광을 돌리라고 말씀하셨다.

부유한 청년 관리가 예수님을 "선한 선생님"이라고 부르자 예수님은 선한 분은 하나님밖에 없으시다고 즉각 대답하셨다. 예수님은 하나님의 아들이 아니신가? 예수님은 선하신 분이 아닌가? 분명히 그렇다. 그런데도 예수님은 인간의 칭찬을 받아들이지 않으셨다. 아버지의 영광만 원하셨다. 그런 예수님이 유일하게 자랑하신 덕목이 바로 겸손이다. 그분은 "나는 마음이 온유하고 겸손하니 나의 멍에를 메고 내게 배우라 그리하면 너희 마음이 쉼을 얻으리니"(마 11:29)라고 말씀하셨다.

하나님을 사랑하는 마음이 참겸손을 낳는다. 성경은 "사랑은 자랑하지 아니하며 교만하지 아니하며"(고전 13:4)라고 한다. 교만은 자기 유익을 구하지만 사랑은 자기 유익을 구하지 않는다. 교만은 자기 목표에 득이 되지 않는 순종을 경시하지만 사랑은 자기가 섬기는 분의 영광을 구한다. 우리는 사랑하기에 순종한다. 우리는 하나님이 높임받기를 바라기에 성공하려 한다. 우리는 그분이 영광받으시는 것을 보기 원한다. 그래서 바울도 이렇게 말했으리라. "산을 옮길 만한 모든 믿음이 있을지라도 사랑이 없으면 내가 아무것도 아니요"(고전 13:2).

인간의 논리로는 어리석어 보여도

하나님을 위해 열매를 맺고 승자가 되는 것이 우리의 소명이다. 그분의 길로 행해야 하나님의 놀라운 이름을 진정 높일 수 있다. 이 책에 담긴 메시지를 우리의 유익을 위한 것이자 또한 하나님의 영광을 위한 것으로 보기를 기도한다. 하나님 말씀에 순종하는 것은 인간의 논리로는 어리석어 보일 수 있다. 하지만 하나님은 "하나님께서 전도의 미련한 것으로 믿는 자들을 구원하시기를 기뻐하셨도다"(고전 1:21)라고 하지 않으셨던가. "하나님의 어리석음이 사람보다 지혜롭다"(고전 1:25). 우리는 "모든 이론을 무너뜨리며 하나님 아는 것을 대적하여 높아진 것을 다 무너뜨리고 모든 생각을 사로잡아 그리스도에게 복종"시키는 사람이다(고후 10:5).

순종에 어긋나는 이론은 교만이다. 그것은 하나님의 생각을 거스르며, 심지어 하나님의 말씀을 최종 권위로 인정하지 않는다. 이 책에서 살펴본 것처럼 교만은 치명적이다. 하나님은 이 시대에 큰 믿음과 권위로 담대히 행하는 사람들을 얻으실 것이다. 그들이야말로 바울의 말처럼 "[자기들의] 복종이 온전하게 될 때에 모든 복종하지 않는 것을 벌할" 사람들이다(고후 10:6).

시간은 짧다. 따라서 우리는 효율적이어야 한다. 순종은 효율을 높인다. 처음 거듭났을 때 나는 열심히 일했으나 순종은 부족했다. 자연히 내 일에는 효율이 없었다. 오히려 열심이 방해가 될 때도 있었다. 그런데 점차 믿음이 자랄수록 나는 부지런한 순종이 당장은 효율이 떨어지는 듯 보일 수 있으나 결국은 효율을 높인다는 것을 깨닫는다.

이제 하나님 안에서 당신의 운명이 당신 앞에 놓여 있다. 순종을 선택하면 운명이 실현되도록 선택하는 것이다. 아무것도, 아무도 당신을 막을 수 없다. 다윗, 요셉, 모세, 여호수아, 한나, 노아, 에스더, 그 밖에 모든 믿음의 조상들도 암울한 시기를 겪었다. 그러나 자기 운명을 실현한 사람들을 기리는 명예의 전당에 이들이 올라 있다는 사실을 잊지 말라. 하나님은 이 시대에 믿음의 조상의 목록에 올라 그리스도의 심판대에서 영광을 얻을 사람들을 찾으신다. 사명을 실현하고, 놀라우신 주님께 영광 돌리는 무리에 당신도 들어가 있기를 기도한다.

18장

순종의 참열매

하나님의 보호하심,
그 풍성함 아래서

하나님의 보호하심 아래 거하며 먹는 열매는
우리를 그분의 잔치로 초청한다.
거기서 우리는 그분의 풍성함에 참여하게 된다.

인류의 첫 부부가 내린 비참한 결정에 관한 이야기로 이 책을 시작했
다. 전능하신 분의 덮으심 아래 있던 그 부부는 그곳을 박차고 나와 하나
님의 보호하심 밖에서 옳고 그름의 기준을 찾았다. 그분의 권위를 밀쳐 냈
다. 그러나 우리는 그들과 그들의 전철을 밟은 사람들의 실수를 보면서 배
웠고 앞으로도 배울 수 있다.

이제 동전의 이면 즉 전능자의 그늘 아래 거하는 이들에게 하나님이

주시리라 약속하신 보상으로 결론을 내리자.

> 내가 그 그늘에 앉아서 심히 기뻐하였고 그 열매는 내 입에 달았도다 그가 나를 인도하여 잔칫집에 들어갔으니 그 사랑은 내 위에 깃발이로구나(아 2:3-4).

하나님의 그늘 아래 생명나무가 있다. 이 열매는 언제나 달다. 아담과 하와가 먹은 열매는 이성의 눈에는 좋아 보였지만 결국 죽음을 불러왔다. 이성의 나무에서 따먹은 열매는 모두 마찬가지다. 하나님의 보호하심 아래 거하며 먹는 열매는 우리를 그분의 잔치로 초청한다. 거기서 우리는 그분의 풍성함에 참여하게 한다.

이 책을 읽으면서 죄를 깨닫는 아픔을 느꼈을지도 모른다. 아픔이란 항상 나쁜 것만은 아니다. 이 경우 아픔은 두 가지를 말한다. 첫째, 양심이 아직 살아 있고 성령께 민감하다. 둘째, 출구가 있다. 그것을 회개라고 한다. 죄의 자각과 정죄는 근본적으로 다르다. 둘 다 아픔이 따르지만 하나는 출구가 있고 하나는 출구가 없다. 회개란 마음을 바꾸는 것이다. 마음을 바꾸면 인식도 행동도 바뀐다. 그것은 이런 고백과 같다. "주님, 지금까지는 제 방식대로 해 왔습니다. 이제 그것이 부질없는 일임을 알았습니다. 지금부터 주님의 방식에 복종하며 살기로 다짐합니다." 그것은 선악을 알게 하는 나무에서 시작한 이성의 길을 버리고 순종의 길로 돌아선다는 선택이다.

기도와 묵상으로 마음을 열고 지금껏 삶에서 불순종한 영역들을 지적해 달라고 성령께 구하라. 필요하다면 지금 상황에 적용할 수 있는 장들을 다시 읽으라. 하나님의 말씀이 삶을 살피게 하라. 하나님 말씀의 빛은 불순종하는 영역들을 찾아내 비추신다. 하나님께 본래 있는 권위와 관련된 영역일 수도 있고 하나님이 위임하신 권위와 관련 있는 영역일 수도 있다. 그렇게 보여 주시는 영역들을 직접 적으라. 거기까지 했으면 용서받고, 나아가 회복을 위해 기도한다.

하나님 아버지, 그간 불순종하고 거역한 저를 예수님의 이름으로 용서해 주소서. 저는 제 논리대로 살았고 그 결과 이런 영역들에서 권위에 반항했습니다. 저는 _____ 영역에서 반항했습니다(적어 둔 목록에서 그분의 권위에 대해 죄를 범한 영역을 하나씩 고백한다. 하나님의 직접 권위와 위임하신 권위를 모두 포함하여 말이다). 이 영역들 하나하나에서 그동안 제가 생각과 행동으로 지은 죄를 회개합니다. 주 예수님의 피로 저를 사하시고 깨끗하게 하소서.

이제 아버지의 권위에 복종하겠습니다. 하나님이 제 위에 두신 가정과 정부와 교회와 사회의 권위에도 복종하겠습니다. 은혜를 베푸셔서 하나님이 기뻐하시는 삶을 살고 싶은 마음을 주시고 실제로 그렇게 살게 하소서. 복종과 순종을 기뻐하는 마음을 주소서. 삶을 주 예수 그리스도께 바치며 거역의 마음은 모두 버리겠습니다. 아버지의 이름에 영광 돌리게 하시려고 저를 부르신 그 길에서 열심히 복종하겠습니다. 아멘.

할 수 있다면 목록에 기록한, 권위 있는 자리에 있는 사람들에게 직접 찾아가거나 편지로 용서를 구하라. 지금은 상대를 탓하거나 자기 상황을 변호할 때가 아니다. 힘들겠지만, 자기가 책임을 질 기회다. 그렇게 하면 하나님의 손이 역사하실 것이다.

당신이 세상의 길과 정반대 길을 택한 것에 감사한다. 더불어 순종은 놀라우신 우리 왕 하나님 뜻이 실현되는 것을 앞당긴다. 당신의 순종에 큰 상이 따를 것이다.

능히 너희를 보호하사 거침이 없게 하시고 너희로 그 영광 앞에 흠이 없이 기쁨으로 서게 하실 이 곧 우리 구주 홀로 하나이신 하나님께 우리 주 예수 그리스도로 말미암아 영광과 위엄과 권력과 권세가 영원 전부터 이제와 영원토록 있을지어다 아멘(유 24-25절).

하나님의 보호 아래 머무는 것을 절대 잊지 말라.

DISCUSSION QUESTIONS

하나님께 보호받고 공급받는
순종 공동체를 향하여

LESSON 1
(1-2장)

1. 권위라는 말을 들으면 가장 먼저 어떤 생각이 드는가? 거센 폭풍우를 피해 지붕 아래서 보호받는 것과 같은 좋은 느낌이 떠오르는가? 아니면 괴롭히는 상사 같은 부정적인 대상이 떠오르는가?

2. 지난날을 돌아보면, '보호 아래' 있지 않아 후회할 일을 겪은 적이 있는가?

3. 민주주의적 사고방식으로는 왕국인 하나님 나라의 원칙들을 이해하기가 어렵다. 왕이신 하나님이 설계하신 권위에 민주주의적 태도로 접근한 적이 있는가? 구체적으로 어떤 식이었는가? 그것이 리더들과의 관계에 어떤 영향을 미쳤는가?

4. 청소년부 파티 사역 사건을 통해 하나님은 담임목사의 지시에 따르지 않으려는 내 태도가 하나님을 향한 거역임을 깨우쳐 주셨다. 이 진단이 뜻밖이었는가? 이 책을 읽기 전이라면 내 행동이 정당하다고 말했겠는가?

LESSON 2
(3-7장)

1. 이 책 첫머리에서 나는 '죄' 하면 가장 먼저 생각나는 단어들을 말해 보라고 했다. 처음에는 어떤 단어들이 생각났는가? 그것이 나중에는 어떻게 변했는가?

2. 재물, 일, 관계 등을 순종보다 더 위에 둔 적이 있는가? 이것들을 순종보다 중시했을 때 어떤 일이 벌어졌는가?

3. 부분적인 순종은 순종이 아니다. 그것은 오히려 거역이다. 완벽하게 순종한 적이 있었는가? 이야기해 보라. 이번에는 부분적으로만 순종했던 경험을 이야기해 보라. 중요한 차이점들은 무엇이며 그것들이 당신에게 어떤 영향을 미쳤는가?

4. 성경은 거역이 사술이라고 말한다(삼상 15:23, 개역한글). 사술의 궁극적인 목표는 무엇인가? 이 진리가 거역을 바라보는 당신의 시각을 어떻게 변화시키는가?

5. 사탄주의 경전의 첫째가는 명령은 "네 맘대로 해라"다. 이는 "나는 나의 뜻대로 하려 하지 않고 나를 보내신 이의 뜻대로 하려 하므로"(요 5:30)라고 기도하신 예수님의 본보기와 정반대다. 하나님의 뜻보다 당신의 뜻을 우선시한 적이 있는가? 그래서 어떻게 되었는가? 당신의 뜻보다 하나님의 뜻을 적극적으로 따르기 위해 무엇을 할 수 있을까?

LESSON 3
(8-10장)

1. 위임된 권위를 거부하는 것은 곧 하나님의 명을 거부하는 것이다(롬 13:1-2). 예수님이 직장이나 가정, 사회적 모임에서 뭔가를 하라고 명령하시면 어떻게 하겠는가? 자, 이번에는 상사나 감독, 경찰관 같은 다른 권위 있는 인물이 똑같은 명령을 하면 어떻게 하겠는가? 예수님께 하듯 그들에게도 할 수 있는가?

2. 성경은 "각 사람은 위에 있는 권세들에게 복종하라"(롬 13:1-2)라고 말한다. 여기서 "복종"에 쓰인 헬라어 단어는 군대 안과 밖에서 모두 사용하던 말이다. 군대 밖에서 복종은 자발적으로 자신을 권위 아래 두는 태도를 말한다. 성경이 이같이 명령하셨으니 위임받은 권위를 어떠한 태도로 대해야 할까?

3. 나는 1992년 대선 후에 힘든 나날을 보냈다. 우울증에 시달리던 중에 하나님은 누가 권좌에 앉든 그분께는 그것이 전혀 뜻밖의 일이 아니라는 사실을 내게 다시금 일깨워 주셨다. 정치적 결과가 당신의 기대에 어긋나서 실망했던 적이 있는가? 내 이야기를 듣고 나서 선출된 관리들을 향한 당신의 태도가 어떻게 달라졌는가?

4. 즐겨 순종하면 땅의 좋은 것들을 먹을 수 있다(사 1:19). 순종해도 마음으로는 원하지 않을 수 있고, 마음으로 원해도 실제로 순종하지는 않을 수 있다. 원치 않았으나 억지로 순종했던 경험을 이야기해 보라. 그 경험을 기꺼이 순종했을 때와 비교해 보라.

5. 성경은 권위에 무조건 복종하는 태도를 가져야 한다고 가르치나 무조건 순종하라고 가르치지는 않는다. 리더가 하나님의 말씀에서 어긋난 일을 시킨다면 그때는 따르지 말아야 한다. 리더가 당신에게 하나님의 말씀에 위배되는 일을 시킨 적이 있는가? 그 상황을 어떻게 다루었는가? 결과는 어떠했는가?

1. 성경은 정부 관리들을 하나님의 종으로 부른다. 하나님의 종을 어떻게 대하는 것이 옳은가? 당신은 정부 지도자들을 어떻게 대하는가?

2. 악은 흠을 잡는 데 빠르지만, 예수님은 늘 변함없이 우리를 좋게 말해 주신다. 당신은 정부 관리들을 주로 비난하는가 아니면 좋게 말하는가? 정부 관리들을 놀리는 농담을 듣고 함께 웃는가? 아니면 SNS나 기사 댓글에 올라온 정부 지도자에 관한 악담을 보면 마음이 아픈가?

3. 상사, 선생, 감독처럼 사회에서 우리 위에 있는 사람들을 하나님을 대표하는 사람들로 여겨 존경하고 복종해야 한다. '예수님을 위해서 일하는 것처럼 일하는 것'이란 구체적으로 어떤 모습일까? 일터에 정시에 나타나겠는가? 일을 대충하겠는가? 사회에서도 예수님을 위해서 일한다는 생각으로 모든 일에 임하면 당신 위에 있는 사람들을 대하는 태도를 어떻게 변화시킬까?

4. 성경에서 분명히 명시하는 가족 구조가 있다. 우리는 왜 하나님이 설계하신 집안의 권위 질서를 받아들이지 못하는가? 하나님을 믿는 믿음은 어떤 면에서 건강한 가족 역학 창출에 중요한 역할을 하는가?

LESSON 5

1. 성경은 예수님이 교회의 리더들을 직접 임명하셨다고 말한다(엡 4:11-12). 혹시 당신의 책임과 상관없는 일에 관여하고 있는가? 예수님이 직접 정하신 교회의 리더 직위들을 얼마나 중요하게 여기실까?

2. 한나는 오랫동안 아이를 갖게 해 달라고 기도했다. 왜 하나님은 그녀가 자신을 모욕한 리더를 공경했을 때 그녀의 기도를 들어주셨을까?

3. 리더를 험담하면 하나님의 지혜에서 벗어나고, 결국은 그분의 보호에서 벗어난다. 미리암과 아론, 모세의 이야기에서 우리는 이 진리를 확인할 수 있다. 미리암은 구스 여인과 결혼했다는 이유로 모세를 비판했다. 하나님의 지혜와 보호에서 벗어나 시련을 겪은 적이 있는가? 그래서 어떻게 되었는가?

4. 당신의 리더가 지혜롭지 않아 보이는 결정을 내린 적이 있는가? 당신의 리더가 중요한 정보를 알지 못해 그릇된 선택을 했는가? 그때 당신은 어떻게 반응했을까? 그 상황을 다르게 다룰 수도 있었다고 생각하는가? 그 일로 무엇을 배웠는가?

5. 다윗은 사울왕을 공경하고 그에게 복종했다. 사울이 그를 죽이려 할 때도 그의 태도는 변하지 않았다. 덕분에 그는 그 어려운 시절에도 하나님의 공급하심과 평안을 누렸고 보호를 받았다. 어떻게 하면 당신도 리더들을 향한 이런 공경과 복종의 태도를 기를 수 있을까?

LESSON 6

1. 하나가 된 교회를 위해 예비된 영광이 있다. 예수님은 이 땅에 사실 때 하나님의 영광을 드러내셨다. 영광이라는 단어를 들으면 어떤 생각이 떠오르는가? 하나님의 영광이 지금보다 더 크게 나타날 수 있다고 믿는가?

2. 오순절 다락방에 모인 120명은 하나로 연합해 있었다. 그들은 한마음이었다. 오늘날 교회가 이렇게 하나가 되면 어떤 모습이 될까?

3. 한 나라의 군대는 하나지만 각기 다른 부대로 이루어져 있다. 교회에도 여러 사역이 있다. 우리는 하나님이 우리를 두신 사역 안에서 일해야 한다. 그렇다면 당신이 현재 다니는 교회를 바라보는 시각이 어떻게 달라져야 할까? 당신이 속한 교회의 비전을 따른다면 당신의 방식을 지금과는 어떻게 다르게 바꿔야 할까?

4. 우리가 하나님의 뜻에 따라 연합하면 우리 마을과 지역, 국가들에 어떤 종류의 영향을 미칠지 상상해 보라. 어떻게 하면 당신의 친구들, 당신의 교회, 당신의 지역사회 안에 더 큰 연합이 나타날까?

주

2장

1. Watchman Nee, *Spiritual Authority* (New York: Christian Fellowship Publishers, 1972). 워치만 니,《영적 권위》(생명의말씀사 역간).

6장

1. Interlinear Bible, 2권, p. 750.
2. *Theological Wordbook of the Old Testament*, 3권, p. 805.

9장

1. *Letter to Diognetus*(디오그네투스에게 보내는 편지), 5장.

11장

1. Tertullian, *Apology*, 50장.
2. *Letter to Diognetus*(디오그네투스에게 보내는 편지), 5장.

16장

1. Nee, *Spiritual Authority*, pp. 69-71. 워치만 니,《영적 권위》(생명의말씀사 역간).
2. 나는 지도자를 사칭하는 거짓 사역자들을 식별하는 법에 대해《음성》(*Thus Saith the Lord?*, 터치북스 역간)이라는 책을 썼다. 사이비 지도자와 영적 권위의 남용을 다룬 이 책은 이 부분에 좋은 참고 자료가 될 것이다.
3. Nee, *Spiritual Authority*, p. 62. 워치만 니,《영적 권위》(생명의말씀사 역간).